宁夏社会科学院文库

中国西北内陆开放型经济长效机制构建

王林伶　著

**Construction of Long-term Mechanism of
Open Inland Economy in Northwest China**

 社会科学文献出版社
SOCIAL SCIENCES ACADEMIC PRESS (CHINA)

总　序

宁夏社会科学院是宁夏回族自治区唯一的综合性哲学社会科学研究机构。长期以来，我们始终把"建设成马克思主义的坚强阵地、建设成自治区党委政府重要的思想库和智囊团、建设成宁夏哲学社会科学研究的最高殿堂"作为时代担当和发展方向。长期以来，特别是党的十八大以来，在自治区党委政府的正确领导下，宁夏社会科学院坚持以习近平新时代中国特色社会主义思想武装头脑，坚持马克思主义在意识形态领域的指导地位，坚持以人民为中心的研究导向，增强"四个意识"、坚定"四个自信"、做到"两个维护"，以"培根铸魂"为己任，以新型智库建设为着力点，正本清源、守正创新，不断推动各项事业迈上新台阶。

2016 年 5 月 17 日，习近平总书记在哲学社会科学工作座谈会上强调，当代中国正经历着我国历史上最为广泛而深刻的社会变革，也正在进行着人类历史上最为宏大而独特的实践创新。这种前无古人的伟大实践，必将给理论创造、学术繁荣提供强大动力和广阔空间。作为哲学社会科学工作者，我们积极担负起加快构建中国特色哲学社会科学学科体系、学术体系、话语体系的崇高使命，按照"中国特色哲学社会科学要体现继承性、民族性，体现原创性、时代性，体现系统性、专业性"的要求，不断加强学科建设和理论研究工作，通过国家社科基金项目的立项、结项和博士学位论文的修改完善，产出了一批反映哲学社会科学发展前沿的研究成果。同时，以重大现实问题研究为主要抓手，建设具有地方特色的新型智库，推出了一批具有建设性的智库成果，为党委政府决策提供了有价值的参考，科研工作呈现良好的发展势头和前景。

加快成果转化，是包含多种资源转化在内的一种综合性转化。2019年，宁夏社会科学院围绕中央和自治区党委政府重大决策部署，按照"突出优势、拓展领域、补齐短板、完善体系"的原则，与社会科学文献出版社达成合作协议，分批次从已经结项的国家社科基金项目、自治区社科基金项目和获得博士学位的毕业论文中挑选符合要求的成果，编纂出版"宁夏社会科学院文库"。

优秀人才辈出、优秀成果涌现是哲学社会科学繁荣发展的重要标志。"宁夏社会科学院文库"，从作者团队看，多数是中青年科研人员；从学科内容看，有的是宁夏社会科学院的优势学科，有的是跨学科或交叉学科。无论是传统领域的研究，还是跨学科领域研究，其成果都具有一定的代表性和较高学术水平，集中展示了哲学社会科学事业为时代画像、为时代立传、为时代明德的家国情怀和人文精神，体现出当代宁夏哲学社会科学工作者"为天地立心，为生民立命，为往圣继绝学，为万世开太平"的远大志向和优良传统。

"宁夏社会科学院文库"是宁夏社会科学院新型智库建设的一个窗口，是宁夏社会科学院进一步加强课题成果管理和学术成果出版规范化、制度化的一项重要举措。我们坚持以习近平新时代中国特色社会主义思想为指引，坚持尊重劳动、尊重知识、尊重人才、尊重创造，把人才队伍建设作为基础性建设，实施学科建设规划，着力培养一批年富力强、锐意进取的中青年学术骨干，集聚一批理论功底扎实、勇于开拓创新的学科带头人，造就一支立场坚定、功底扎实、学风优良的哲学社会科学人才队伍，推动形成崇尚精品、严谨治学、注重诚信的优良学风，营造风清气正、互学互鉴、积极向上的学术生态，要求科研人员在具备专业知识素养的同时，将自己的专业特长与国家社会的发展结合起来，以一己之长为社会的发展贡献一己之力，立志做大学问、做真学问，多出经得起实践、人民、历史检验的优秀成果。我们希望以此更好地服务于党和国家科学决策，服务于宁夏高质量发展。

路漫漫其修远兮，吾将上下而求索。宁夏社会科学院将以建设特色鲜明的新型智库为目标，坚持实施科研立院、人才强院、开放办院、管理兴院、文明建院五大战略，努力建设学科布局合理、功能定位突出、特色优势鲜明，在全国有影响、在西部争一流、在宁夏有大作为的社科研究机构。同时，努力建设成为研究和宣传马克思主义理论的坚强阵地，成为研究自治区经济社会发展重大理论和现实问题的重要力量，成为研究中华优秀传统文化、革命文化、社会主义先进文化的重要基地，成为开展对外学术文化交流的重要平台，成为自治区党委政府信得过、用得上的决筞咨询的新型智库，为建设经济繁荣民族团结环境优美人民富裕的美丽新宁夏提供精神动力与智力支撑。

宁夏社会科学院

2020 年 12 月

前　言

　　《中国西北内陆开放型经济长效机制构建》为作者主持的国家社科基金项目。原课题名称为"国家战略中西北内陆开放型经济发展长效机制构建研究"（项目批准号：13XJL011）。

　　经济全球化和区域经济一体化已经成为世界发展的两大重要趋势。世界经济发展的经验表明，开放是国家繁荣发展的必由之路，一个国家或地区只有走开放道路，才能在国内和国际两个市场中充分利用各种经济要素以提高经济竞争力，实现经济快速发展。发展开放型经济已经成为许多发达国家及发展中国家的第一选择。中国开放型经济的发展，始于改革开放，按照"东部沿海经济特区、沿边及内陆地区"的顺序逐步推进。改革开放40多年来，我国采取了一系列对外开放措施，取得了历史性的成就。我国地理环境优越的沿海、沿边地区得到了前所未有的大发展，东部沿海地区发展最为迅速，成果也很显著，其特点就是发展开放型经济，社会经济发展水平明显高于全国平均水平。而沿边地区和内陆地区自改革开放以来，虽然各自也有长足发展，取得了一定的成绩，但是从全局横向比较看，水平仍然不够高，出现了东部地区与西部地区、沿海地区与内陆地区之间的发展差距越来越明显的问题，原因虽然是多方面的，但内陆省区市和沿海、沿边省区市相比，经济发展程度、开放程度都比较落后是其主要原因。因此，内陆地区对于通过开放和创新来拓展经济发展空间的需求比发达地区更为迫切，需要大力发展内陆开放型经济，加快推动经济社会高质量发展。

世界日新月异，中国也在飞速发展。曾经闭关锁国造成的局面和经济全球化的浪潮无一不在提醒着我们故步自封就会落后。自新中国成立以来，我国领导人高度重视与世界的联系，尤其是党的十一届三中全会以来我国实行对外开放所取得的巨大成就，让我们更加坚定必须坚持对外开放。2007年，党的十七大提出"拓展对外开放广度和深度，提高开放型经济水平"，党的十八大第一次明确"全面提高开放型经济水平"的重要任务，党的十九大提出"推动形成全面开放新格局，推动建设开放型世界经济"的战略部署。2020年10月，党的十九届五次全会《中共中央关于制定国民经济和社会发展第十四个五年规划和二〇三五年远景目标的建议》提出，"十四五"时期经济社会发展主要目标之一，"改革开放迈出新步伐，社会主义市场经济体制更加完善，高标准市场体系基本建成，市场主体更加充满活力……公平竞争制度更加健全，更高水平开放型经济新体制基本形成"。同时提出，"实行高水平对外开放，开拓合作共赢新局面，坚持实施更大范围、更宽领域、更深层次对外开放，依托我国大市场优势，促进国际合作，实现互利共赢。建设更高水平开放型经济新体制，全面提高对外开放水平，推动贸易和投资自由化便利化，推进贸易创新发展，增强对外贸易综合竞争力"。可见，全面开放、建设高质量开放型经济是我国发展社会主义市场经济的重大任务。发展开放型经济本身就是一种全方位以及宽领域的经济阶段，也是一种内外联动、互利共赢的发展过程。我国内陆地区，面积广、人口多，脱贫攻坚任务重、难度大，地域、政策及体制等多重因素致使内陆地区经济发展相对落后，而肩负开放崛起和加速赶超的"双重发展"重任，由此提出"内陆开放型经济"发展理念。其目标是内陆地区走开放型经济发展道路，这一重要战略受到人们广泛关注和内陆地区普遍选择，一些内陆地区纷纷提出发展内陆开放型经济。继天津、上海、福建、广东四个省市之后，湖南、陕西、重庆、宁夏、甘肃、河南等省区市，同样被视为国家建立第三批自贸区的重点区域，提出"提升内陆经济开放水平""打造内陆开放新高地"等目标。

内陆开放型经济作为发展开放型经济理念的拓展和延伸，是内陆欠发达地区开放崛起的重要战略选择。对我国广大内陆地区而言，在改革开放40多年中，开放型经济占据了主导地位，并逐渐成为世界经济发展的主流。如何在全球经济开放的浪潮中继续稳步前行？如何准确把握世界经济格局的内陆开放新特点、新趋势，抓住新一轮全球经济调整中的新机遇，努力认识和适应新常态？如何又快又好推动西北内陆开放型经济发展是值得我们关注、思考和探讨的一个重大课题。本书正是在这样的背景下，通过项目的研究，力求达到厘清我国内陆开放型经济发展演进的历程，构建中国内陆开放型经济研究的学术体系；同时，通过硬件设施互联互通和软件制度安排来构建内陆开放型经济发展的长效机制。内陆地区发展开放型经济，不是权宜之计，而是长远之策，内陆开放型经济作为我国全面融入国际经济体系的主战场，需要"自上而下"与"自下而上"的长效运作机制，需要国家推动、市场驱动与东西联动，也需要加强自身"硬平台"与"软实力"培育，对打破我国东中西部地区间不平衡、不协调的局面，形成内陆地区与沿海沿边地区协调发展、相互支撑的机制；对化解过剩产能、为我国商品出口开辟新的战略方向，建构互利共赢多元开放的体系，走出一条具有内陆地区特色的开放之路具有重要意义。要加大对西部地区的开放力度，力争使西部地区在进一步改革开放中，发展领域更广、水平更高、层次更深的开放型经济，推动我国东西部联合协作共同发展，加快我国经济发展整体提质提速，尤其在"一带一路"倡议下，使内陆地区从开放末梢走向开放前沿。

本书主要研究中国西北内陆地区开放型经济发展的长效机制。在介绍开放型与内陆开放型经济研究综述，研究区域的时代与地理背景、中国内陆开放型经济演进的历程与特征，及对西北内陆省区开放型经济发展水平评价分析基础上，探讨"一带一路"倡议下西北陆路、空中、网上丝绸之路互联互通机制构建，内陆开放型经济大平台与大通关机制构建，西北内陆开放型产业协同发展与构建等方面的问题。以国家战略中西北内陆开放型经济发展的长效机制构建为研究对象，在文献整理、理论分析和实际调研基础上，通过对西北内陆开放型经济发展的现状、开放水平评价与实证分析得出，西北内陆开放型经济水平由高到低依次为陕西＞甘肃＞宁夏＞青海；要补齐内陆开放的共性短板，既需要硬件设施互联互通，也需要软件制度安排；并针对内陆地区发展开放型经济存在的不足对其进行了"一带一路"倡议下西北内陆基础设施互联互通、内陆开放型经济"大平台""大通关""大集群"产业等方面的机制构建。

王林伶

2020 年 11 月于宁夏银川

目　录

第一章 绪 论

本章重点阐述研究的背景与意义，研究的思路、研究的内容、研究方法、技术路线和研究范围的界定。

第一节 研究的背景与意义

一 研究的背景

在申请本课题时，我国正处在实施《中华人民共和国国民经济和社会发展第十二个五年规划纲要》的第三年（2013 年）。针对"十二五"时期规划纲要在对外开放方面，国家提出"实行更加积极主动的开放战略，不断拓展新的开放领域和空间，完善更加适应发展开放型经济要求的体制机制，以开放促发展、促改革、促创新"。同时，在开放的区域布局方面，提出"坚持扩大开放与区域协调发展相结合，协同推动沿海、内陆、沿边开放，形成优势互补、分工协作、均衡协调的区域开放格局"。在此阶段，将内陆开放提升为扩大内陆开放，并以中心城市和城市群为依托，以各类开发区为平台，加快发展内陆开放型经济。这为不靠海、不沿边的内陆广大地区带来了发展机遇。2013 年 9月，中国国家主席习近平在哈萨克斯坦纳扎尔巴耶夫大学做演讲时，提出共同建设"丝绸之路经济带"。这为中国广大内陆地区，特别是西北内陆地区的开放又搭建了平台和通道，使我国的西北内陆从开放的末梢跃升为国家向西开放的前沿。

　　随着新时期"一带一路"倡议的提出，关于内陆开放或者内陆开放型经济方面的研究与日俱增。从国际层面看，学术界对开放型经济发展已做过大量的研究。虽然国外也有内陆地区的开发，但是对内陆地区的开放及内陆开放型经济理论研究得并不深入，论文和专著也较少。因各国国情不同，所采取的开放方式各有区别，而现阶段我国实施的内陆开放型经济发展战略同样有别于国外的内陆开放。从国内层面看，学术界对中国向西开放的可行性、路径选择等相关问题展开了深入而富有探索性的研究，如：1992 年，余振贵、张永庆著的《中国西北地区开发与向西开放》；1996 年，张永庆著的《面向中亚——中国西北地区的向西开放》；1990 年，张保国主编的《走向中东——新疆对西亚诸国开放战略研究》，学者们分析得较为深入，已达成了一定的共识，为我国向西开放提供了参考和借鉴。在内陆开放型经济发展方面代表性的研究，如：易小光在分析重庆内陆开放型经济时，从思想意识、物流成本、人才等制约因素方面着手，提出争取国家政策支持、发挥自身优势等建议。[1] 陈德敏和谭志雄则从区域合作的角度，分析了重庆内陆开放型经济发展的路径，提出要做好区域合作规划，依托产业链和产业集群来拓展区域合作的新途径。王林聪从中阿经贸论坛与宁夏内陆开放型经济区建设方面，就如何实现中阿经贸可持续发展进行了论述。[2]，周民良[3]、汪一鸣[4]、

---

① 易小光：《内陆开放型经济的发展及其途径：重庆个案》，《重庆社会科学》2008 年第 11 期。
② 王林聪：《中阿经贸论坛与宁夏内陆开放型经济区建设》，《回族研究》2010 年第 4 期。
③ 周民良：《促进宁夏内陆型开放型经济发展的战略思考》，《中国延安干部学院学报》2010 年第 6 期。
④ 汪一鸣：《西部大开发宁夏发展评价报告》，张进海主编《宁夏经济蓝皮书 2011》，宁夏人民出版社，2010。

汪建敏①、段庆林②、邹璇③、李佩珊④、胡星宇⑤等学者对内陆开放型经济发展提出了一些很有启发性的思路和观点。同时，宁夏启动了内陆开放型经济试验区建设，西北地区地方政府近年来也开始了内陆开放型经济发展方面的探索，这必将极大地丰富和完善内陆开放型经济发展的内容。

但当时这些研究还存在如下不足：一是对于内陆开放型经济的学术研究还不能满足内陆开放型经济发展的实践要求；二是不少学者提出了内陆开放型经济发展的主题，但对内陆开放型经济理论研究还较为缺乏，常常只作为一般性概念提出，还需要总结、概括与提炼内陆开放型经济理论；三是因研究者的方向与兴趣各有偏重，对探索内陆开放型经济发展的长效机制尚未形成；四是有关内陆开放型经济发展的论文相对较少，而专著则更少。正是基于以上不足，笔者在本书中进行了更深入的研究。

二 研究的意义

发展内陆开放型经济，是关系我国东部、中部、西部及内陆地区协调发展，以及最终实现共同富裕的目标，全面加快我国现代化建设步伐的重大举措；发展内陆开放型经济，吸引外部先进产业，引进外部优势资源（人才、资本和先进技术等），优化区际贸易，鼓励内陆地区企业"走出去"，提高资源和要素利用效率，不仅有助于内陆地区产业结构调整、转型与升级，而且能缓解内陆地区资金、技术和人才瓶颈，对加速内陆地区工业化进程、市场化改革及开放型经济发展具有重大意义。

① 汪建敏：《宁夏内陆开放型经济试验区规划研究》，宁夏人民出版社，2012。
② 段庆林：《宁夏内陆开放型经济试验区先行先试机制》，张进海主编《宁夏经济蓝皮书2013》，宁夏人民出版社，2012。
③ 邹璇：《中国西部地区内陆开放型经济发展研究》，中国社会科学出版社，2014。
④ 李佩珊：《从开放性原则看贵州内陆开放型经济发展》《中国集体经济》2018年第13期。
⑤ 胡星宇：《内陆开放型经济发展战略分析》，《经济师》2019年第3期。

内陆地区对外开放的基础和条件不如东部，但"一带一路"倡议的提出与实施，给西北内陆地区扩大开放带来了新的机遇，其必将突破开放的体制障碍，使西北内陆地区的对外开放迈上一个新台阶。我国开放的阶段不同，其发展的侧重点也不相同，经过了由沿海开放到沿边开放再到现阶段的内陆开放几个阶段。而内陆开放型经济发展正处于边实践边进行理论探索和总结阶段，其理论研究的价值不言而喻。本书的研究具有五个方面的重大意义。

一是内陆地区发展开放型经济，向西开放不是权宜之计，而是长远之策；不是只考虑当前利益，而是在国际背景下，在国家宏观战略中谋划发展方略，对此进行研究有助于形成内陆地区对外开放的长效发展机制。依据我国的国情与国际形势，需要设计"自上而下"的政策与"自下而上"动力运作长效机制。

二是内陆开放型经济发展是开发新的生产力、新的战略布局，以西北内陆地区先行先试，率先打开"向西开放"的新局面，发挥示范与引领作用，走出一条具有内陆地区特色的开放之路。从内陆开放型经济的空间布局与选择考虑，要由内陆开放型城市到全省区的开放，由开放带到内陆地区的开放，形成城市带动全省区开放、开放带带动内陆地区开放的格局与路径。

三是内陆开放型经济发展需要借助对外开放平台，要以中阿博览会、综合保税区、开放口岸等形成向西开放和多元开放的平台与出口。

四是西北内陆地区是我国经济社会发展最为落后的地区之一，发展内陆开放型经济，有助于解决东西部地区间发展不平衡、不协调的局面，有利于为我国商品出口开辟新的道路。内陆地区与沿边地区要形成统筹发展、协调发展、相互支撑的机制。内陆开放型经济发展并非内陆地区孤立地搞开放、搞发展，而是要与沿边地区相互协作，共赢发展。

五是推动内陆开放型经济发展有利于实现我国"睦邻友好带"的

周边外交目标，构建内陆开放型经济发展长效机制有利于加强我国与"一带一路"沿线国家和地区形成合作共赢局面，有利于中国能源外交战略的布局，也有利于破解美国"重返亚太"的战略围堵。

第二节　研究的思路、内容、方法与技术路线

一　研究的思路

通过研究开放型与内陆开放型经济，形成文献综述，在总结、归纳、提炼的基础上，形成内陆开放型经济定义，总结特点与相关开放型经济的区别。从国内外内陆地区的开发与开放着手，通过对比分析，总结出经验与启示。

通过对中国内陆开放型经济演进的历程及其特征进行研究，提炼出我国开放型经济发展的路径与原则，即内陆开放型经济发展的空间布局依据原则为国家宏观战略原则、平衡协调发展原则、经济收益原则、人文价值原则、生态文明与可持续原则。

对西北内陆省区开放型经济发展水平进行评价，依据评价结果，分析西北内陆省区在发展开放型经济方面存在的共性短板，如通道基础、网络建设、平台建设、开放环境等机制建设不够完善。针对存在的不足，本书进行"一带一路"框架下西北内陆基础设施互联互通机制构建，内陆开放型经济"大平台"与"大通关"机制构建，西北内陆开放型产业协同发展与构建。通过"开放的大通道建设"与"内陆地区对外开放平台建设"，形成内陆到沿边、内陆到沿海、新亚欧大陆桥、中蒙西部能源运输大通道的国内国际"经济走廊"与平台节点的布局，架构出我国内陆全方位、多层次、宽领域的开放格局，并形成内陆与沿边地区支撑协作的开放机制，而不是内陆地区孤立地搞开放型经济发展。

以内陆开放开发，促思维观念更新。推动西北内陆地区大开放，有利于各种创新思维、品牌、技术、观念、管理更好地进入相对闭塞的内陆地区，进一步解放思想观念，确保可持续发展顺利展开。

二 研究的内容

本书共分为八章。第一章为绪论，包括选题的背景与意义，研究的思路、内容、方法与技术路线，研究对象的界定。第二章为开放型与内陆开放型经济文献研究综述，内陆开放型经济发展的相关理论基础研究，包括内陆开放型经济发展的理论支撑，开放型经济制度供给与宏观经济学理论。第三章为中国内陆开放型经济演进的历程及特征，包括中国开放型经济开启与特区沿海先试开放阶段、中国开放型经济制度形成与沿边内陆省会城市开放阶段、中国开放型经济制度国际化与西部大开发阶段、中国内陆开放型经济制度发展与内陆地区协调开放阶段、中国内陆开放型经济制度深化创新与"全方位"开放阶段。第四章为西北内陆省区开放型经济发展水平评价，包括内陆开放型经济指标体系构建，数据处理及指标权重的确定，评价结果分析。第五章为"一带一路"倡议下西北内陆基础设施互联互通机制构建，包括对内对外陆路互联互通建设，空中丝绸之路互联互通建设，网络丝绸之路互联互通建设，对内对外管道互联互通建设。第六章为内陆开放型经济"大平台"与"大通关"机制构建，包括内陆开放经济大平台机制构建，内陆开放经济"大通关"协作机制构建。第七章为西北内陆开放型产业协同发展与构建，包括优势主导产业的选择与分析，西北内陆开放型优势产业空间构建与布局，西北内陆地区在"一带一路"倡议中协同开放与发展，西北内陆制造业协同高质量发展策略，西北内陆煤炭产业协同发展与转型路径，用大数据产业提速西北内陆开放型经济发展。第八章为主要结论与对策建议。

三　研究的方法

在分析研究对象时，研究方法的选择和创新至关重要。因研究涉及面比较广、省区跨度较大，需要从多学科、多领域、多角度进行深入分析。本书采取实证研究与理论研究相结合的方法。第一，实证分析与规范分析相结合、理论分析与实证研究相结合。通过对陕西、甘肃、宁夏、青海等内陆开放型经济的客观分析，在实证分析的基础上升华到理论的高度，达到理论与实践相互补充的目的。第二，定性分析与定量分析相结合。先对研究对象进行描述性分析，再建立计量模型，对研究对象进行深度定量分析。第三，要素分析与结构分析相结合。以区域经济学为基础，产业经济学为支撑，经济地理学空间布局为补充，对西北内陆省区开放型经济的产业开放进行空间布局，构建协同开放路径。第四，田野考察调研，大量中外文献的检索及应用借鉴。

四　研究的技术路线

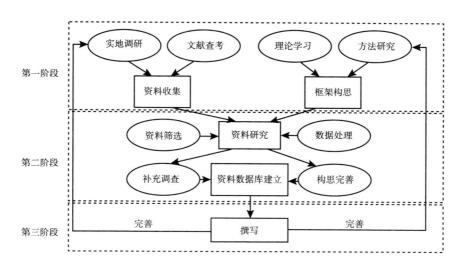

图 1 - 1　研究的技术路线

第三节　研究对象的界定

本书主要研究中国西北内陆开放型经济发展的长效机制构建。从国内区域划分的角度来讲，西北内陆地区一般指陕西省、甘肃省、宁夏回族自治区、青海省。而如果为中国西北地区，则要将新疆维吾尔自治区加上，因此本书的研究区域为西北内陆四省区。但需要说明的是，甘肃虽然有一部分很短的陆地边境线，考虑其绝大部分位于黄河流域中上游地区，与青海、宁夏、陕西同为典型内陆特征省区，因而将其划入内陆省区。另外，新疆虽然属于中国西北省区，但是其有很大一部分为沿边区域，因此没有将其划入内陆省区。有关区域划分或者经济区域划分，国内的学者也做了一些研究，如张毓峰、张勇、阎星分析，因我国的疆域条件的差别、时间阶段的不同对沿边、内陆和沿海的三大经济区域的划分每个时期都有所不同。[①] 改革开放以来，从"中华人民共和国国民经济和社会发展五年规划纲要"中可以看出我国对各个时期的经济区划都有不同的表述。如"六五"计划中沿用了之前的沿海与内地"两分法"；"七五"计划实行了东、中、西三大经济地带划分；"八五"计划又恢复为沿海与内地的"两分法"；"九五"计划重新表述为东部地区和中西部地区；"十五"计划又回到东、中、西三大经济地带划分；"十一五""十二五""十三五"国民经济发展规划则为东部、中部、西部和东北四大区域划分（见表1-1）。

"十一五"至"十三五"规划一般为东部、中部、西部和东北四大区域划分，在每个规划中又将开放地区分为沿海、沿边和内陆区域。沿海地区，包括辽宁、天津、河北、山东、江苏、上海、浙江、福建、广东和海南10个省市；沿边地区，包括黑龙江、吉林、内蒙古、新疆、西藏、云

[①] 张毓峰、张勇、阎星：《区域经济新格局与内陆地区发展战略选择》，《财经科学》2014年第5期。

南、广西 7 个省区①。内陆地区，包括北京、山西、河南、湖北、湖南、安徽、江西、甘肃、青海、宁夏、陕西、四川、重庆和贵州 14 个省区市，而在内陆地区中又将其分为西北内陆 4 省区、中部 6 省（见表 1-2）。

表 1-1 改革开放以后我国区域经济划分

国家计划（规划）	时间	区域划分
"六五"计划	1981—1985	沿海、内地
"七五"计划	1986—1990	东部沿海地带、中部地带、西部地带
"八五"计划	1991—1995	沿海、内地
"九五"计划	1996—2000	东部地区、中西部地区，长江三角洲及沿江地区、环渤海地区、东南沿海地区、西南和华南部分省区、东北地区、中部五省区、西北地区
"十五"计划	2001—2005	东部地区、中部地区、西部地区
"十一五"规划	2006—2010	东部地区、中部地区、西部地区、东北地区；沿海、沿边和内陆区域
"十二五"规划	2011—2015	经济区域划分：东部地区、中部地区、西部地区、东北地区 开放区域划分：沿海开放、内陆开放、沿边开放
"十三五"规划	2016—2020	经济区域划分：东部地区、中部地区、西部地区、东北地区 开放区域划分：沿海开放、内陆开放、沿边开放、"一带一路"

表 1-2 我国开放区域与新经济区域划分

区域划分 （开放区域划分）	省区市		
沿海地区（10 个）	辽宁、天津、河北、山东、江苏、上海、浙江、福建、广东和海南		
沿边地区（7 个）	黑龙江、吉林、内蒙古、新疆、西藏、云南、广西		
内陆地区（14 个）	北京、山西、河南、湖北、湖南、安徽、江西、甘肃、青海、宁夏、陕西、四川、重庆和贵州	西北内陆（4 个）	甘肃、青海、宁夏、陕西
		中部内陆（5 个）	山西、河南、湖北、湖南、安徽、江西

---

① 张毓峰、刘芷晗：《后金融危机时代中国内陆区域中心城市经济发展模式研究：成都案例》，《中共四川省委省级机关党校学报》2013 年第 5 期。

第二章　内陆开放型经济发展综述与相关理论支撑

通过对国内外开放型经济与内陆开放型经济进行研究，在综述与评价的基础上，对内陆开放型经济的内涵进行界定。在理论方面，内陆开放型经济的相关理论是建立在开放型经济、可持续发展及新经济理论等不断拓展基础之上的，尤其是改革开放以来，内陆开放型经济取得了巨大成就。首先我国东部沿海地区发展以出口为导向的外向型经济；其次我国沿边区域也实行了对外开放，外向型经济取得了飞跃式的发展。随后党的十七大报告指出，要加快内陆发展，提高内陆经济开放水平，走内陆开放型经济的道路成为内陆地区的首选。从沿海开放到沿边开放，再到内陆开放与"一带一路"建设，中国逐步形成了开放型经济及内陆开放型经济理论体系及开放型经济理论思想。

第一节　开放型与内陆开放型经济研究综述

一　开放型经济研究综述

应用经济学界，对开放型经济做了较为详细的研究。美国学者格林沃尔德在其主编的《现代经济词典》中指出，开放经济指的是国家和地区之间贸易往来无限制的一种经济模式，在这种经济模式下，任何个人都可以与其他地区的任何一个人发生自由贸易关系。① 英国学者戴维·W. 皮尔斯在其主编的《现代经济学词典》中指出，开放型经济是参与国际贸易的一种经济，且经济的开放程度可由贸易开放度来衡量。② 美国经济学家皮特·纽曼主编的《新帕尔格雷夫法经济学大辞典》，该词典对开放经济的内容进行了扩展，认为开放经济除了包含国际贸易外，还应包含国际金融。③

20 世纪 90 年代以来，经济全球化与区域经济一体化趋势日益凸显，世界各国之间的生产和服务联系不断加深，各国经济发展的相互依赖度不断提高，发展开放型经济成为世界各国或地区经济发展的重要途径与保证。④ 改革开放以来，我国开放型经济不断深化发展。1993 年，党的十四届三中全会通过的《中共中央关于建立社会主义市场经济体制的若干问题的决定》中首次提出："坚定不移地实行对外开放政策，加快对外开放步伐，充分利用国际国内两个市场、两种资源，积极参与国际竞争与国际经济合作，发展开放型经济。"1997 年，党的十五大报告中强调："要努力提高对外开放水平，以更加积极的姿态走向世界，完善全方位、多层次、宽领域的对外开放格局，发展开放型经济。"⑤ 2007 年，党的十七大报告中指出："要拓展对外开放的广度和深度，提高开放型经济水平，完善内外联动、互利共赢、安全高效的开放型经济

---

① 〔美〕D. 格林沃尔德主编《现代经济词典》《现代经济词典》翻译组译，商务印书馆，1983。

② 〔英〕戴维·W·皮尔斯主编《现代经济学词典》，宋承先、寿进文、章雷等译，上海译文出版社，1988。

③ 〔美〕皮特·纽曼：《新帕尔格雷夫法经济学大辞典》，许明月译，法律出版社，2003。

④ 蔡爱军、朱传耿、仇方道：《我国开放型经济研究进展及展望》，《地域研究与开发》2011年第 2 期。

⑤ 江泽民：《高举邓小平理论伟大旗帜，把建设有中国特色社会主义事业全面推向二十一世纪——在中国共产党第十五次全国代表大会上的报告》，《求是》1997 年第 18 期。

体系。"① 2013 年，党的十八届三中全会通过的《中共中央关于全面深化改革若干重大问题的决定》提出："加快完善开放型经济体系，构建开放型经济新体制。"② 随着国际环境与我国国情的深刻变化，开放型经济已经成为世界各国和地区的研究热点。党的十九大报告指出：要推动形成全面开放新格局，"以'一带一路'建设为重点，坚持引进来和走出去并重，形成陆海内外联动、东西双向互济的开放格局。"要优化区域开放布局，加大西部开放力度，"加大力度支持革命老区、民族地区、边疆地区、贫困地区加快发展，强化举措推进西部大开发形成新格局。"

2020 年 10 月，党的十九届五次全会通过的《中共中央关于制定国民经济和社会发展第十四个五年规划和二〇三五年远景目标的建议》提出，"实行高水平对外开放，开拓合作共赢新局面，坚持实施更大范围、更宽领域、更深层次对外开放，建设更高水平开放型经济新体制，全面提高对外开放水平，推动贸易和投资自由化便利化，推进贸易创新发展，增强对外贸易综合竞争力"。同时提出，"加快建设现代化经济体系，加快构建以国内大循环为主体、国内国际双循环相互促进的新发展格局……立足国内大循环，发挥比较优势，协同推进强大国内市场和贸易强国建设，以国内大循环吸引全球资源要素，充分利用国内国际两个市场两种资源，积极促进内需和外需、进口和出口、引进外资和对外投资协调发展"。③

（一）开放型经济的定义、内涵、特点与特征

1. 开放型经济的定义

党中央提出发展开放型经济以来，社会各界广泛关注。我国学者从

---

① 胡锦涛：《高举中国特色社会主义伟大旗帜　为夺取全面建设小康社会新胜利而奋斗——在中国共产党第十七次全国代表大会上的报告》，《求是》2007 年第 21 期。

② 习近平：《关于〈中共中央关于全面深化改革若干重大问题的决定〉的说明》，《求是》2013 年第 22 期。

③ 《中国共产党第十九届中央委员会第五次全体会议文件汇编》，人民出版社，2020。

不同视角对开放型经济的理论内涵进行了诸多有益的探索。周小川从参与国际分工的角度出发，认为与对外开放、外向型经济不同，开放型经济强调将国内经济与国际经济紧密联系，充分参与国际分工，并在国际分工中发挥本国经济的比较优势。[①] 张幼文从经济制度的角度出发，认为开放型经济是开放程度较高的经济体系，具有经济制度的性质。[②] 郑吉昌从生产要素全球化流动的层面出发，认为开放型经济是资本、劳动力、商品和技术等要素按照市场规律自由流动，实现资源优化配置的一种经济模式。[③] 应健从对外开放的角度出发，认为开放型经济中的对外开放表现为开放过程的制度性、开放结构的平衡性、开放范围和领域的全面性以及开放的双向性，是一种具有较高开放度的市场经济表现形式。[④] 薛荣久从市场经济的角度出发，认为开放型经济是植根于我国社会主义市场经济体制的一种制度性的开放，强调充分运用市场规律，形成具有有效的内部运行机制和强大自主创新能力的开放型经济体系。[⑤] 刘新智等从经济形态的层面出发，认为开放型经济是一种与封闭型经济相对的经济形态，在开放经济的基础上，强调整体性开放，使开放与发展相协调，具有显著发展效果。[⑥] 裴长洪从中国特色的角度出发，认为我国的开放型经济的概念与西方经济学理论的最大区别是具有中国特色的实践性，中国的开放型经济是以自身的开放实践为基础，以边境开放为基本特征的多层次、宽领域、全方位的经济活动和体制变革过程，是

---

① 周小川：《走向开放型经济》，《经济社会体制比较》1992 年第 5 期。
② 张幼文：《完善开放格局，发展开放型经济》，《社会科学》1998 年第 6 期。
③ 郑吉昌：《经济全球化背景下中国开放型经济的发展》，《技术经济与管理研究》2003 年第 5 期。
④ 应健：《中国开放型经济及其经济开放度研究》，重庆大学硕士学位论文，2003。
⑤ 薛荣久：《我国开放型经济体系构建的纲领与重大意义》，《国际商务（对外经济贸易大学学报）》2007 年第 6 期。
⑥ 刘新智、刘志彬：《开放型经济的运行机理及其发展路径研究——以吉林省为例》，《西南农业大学学报》（社会科学版）2008 年第 6 期。

渐进和动态变化的。[①]

以上学者从不同角度对开放型经济内涵进行了界定,对我国开放型经济的发展具有重要的指导意义。笔者认为,开放型经济是以整体开放为前提,开放与社会相协调,充分利用市场规律,促进商品、资本、劳动力和技术等要素自由地跨国界、跨区域流动,从而形成有效的内部运行机制和自我发展能力,实现最优资源配置和最高经济效率的一种经济制度模式。整体开放范围应包括:国家与国家、国家与地区、地区与地区 3 个层面。

2. 开放型经济的内涵

开放型经济和封闭型经济既有区别又有联系,二者相互对立,是 20 世纪 90 年代初兴起的一种开放型经济体制模式。一般来说,一个国家或地区市场化程度和经济发展水平越高,就越接近于开放型经济模式。在当前经济全球化和我国经济发展新常态的双重背景和趋势下,发展开放型经济对于我国的经济社会发展将起到越来越重要的作用。

针对开放型经济的内涵,西方经济学主流思想认为主要包括以下三个方面:首先,它是一种参与国际贸易的经济;其次,国际贸易不受限制;最后,国际贸易和国际金融并举。我国学者对其内涵的认定与西方有所不同。1999 年,陈飞翔从区域开放程度这一角度出发,提出开放型经济是市场经济各个阶段中一种高级的发展形态,主要是通过世界范围的市场交换来实现生产要素和资源的优化配置,从而大大突破了社会生产、消费、交换和分配过程中国家或地区之间的界限,具体表现为国内与国外经济的劣势规避和优势互补。[②] 关白、李彤从国内外经济联系和参与国际分工的角度出发,认为开放型经济强调国内经济活动(如生产、流通、分配和消费等)与其他国家或地区尤其是经济发达地区

---

① 裴长洪:《全面提高开放型经济水平的理论探讨》,《中国工业经济》2013 年第 4 期。

② 陈飞翔:《对外开放中的经济利益关系变动与协调》,《财贸经济》1999 年第 4 期。

保持密切联系，是一种对外部世界开放的经济。其特征为，基于本国经济的比较优势，参与国际贸易和分工，促使生产要素在国际范围内交流。[①] 廖晓淇认为，中国必须积极扩大外商投资的新领域，引导外资向薄弱和亟待发展的领域流动，实现对外投资的战略转型。[②] 而邓慧慧、桑百川则认为，我国的开放型经济应该是一种包容性增长。[③]

从以上学者的研究成果可以看出，显然开放型经济是相对封闭型经济而言的，是经济体深入参与国际分工和交换，其劳动力、资本等生产要素和商品能跨行政区域较为自由地流动，甚至其产业（企业）能够较为自由地进行区际转移，是一个国家或地区经济体制和其他国家或地区经济体制融合程度较高的一种经济发展模式。在开放型经济发展过程中，各种生产要素和自然资源、商品和服务都可以较为自由地跨区域流动，从而实现资源优化配置和提高经济效率。显而易见的是，一个国家或地区政治体制越开放，经济发展水平越高，其市场化程度越高，就越具备开放型经济的特征。[④]

3. 封闭型经济、内向型经济、外向型经济与开放型经济的区别

提到开放型经济，人们自然会联想到封闭型经济、外向型经济和内向型经济，它们之间有什么区别，如何分辨呢？开放型经济与开放经济、外向型经济三者极易混淆，一些学者对此进行了辨析。外向型经济与开放型经济的区别在于外向型经济以出口为主，侧重于对国外市场和经济体的利用和依赖；而开放型经济则以提高生产要素、产业（企业）和商品区际自由流动程度和降低国家或地区之间的制度壁垒，如税费差异、商品贸易保护、经济制度差异阻隔等为主，表现在积极利用国内国

---

①　关白、李彤：《适应"入世"的新变化 实施"走出去"的开放战略》，《理论与现代化》2000 年第 9 期。

②　廖晓淇：《努力提高开放型经济水平》，《求是》2008 年第 4 期。

③　邓慧慧、桑百川：《我国开放型经济发展路径选择：包容性增长》，《国际贸易》2010 年第 12 期。

④　闫朝阳：《贵州内陆开放型经济发展路径研究》，贵州财经大学硕士学位论文，2018。

外"两种资源"和"两个市场"上。在开放型经济发展过程中，突出进口和出口两种方式的协调发展，不过度依赖某一种，也不偏废任何一种，关键在于充分发挥区域自身要素和产品的相对比较优势。既引进适用人才，也输出本地专才；既吸纳外地务工人员，也转移本地剩余劳动力，对人才流动和普通劳动力流动的约束较小。开放型经济要求建立开放性经济运行制度和机制，降低政策对正常经济活动的不必要限制，政府从微观经济活动中退出来，不去干预市场运行的具体活动，以利于开放型经济体充分发挥市场的基础性调节作用。

内向型经济是与开放型经济和外向型经济相对的经济发展模式。内向型经济以本国的生产要素和市场为发展对象，是独自发展本国经济的发展机制和模式。内向型经济可以分为两种：一种是闭关锁国型的内向型经济，另一种是进口替代型的内向型经济。现在已经很少有哪个国家和地区实行闭关锁国型的内向型经济发展模式。这种经济发展模式对外来资金和贸易实施严格的管控，经济发展水平一般比较落后。而进口替代型的经济发展模式主要是为了保护本民族内的工业，通过各种各样的贸易壁垒，对本国或本区域内的工业实行贸易保护主义。发展本民族的工业，生产原本需要进口的工业产品，慢慢培养自身的国际竞争力，使其能够替代之前的进口产品。如今所说的内向型经济发展模式主要指的是这种进口替代型的经济发展模式。

内向型经济、外向型经济、开放型经济，这三种经济发展模式虽然都是发展经济的一种模式，但是在理论依据、发展途径、面向市场等多个方面存在着很大的不同。在理论依据方面，内向型经济以贸易保护主义为理论依据，减少同国际上其他国家的贸易往来。为了保护本国的工业发展，进口时往往会采取多种严格的贸易壁垒措施，提高进口商品的关税。外向型经济则以绝对优势和相对优势理论为依据，大力推行外贸导向型的经济发展方式，高度重视贸易出口，大力鼓励出口，以出口拉动本国、地区的经济发展。开放型经济是以古典贸易理论和新古典国际贸易理论为依据，既大力发展出口国际业务，也同样重视进口，二者同时发展，没有偏颇，采取的是中性的贸易政策。在发展途径方面，内向型经济主要是通过引入大量先进的生产技术、生产设备、高技术人才等先进生产要素，大力发展本国或本地区的工业，最终达到强化本国产业、替代进口商品的发展目标。外向型经济主要是通过加大出口贸易，以出口为引擎，来带动本国或本地区的经济快速发展。例如，我国在改革开放之后大力发展的就是外向型经济。经过短短 40 多年的发展，我国的经济已经取得了巨大的成就。由此可以看出，外向型经济发展模式的优势所在。开放型经济既注重大力发展出口国际业务，也注重发展进口业务，二者没有偏颇，鼓励同时发展。生产要素和产品在国际市场上是双向自由流动的，是全方位、多层次开放的。在面向市场方面，内向型经济发展模式面向的主要是国内市场，以满足国内市场的需求为目标；外向型经济则主要面向的是国际市场，以国际市场的需求为导向，发展本国或本地区的产业；开放型经济则以国内和国外两个市场需求为导向，大力发展本国或本地区的经济。在抗风险能力方面，抗风险能力最小的是外向型的经济发展模式。因为外向型经济以国际市场需求为导向，容易受到国外市场的干扰。例如在 2008 年的金融危机中，主要发展外向型经济的我国东部地区受到了很大的冲击，外贸出口业务量明显下降，GDP 增长的速度明显降低。抗风险能力较差的是开放型的经济发展模式。开放型经济以国内国外两个市场为导向，自然也会受到来自国际市场的冲击。抗风险能力最强的是内向型的经济发展模式，因为内向型经济发展模式主要是以国内市场需求为导向，因此不会受到国际市场的冲击。[①]

　　关于开放型经济与开放经济的区别。学者认为，开放经济是指一切

---

　　①　白江超：《内陆开放经济发展模式研究——以贵州为例》，贵州财经大学硕士学位论文，2016。

参与国际贸易的商品、劳务和资本等要素的跨界流动不受限制的经济。[①] 但开放经济不等同于开放型经济，开放型经济以开放经济为基础，强调良好的开放环境及规范的市场秩序下宏观经济的整体开放性，而非短期的、小范围的开放。关于开放型经济与外向型经济的区别，学者也进行了辨析，认为外向型经济是依靠外部市场和资源（尤其是依靠出口）引导国民经济增长的经济发展模式，而开放型经济更多地体现为一种政策取向和制度安排，使资源配置突破本国区域性的限制，实现在世界范围内的最优配置。[②] 笔者在汇总学者们提出的有关概念的基础上，绘制出表 2 - 1。

表 2 - 1　开放型经济、封闭型经济、外向型经济、内向型经济的概念与特征

名称	开放型经济	封闭型经济	外向型经济	内向型经济
概念	是指参与国际分工和交换的程度较深入，商品、劳务、资本和人员跨国界（或跨地区）流动较为自由，自身经济体制与外部经济体制融合度较高的一种经济模式。在开放型经济中，要素、商品、人才、技术和服务可以较自由地跨境流动，通过市场机制最优配置资源和实现最高经济效率[③]	是指没有和外部发生经济联系的经济。在经济学意义上是指一国在经济活动中没有与国外的经济往来，如没有国际贸易或国际金融、劳动力的交流，仅仅存在国内的经济活动，本国经济与外国经济之间并未存在密切的往来，呈现封闭经济状态[④]	是内向型经济的对称。指与国际市场紧密联系的某国或某地区的经济体系。外向型经济模式是以开拓国际市场为着眼点的经济发展战略模式。外向型经济分广义和狭义两种。广义的外向型经济是指在世界范围内进行贸易、资本、技术、劳动力等方面的经济交流活动。狭义的外向型经济是指以国际市场为导向，以出口创汇为主要目标的经济活动	指实行进口替代政策国家的经济。即发展中国家优先发展本国制成品生产，用本国产品替代原进口商品以带动其他经济部门的发展。国家通过进口限额、提高关税来扶持本国新兴工业，摆脱对进口的依赖。另外，以国内市场需求为主的经济也称内向型经济

① 殷阿娜：《中国开放型经济发展绩效评估及对策研究》，辽宁大学博士学位论文，2014。
② 李明武、袁玉琢：《外向型经济与开放型经济辨析》，《生产力研究》2011 年第 1 期。
③ 姬生高：《内陆开放型经济发展思路及对策探讨——基于贵州铜仁市为研究视角》，《西部学刊》2013 年第 3 期。
④ 王海鸿：《基于粮食安全与能源安全的农地利用理论研究》，兰州大学博士学位论文，2009。

名称	开放型经济	封闭型经济	外向型经济	内向型经济
特征	1. 对外贸易在国民生产总值中的比重很高； 2. 以降低关税壁垒和提高资本自由流动程度为主； 3. 在开放型经济中，既出口，也进口，基本不存在孰重孰轻的问题，关键在于发挥比较优势；既吸引外资，也对外投资，对资本流动限制较少	1. 对外贸易在国民生产总值中的比重很低； 2. 在国际贸易和国际资本流动中存在着较严重的障碍； 3. 国内货币体系基本不受外汇储备与国外金融市场的影响，货币供给量和利率由国内各种因素与货币政策决定； 4. 国内物价水平基本不受汇率变动与国外物价水平的影响	1. 积极参与国际分工，把重点放在发展出口产品的生产上，以出口导向为主； 2. 以国际市场为目标，发挥自身的比较优势； 3. 生产要素通过国际、国内的双向流动，达到优化组合，提高其使用效率； 4. 对国际市场依赖性大，风险也大	1. 内向型经济立足于国内的经济环境，力求通过国内的资源及其他生产要素的配置和流通来发展本国经济； 2. 内向型经济由于割裂了国内市场和国际市场的联系，基本上不受国际价值规律的制约； 3. 产品的更新换代完全靠国内市场的引导，故其转变能力极低

4. 开放型经济的基本特征

从开放型经济的内涵来分析，不管是开放型经济还是内陆开放型经济，都应具备如下几个基本特征。

一是体制开放。就是以降低关税非关税壁垒、提高资本自由流动程度为主，是一种制度性开放。发展开放型经济，就是要构建更加成熟的开放型经济体系，加快对外经济体制及相关政策的调整，促进国内市场的进一步规范和公平竞争，持续降低经济运行的组织成本和制度成本，使开放在促发展、促改革、促创新等方面发挥更加积极的作用。

二是积极参与国际分工。依据国际国内两个市场的需求，发挥自身的比较优势，既生产出口产品，加大出口，增加经济收入，又发展进口，满足国内市场需求，具有较高的贸易依存度。

三是生产要素较自由地跨国流动。通过大力实施"走出去"和"引进来"战略，促进生产要素在国际和国内双向流动，达到优化组合、提高使用效率的目的。

四是国民经济发展对国际市场依赖性较大。开放型经济充分利用"两种资源、两个市场",实现了经济发展的可持续性,但由于对国际市场的依赖程度提高,受世界经济环境的制约较大,往往容易受国际市场波动的影响和国际垄断资本的控制,具有一定的风险性。①

5. 我国开放型经济发展的特点

党的十八大提出:"适应经济全球化新形势,必须实行更加积极主动的开放战略,完善互利共赢、多元平衡、安全高效的开放型经济体系。促进沿海内陆沿边开放优势互补,形成引领国际经济合作和竞争的开放区域,培育带动区域发展的开放高地。"党的十九大报告提出,"要坚持新发展理念,发展更高层次的开放型经济,推动形成全面开放新格局,要以'一带一路'建设为重点,形成陆海内外联动、东西双向互济的开放格局,优化区域开放布局,加大西部开放力度"。因此,在新的历史条件下,"互利共赢、多元平衡、安全高效"就成为我国开放型经济发展的目标和基本特点。②

一是互利共赢,就是在对外开放中要坚持共同发展,坚持通过合作促进世界经济强劲、可持续、平衡增长。在着眼于自身利益的同时,尊重和支持对方利益,最大限度地寻找利益交汇点。互利共赢是我国和平发展战略的必然选择。③ 在开放型经济建设过程中,必须坚持以开放换开放,不断拓展经济发展外部空间和良好国际环境。

二是多元平衡,就是在对外开放中要坚持统筹协调,注重良性互动,实现多元发展、平衡发展。注重提升制造业的开放层次,重视扩大

① 张少明:《宁夏内陆开放型经济试验区建设的借鉴与思考》,载袁家军、王和山主编《中国—阿拉伯国家博览会理论研讨会论文集(2013 第四辑)》,宁夏人民出版社,2013。
② 裴长洪:《中国建立和发展开放型经济的演进轨迹及特征评估》,《改革》2008 年第 9 期。
③ 陈德铭:《完善互利共赢、多元平衡、安全高效的开放型经济体系》,《人民日报》2012年 12 月 4 日。

服务业和农业开放；注重扩大出口和吸引外资，重视增加进口和对外投资合作；注重巩固发达国家传统市场，重视开拓发展中国家市场；注重做强一般贸易，重视提升加工贸易附加值；注重加强自主创新与参与全球化分工合作；注重提升沿海开放水平，加快内陆和沿边开放，不断增强开放型经济发展的平衡性、协调性和可持续性。[①]

三是安全高效，就是在对外开放中要坚持转变对外经济发展方式，培育开放型经济发展新优势，提高开放型经济的综合效益，增强抵御外部冲击和国际风险的能力。按照完善社会主义市场经济体制的要求，加快改革涉外经济管理体制，建立统一高效的对外开放决策、协调、管理和评估机制，完善开放条件下的对外经贸促进体系和风险防范机制，提高开放型经济对国民经济的贡献，增强风险防控水平。加强战略谋划，增进外交与经济紧密互动，全力维护国家和产业核心利益，切实保障经济安全。

四是全面开放。党的十八大之后，为了快速提升开放型经济发展水平，党中央明确指出要推动全面开放。习近平提出："我们将实行更加积极主动的开放战略，完善互利共赢、多元平衡、安全高效的开放型经济体系，促进沿海内陆沿边开放优势互补，形成引领国际经济合作和竞争的开放区域，培育带动区域发展的开放高地。坚持出口和进口并重，推动对外贸易平衡发展；坚持'引进来'和'走出去'并重，提高国际投资合作水平；深化投资、贸易体制改革，完善法律法规，为各国在华企业创造公平经营的法治环境。我们将统筹双边、多边、区域次区域开放合作，加快实施自由贸易区战略，推动同周边国家互联互通。"[②] 这是进一步加强同世界各国的互利合作，继续推进全面对外开放。全面开放是整个领域的开放，在国际上包括向绝大多数国家开放，包括发达国家、

---

① 杨凤鸣、薛荣久：《加入 WTO 与中国"开放型经济体系"的确立与完善》，《国际贸易》2013 年第 11 期。

② 习近平：《深化改革开放，共创美好亚太》（2013 年 10 月 7 日），《十八大以来重要文献选编》（上），中央文献出版社，2014。

发展中国家等，在国内包括向沿海地区、内陆地区、沿边地区；各个领域的开放包括制造领域、服务领域等。全面开放体现在空间格局上，加大西部大开发力度，形成全国各地分工协作、陆海内外联动、东西双向互济，互动发展的新格局，实现对外开放区域格局的进一步优化。在开放举措上，坚持自主开放、平等开放的原则，全面推进"一带一路"倡议、"走出去"战略、多边和区域开放战略、自贸区战略等进一步实现。

（二）开放型经济发展战略、路径及发展载体研究

1. 开放型经济发展战略研究

自党的十一届三中全会把实施对外开放作为基本国策以来，我国对外开放的广度和深度不断拓展，逐渐形成了全方位、多层次、宽领域的对外开放格局，开放型经济战略理论也逐渐被越来越多的人所认知和研究。[①]研究成果主要集中表现在以下几个方面。

实施结构优化战略。张燕生等认为，应充分认识国际经济环境的变化，积极有效承接国际产业转移，促进产业结构与对外贸易结构的优化升级，提升我国在国际分工中的地位。[②]

实施区域经济一体化战略。李练军认为，发展开放型经济应协调区域内部发展条件和政策，加强区域合作，逐步实现区域经济和贸易一体化发展。[③]

转变利用外资战略，提升经济整体竞争力。王允贵认为，应鼓励跨国公司对中西部地区进行投资，引导外商向基础设施、教育、科学研究等领域投资，积极开拓外商投资新领域，不断提高利用外资的水平和效益。[④]

---

① 张楠、李陈：《中国开放型经济战略理论的演进与发展》，《宁夏社会科学》2016 年第 2 期。
② 张燕生、毕吉耀：《"十一五"时期的国际经济环境和我国开放型经济发展战略》，《宏观经济研究》2005 年第 11 期。
③ 李练军：《中部地区开放型经济发展的实证与对策研究》，华中农业大学博士学位论文，2008。
④ 王允贵：《21 世纪初期中国开放型经济发展战略研究》，《改革》2000 年第 2 期。

实施"走出去"的对外开放战略。刘志彪认为，沿海地区要依托大型商贸流通企业，加快"走出去"的步伐，以国内外市场为导向，充分整合国内外贸易产业链，促进企业开放型经济水平的提升。[①]

实施内陆开放、沿边开放战略。裴长洪等认为，新形势下应完善内陆和沿边开放机制，加强口岸建设，扩大金融领域开放，加大开放纵深，拓展开放型经济战略空间。[②]

同时，以外向和以内向为主的发展战略不是静态的，而是动态变化的，同一地区在不同的发展阶段可能选择不同的发展模式，同样，同一阶段在不同的地区也可能会选择不同的发展模式。不同国家或地区在不同时期采取的不同经济发展模式见表 2 - 2。

表 2 - 2 不同国家或地区外向型、内向型变化及分类

年份	外向型		内向型	
	坚定外向型	一般外向型	一般内向型	坚定内向型
1963～1973	中国香港、新加坡、韩国	巴西、印度尼西亚、喀麦隆、泰国、哥伦比亚、哥斯达黎加、危地马拉、以色列、科特迪瓦、马来西亚	玻利维亚、萨尔瓦多、洪都拉斯、肯尼亚、马达加斯加、墨西哥、尼加拉瓜、尼日利亚、菲律宾、塞内加尔、突尼斯	阿根廷、孟加拉国、智利、埃塞俄比亚、巴基斯坦、斯里兰卡、秘鲁、加纳、印度、苏丹、土耳其、赞比亚、乌拉圭
1973～1985	中国香港、新加坡、韩国	巴西、智利、以色列、马来西亚、泰国、突尼斯、土耳其、乌拉圭	喀麦隆、哥伦比亚、哥斯达黎加、科特迪瓦、危地马拉、塞尔瓦多、洪都拉斯、印度尼西亚、肯尼亚、墨西哥、尼加拉瓜、巴基斯坦、菲律宾、塞内加尔、斯里兰卡	阿根廷、孟加拉国、玻利维亚、布隆迪、埃塞俄比亚、加纳、印度、马达加斯加、尼日利亚、秘鲁、苏丹、坦桑尼亚、赞比亚

资料来源：路林书《外向型经济与中国经济发展》，机械工业出版社，1988。

---

① 刘志彪：《新形势下全面提升我国开放型经济发展水平的战略及政策》，《审计与经济研究》2012 年第 4 期。

② 裴长洪、郑文：《中国开放经济新体制的基本目标和主要特征》，《经济学动态》2014 年第 4 期。

2. 开放型经济的发展路径研究

改革开放 40 余年来，开放型经济在取得辉煌成就的同时，仍然面临诸多挑战，开放型经济亟待转型升级。陈德敏等通过对重庆内陆开放型经济的研究认为，要促进内陆开放型经济的发展，必须分层次、有重点地推进区域合作，以企业为载体，整合和深化区域合作，进而推进开放型经济的发展。[①] 邓慧慧等认为，实现"包容性增长"促进经济增长与社会发展、人民生活改善同步，从而实现开放型经济的可持续发展。[②] 景朝阳等认为，在新型经济体一体化趋势增强的背景下，我国开放型经济的发展应深化经济体制改革，以创新驱动结构优化和模式变革，促进以服务业外包为抓手的现代产业格局的形成。[③]

3. 开放型经济的发展载体

开放型经济的发展载体的建设可以吸引外商投资，增加出口，扩大就业，带动一个地区乃至整个国家的经济发展，对开放型经济发展具有重要作用。周滢认为，我国出口加工区连接了国内和国外两个市场，对促进国家间的贸易、资金、技术的引进起到了重要的作用。但随着经济全球化和国际产业机构的调整，出口加工区优势弱化，面临转型升级的重大挑战。[④] 王祖强通过对浙江当前经济发展态势的分析，提出以都市圈为主要载体的城市经济，推动浙江开放型经济空间结构的转型升级。[⑤] 李爱国等提出充分发挥重庆保税港区"内陆""水港""空港"

---

① 陈德敏、谭志雄：《区域合作与重庆内陆开放型经济发展的路径选择》，《中国科技论坛》2009 年第 9 期。
② 邓慧慧、桑百川：《我国开放型经济发展路径选择：包容性增长》，《国际贸易》2010 年第 12 期。
③ 景朝阳、涂舒：《新兴经济一体化趋势下的中国开放型经济发展路径研究》，《经济体制改革》2015 年第 1 期。
④ 周滢：《我国出口加工区转型升级与对策研究》，上海交通大学硕士学位论文，2009。
⑤ 王祖强：《浙江空间经济新格局：都市圈的形成与发展》，《经济地理》2011 年第 1 期。

一体的优势，拓展保税区经济功能，建设成为开放型经济发展的新载体。[①] 唐海燕提出以自由贸易区为载体，集聚高端人才，提高创新能力，形成引领国际合作和竞争的开放型经济体系。[②]

二　内陆开放型经济研究综述

党的十八大报告中提出："全面提升开放型经济水平，创新开放模式，促进沿海内陆沿边开放优势互补，形成引领国际经济合作和竞争的开放区域，培育带动区域发展的开放高地。"[③] 这为我国加强与国际的交流与合作、促进开放型经济发展水平提高指明了方向。2013 年 9 ~ 10 月，国家主席习近平在中亚和东南亚国家进行访问期间，先后提出建设"丝绸之路经济带"和"21 世纪海上丝绸之路"的重大倡议，引发国际社会的高度关注。"一带一路"正在塑造我国国土空间开发、开放的新格局，谱写与周边国家互联互动、共同发展的新篇章。[④] 借助"一带一路"建设的发展平台，内陆地区可以进一步融入区域经济一体化和经济全球化，提升内陆省区市的综合影响力和竞争力，形成内陆开放型新高地。

党的十九大报告提出，"要坚持新发展理念，发展更高层次的开放型经济，加强创新能力开放合作，形成陆海内外联动、东西双向互济的开放格局，拓展对外贸易，培育贸易新业态新模式，推进贸易强国建设。实行高水平的贸易和投资自由化便利化政策，全面实行准入前国民待遇加负面清单管理制度，大幅度放宽市场准入，扩大服务业对外开

---

① 李爱国、周召彬：《重庆保税港区开放型经济功能拓展与建设研究》，《探索》2012 年第 4 期。

② 唐海燕：《以自贸区为载体，推进上海开放型经济新高地建设》，《科学发展》2014 年第 9 期。

③ 胡锦涛：《坚定不移沿着中国特色社会主义道路前进　为全面建成小康社会而奋斗——在中国共产党第十八次全国代表大会上的报告》，《求是》2012 年第 22 期。

④ 刘慧、叶尔肯·吾扎提、王成龙：《"一带一路"战略对中国国土开发空间格局的影响》，《地理科学进展》2015 年第 5 期。

放，保护外商投资合法权益。优化区域开放布局，加大西部开放力度。赋予自由贸易试验区更大改革自主权，探索建设自由贸易港。创新对外投资方式，促进国际产能合作，形成面向全球的贸易、投融资、生产、服务网络，加快培育国际经济合作和竞争新优势"。报告为相对封闭的内陆提供了加快形成陆海内外联动、东西双向互济开放格局的新契机，要以"一带一路"建设为重点，积极促进"一带一路"国际合作，努力实现政策沟通、设施联通、贸易畅通、资金融通、民心相通，加强创新能力开放合作，坚持"引进来"和"走出去"并重，遵循共商、共建、共享的原则，打造国际合作新平台。在优化区域布局中，沿海地区要进一步深化改革开放，进一步向纵深领域拓展；西部地区，特别是内陆地区应成为打造丝绸之路经济带的重点，进一步拓展陆海通道。要推进贸易强国建设，拓展对外贸易。一方面，要以先进制造业和现代服务业为支撑，"瞄准国际标准提高水平"，"培育具有全球竞争力的世界一流企业"。另一方面，要积极"培育贸易新业态、新模式"，大力发展跨境电子商务、对外贸易综合服务企业和市场采购贸易等，实行高水平的贸易和投资自由化便利化政策，这是我国成为世界贸易强国的必由之路，也是提升我国开放水平向更高层次更高质量发展。

2020 年 10 月，关于《中共中央关于制定国民经济和社会发展第十四个五年规划和二〇三五年远景目标的建议》的说明提出，"构建新发展格局，要坚持扩大内需这个战略基点，使生产、分配、流通、消费更多依托国内市场，形成国民经济良性循环。要坚持供给侧结构性改革的战略方向，提升供给体系对国内需求的适配性，打通经济循环堵点，提升产业链、供应链的完整性，使国内市场成为最终需求的主要来源，形成需求牵引供给、供给创造需求的更高水平动态平衡。新发展格局绝不是封闭的国内循环，而是开放的国内国际双循环。推动形成宏大顺畅的国内经济循环，就能更好吸引全球资源要素，既满足国内需求，又提升我国产业技术发展水平，形成参与国际经济合作和竞争新优势。"①

（一）内陆开放型经济的定义、内涵与特点

我国开放型经济经历沿海地区开放到沿边地区开放，再到内陆地区开放的发展进程，内陆地区的开发、开放起步较晚，因而相关研究文献较少，尚未形成完整的理论体系。② 早期对于内陆开放型经济的提及多出现在报刊、政府公文当中，并未对开放型经济的内涵及其与相关概念的关系进行辨析。随着我国开放型经济的不断推进，以重庆、宁夏、贵州等内陆省区市为研究对象的研究与日俱增。

1. 内陆开放型经济的定义

对于内陆开放型经济概念的认识，一直在争论中求同，不同学科的学者从不同视角进行了诸多有益的探索，有力促进了内陆地区的开发、开放。基于问题视角，全伟等认为内陆地区与周边国家（地区）存在着物流、信息流、资金流不畅通的问题，因而要在大力发展内需型经济、不断畅通交通体系和市场信息渠道的基础上，广泛开展与先进国家和地区的经济技术合作，通过劳动输出、出口本地产品、吸引生产要素集聚带动区域经济发展。③ 基于可持续发展视角，甘川认为内陆开放型经济应更加注重经济增长的内生机制培育，提升区域对外开放的整体功能，注重资源节约和环境保护，促进内陆地区开发、开放的全面协调可持续发展。④ 基于资源优势视角，张瑾认为内陆开放型经济是充分发挥资源、环境和劳动力优势，充分利用国际和国内发达地区资金、技术和

---

① 习近平：《关于〈中共中央关于制定国民经济和社会发展第十四个五年规划和二〇三五年远景目标的建议〉的说明》，载《中国共产党第十九届中央委员会第五次全体会议文件汇编》，人民出版社，2020。
② 曹滨：《内陆开放型经济的文献评述》，《技术与市场》2012 年第 19 期。
③ 全伟、李锡智、王方：《内陆开放型经济发展战略路径初探——以重庆市九龙坡区为例》，《特区经济》2009 年第 3 期。
④ 甘川：《内陆开放型经济发展路径研究——以重庆为例》，重庆工商大学硕士学位论文，2012。

人才的一种区域性开放型经济发展模式。[1] 基于区域要素流动的视角，宋洋认为内陆开放型经济是充分利用现代化信息、技术，实现要素、商品和服务充分的自由流动，实现资源的市场化配置和经济效率提高的一种经济形态。[2] 基于产业发展视角，姜良强认为内陆开放型经济强调在充分利用国际资金和技术的同时，也应注重利用国内的人力、资金和技术，积极承接国际国内的产业和贸易转移。[3] 事实上，内陆开放型经济的发展在对外贸易发展水平、开放发展理念、市场投资环境及政府引导机制等方面均不同于沿海、沿边地区的发展。

笔者认为，内陆开放型经济是指地处内陆腹地、远离海岸或边境的区域，通过引入市场机制，参与国际分工，促进国内外资金、技术和人才等要素集聚，积极承接产业和贸易转移，带动经济社会发展的一种区域发展模式。相对于沿海、沿边开放型经济发展模式，内陆开放型经济要实现全面协调可持续发展，必须以便捷的交通体系和畅通的市场渠道为支撑，努力促进商品、服务和各类生产要素的自由流动，既充分发挥本地资源和劳动力优势，又充分借鉴发达地区经验，不断培育内陆开放型经济内生增长机制。同时，要结合内陆地区的地理与空间特征，更加注重生态环境保护与经济、社会发展相协调，从而实现内生动力与外部力量相结合的内陆开放型经济发展。

2. 内陆开放型经济的内涵

内陆开放型经济的内涵是对开放型经济定义更深层次的一种发展，是针对某个国家内陆地区特殊的地理区位上开放型经济的发展而提出的，其内涵主要有以下三种。

内陆开放型经济与开放型经济具有相似的特点。一是内陆开放型经济的本质仍然是开放型经济，只是由于地处内陆，所以其在发展模式和

---

① 张瑾：《中国西部地区内陆开放型经济发展研究》，武汉理工大学硕士学位论文，2013。
② 宋洋：《宁夏回族自治区经济开放研究》，中央民族大学硕士学位论文，2013。
③ 姜良强：《贵州省内陆开放型经济发展水平研究》，贵州财经大学硕士学位论文，2015。

发展路径上必然受到特殊区位的影响，从而与沿海地区有所不同。尽管如此，内陆开放型经济与开放型经济处于同样的高度，应该更多地关注不同国家和地区资本、产业、商品和劳动力的自由流动，寻求参与国际国内分工和国际国内交流，以实现本国经济体制与外部经济体制的高度一体化。二是内陆开放型经济的发展是一个从相对封闭到相对开放的过程。地理位置特殊、信息相对封闭、基础设施建设相对落后、缺乏开放意识等，使促进沿海地区开放型经济发展的加工贸易类型并没有出现在内陆地区。三是从国家战略层面看，内陆地区从来都不是对外开放的第一选择，中国的开放战略是从沿海地区逐步向内陆地区扩展，内陆地区发展开放型经济的基础是一种相对封闭的状态，而开放型经济的发展，无论以何种方式和路径来弥补其在区位上的劣势，其最终的发展成果必然是信息更加顺畅、对外贸易的快速发展、产业链的对外延伸和区域内外要素和商品的自由流动，这毫无疑问会比初始阶段的开放程度更高。

3. 内陆开放型经济的特点与发展含义

内陆开放型经济不仅同开放型经济的内涵相似，同时还具有内陆经济的特点。与外向型经济相比，内陆开放型经济更加注重经济的可持续和全面协调的发展。内陆开放型经济在积极开拓国际市场和国内市场的同时，不仅注重高新技术的合作和国际贸易的往来，同时更加注重本地区经济内生机制的完善，持续优化本地区的产业结构，提高本地区工业产品的技术含量，以及本地区全面对外开放的功能和区域创新能力。

由于内陆地区较之沿海、沿边地区客观上存在着区位、发展空间、国家区域发展政策、经济发展阶段、市场发育程度的差异性，内陆开放型经济就具有开放型经济的一般性要求和内陆性要求相结合的特点。[①]

---

① 李继樊：《对重庆建设内陆开放型经济的理论与实践思考》，《重庆社科文汇》2010 年第5 期。

一是内外联动与内内联动相结合。一方面，面向国际经济合作，加强内外联动，扩大对外贸易往来，吸引外资进入，承接国际产业转移，尽快融入国际市场。另一方面，面向国内其他地区的区域经济合作，加强内内联动，加强与周边地区、东部沿海地区的经济合作、贸易以及市场资源的共享，形成内陆区域合作大市场。

二是互利共赢与合作开放相结合。开放型经济既是竞争的经济，也是合作的经济。内陆地区尤其是西部地区各省区市应树立合作共赢、共同开发的思路，按照"产业合作无边界、商品流通无障碍、要素流动无限制、政策优惠无差别"的原则，建立西部地区乃至跨区域的自由合作经济区，加强与沿海、沿边地区的开放合作，从而打通国际贸易物流大通道。

三是产业承接与产业培育相结合。承接国外、沿海地区产业转移是内陆地区发展开放型经济的重要途径，当前新一轮国际产业转移向纵深发展的势头，为内陆地区承接国际产业转移提供了机遇。同时，内陆地区还必须依据自身的优势，大力培育自己的优势产业、新兴产业，要以创新思维整合国内外的生产要素资源，依靠技术创新打造自有品牌、国际品牌。

四是经济安全高效与生态安全高效相结合。经济全球化在为各国提供巨大发展机遇的同时，也带来了许多不确定因素和安全风险。内陆地区发展开放型经济，在参与经济全球化的竞争合作、实现内外联动过程中，必须提高经济风险防范意识，承接产业转移必须确保不破坏生态环境、减少环境污染，在充分利用机遇获得开放效益和社会福利的同时，既要保证经济安全，还要保证生态安全。

另外，内陆开放型经济与沿海开放型经济、沿边开放型经济的本质都是"商品、资本、劳动力和技术等要素可以较自由地跨国界、跨区域流动，从而实现最优资源配置和最高经济效率"，[①] 区别在于所处地

---

① 王新成：《全面提高山东开放型经济发展水平》，《山东经济战略研究》2013 年第 3 期。

理位置的不同，造成物流、资金流、信息流的不对称，运输成本和运输方式的不同，导致产业发展的路径不同。具体表现为如下方面。

一是地理位置的不同。沿海开放型经济是针对沿海地区而言的，沿边开放型经济是针对沿边境地区而言的，而内陆开放型经济是针对内陆地区而言的。

二是在进出口贸易中货物的运输方式有所不同。现代产业的发展大多选择便宜、稳妥的海运作为主要的货物运输方式，而内陆地区由于地处偏远，距离出海港口或陆路口岸较远，因此以铁路、公路和航空运输为主。

三是货物运输量和运输成本差异大。在铁路、公路、航空、水运和管道运输等 5 种运输方式中，海洋运输能力最大，世界上最大的油船已超过 50 万吨，在运输条件良好的航道，通过能力几乎不受限制；通用性能强，可以运送各种货物，尤其是大件货物；运输成本低，我国沿海水运成本只有铁路的 40%；劳动生产率高，沿海水运劳动生产率是铁路运输的 6.4 倍；平均运距长，水路运输平均运距分别是铁路运输的 2.3 倍、公路运输的 59 倍、管道运输的 2.7 倍、民航运输的 68%。水路运输的主要不足是受自然条件影响较大，内河航道和某些港口受季节影响较大，冬季结冰，枯水期水位变低，难以保证全年通航，运送速度慢，运载的货物多，会增加货主的流动资金占有量。因此，水路运输适宜于运距长、运量大、时间性不太强的各种大宗物资运输。远洋运输在我国对外经济贸易中占有重要地位，我国超过 90% 的外贸货物采用远洋运输，是发展国际贸易的强大支柱。

内陆地区由于远离海岸线，进出口贸易货物运输以铁路、公路、航空运输为主，与水运相比，虽然存在运输能力小、能耗高、成本高、劳动生产率低等不足，但铁路、公路、航空运输各有特点。在内陆地区发展开放型经济应根据当地区位条件和商品特点选择合适的运输方式。

铁路运输方面成本较低，运行速度快，运输过程受自然条件限制较小，连续性强，能保证全年运行；通用性能好，既可运客又可运各类不同的货物；客货运输到达时间准确性较高。但铁路建设投资太高，建设周期长。因此，铁路适于在内陆地区运送距离长、运量大、时间性强、可靠性要求高的一般货物和特种货物。从投资效果看，在运输量比较大的地区之间建设铁路比较合适。

公路运输方面机动灵活，货物损耗少，运送速度快，可以实现门到门、点到点的运输，修建公路投资少，建筑材料和技术比较容易解决，易在全社会广泛发展。但运输能力小、能耗高、成本高、劳动生产率低，因此公路比较适宜在内陆地区运送短途旅客、货物。可以与铁路、水运联运，为铁路、港口集疏运旅客和物资，可以深入山区及偏僻的农村进行旅客和货物运输，在远离铁路的区域从事干线运输。

民航运输方面运行速度快，一般为 800～900 公里/小时，大大缩短了两地之间的运输时间，且机动性能好，几乎可以飞越各种天然障碍，到达其他运输方式难以到达的地方。但飞机造价高、运输能力小、能耗大、成本高、技术复杂。因此，只适宜长途旅客运输和体积小、价值高的物资，鲜活产品及邮件等货物运输。

一个完整的开放型经济发展模式包含发展和开放两层含义，这对于所有的经济体都适用。内陆开放型经济的发展是在经济全球化、区域经济一体化的背景下，立足于本国统一大市场，持续不断地拓展国内和国际市场，充分利用好国内的市场和资源以及国际的市场和资源，在全球范围内优化资源配置，在国际分工与合作中不断优化升级，拓展开放发展。大力发展内陆开放型经济主要有三层含义：一是内陆地区通过开放式的经济发展途径可实现自身经济全方位的对外开放、生产要素自由流动、工业产品或服务产品自由贸易。二是这种经济发展模式是具有长期性、制度性，而非一时政策性的经济发展模式。三是内陆地区通过这种多方位的、长久的制度性的发展模式，可以在很大程度上协调我国不同区域的经济发展，扭转我国经济发展不平衡的发展趋势。

（二）我国区域开放的模式与载体

我国开放型经济的发展形态经历了从改革开放初期的沿海开放型到沿边开放型再到内陆开放型的转变。从经济发展上看，沿海地区凭借得天独厚的区位和环境优势已经进入成熟阶段；而沿边地区通过调整外贸结构，充分利用国际市场资源，调整经济政策，经济发展势头良好；内陆开放型经济发展起步较晚，不仅面临区域发展不平衡、结构性矛盾突出等困境，而且受制于自然脆弱的生态环境，因此必须更加注重经济发展的全面协调可持续性。

在经济全球化的发展趋势下，发展开放型经济已经成为许多国家和地区的主要战略选择。随着我国全方位、多层次、宽领域的对外开放格局的形成，我国形成了沿海开放型、沿边开放型、内陆开放型三种发展模式。

1. 沿海开放型经济

长江三角洲地区是我国经济开放度最高、最具经济活力的地区，是沿海开放型经济发展的典型代表。自 20 世纪 80 年代开放型经济发展以来，结合不同区域特点，先后出现了"苏南模式"、"浙江模式"和"上海模式"。[①]"苏南模式"集中体现了江苏开放型经济的发展，通过发展乡镇企业，走出了一条先工业化，再市场化，进而国际化的发展路径。"浙江模式"是以"走出去"为主要特征的开放型经济发展模式，是中国民营经济发展的集中体现，以市场为导向促进工业化，通过"走出去"实现了国际化。"上海模式"以浦东新区开发开放为核心，利用区位优势，通过体制机制创新，创造良好的投资环境，迅速将政策优势转化为经济优势，形成典型的面向国际市场的外向型经济。

---

① 汪素芹：《江浙沪开放型经济发展模式比较》，《世界经济研究》2005 年第 12 期。

周肇光等通过对韩国开放型经济发展经验的总结，认为应通过坚持政府的主导作用，提高金融管理水平，重视传统文化与现代化的有机结合来促进沿海开放地区经济发展。① 张幼文将中国开放型经济发展划分为规模扩张、结构提升和要素优化三个阶段，沿海地区需要实现从规模性扩张向结构提升和要素优化的转变，促进沿海开放型经济的发展。② 王爽分析了"一带一路"倡议视角下通过深度参与国际合作、拓宽外经贸合作空间和领域、优化外贸结构来实现山东省开放型经济的发展。③

2. 沿边开放型经济

从地理空间上看，中国有黑龙江、吉林、辽宁、内蒙古、甘肃、新疆、西藏、云南、广西等 9 个沿边省区，总面积约 593.28 万平方公里，占我国国土总面积的 61.58%。1992 年 3 月 9 日，《国务院关于进一步对外开放黑河等四个边境城市的通知》的下发执行标志着我国沿边开放政策的正式实施。④ 政策的出台有力促进了口岸边境贸易的发展，进而推动了沿边开放型经济的发展。程云川等通过对沿边省区开放态势的分析认为，沿边地区经济发展存在着开放水平低、地区通道不畅、产业基础薄弱、口岸设施落后、缺乏有力优惠政策等问题，新形势下需拓展对外开放的广度和深度，全面提升开放型经济水平。⑤ 崔玉斌在全面总结第一轮沿边开放加强区域合作、坚持内外结合的引资策略等经验基础上，提出了落实"惠边"政策，营造沿边开放软环境，培育市场主体，

---

① 周肇光、宗永平：《韩国开放型经济发展模式对中国的启示》，《亚太经济》2006 年第 4 期。

② 张幼文：《中国开放型经济发展的新阶段》，《毛泽东邓小平理论研究》2007 年第 2 期。

③ 王爽：《"一带一路"战略视角下山东开放型经济发展路径研究》，《东岳论丛》2015 年第 11 期。

④ 张丽君、陶田田、郑颖超：《中国沿边开放政策实施效果评价及思考》，《民族研究》2011 年第 2 期。

⑤ 程云川、陈利君：《中国沿边开放的态势与前景》，《云南社会科学》2009 年第 6 期。

加强口岸建设，促进沿边开放型经济又好又快发展。[①] 黄伟新等运用因子分析方法对沿边各省区开放性及发展水平进行评价，提出了给予沿边地区政策倾斜，加大科技力量投入，实施比较优势战略，促进沿边地区开放型经济发展水平的提高。[②]

3. 内陆开放型经济

内陆地区开放型经济的发展不同于沿海、沿边地区的开发开放。王国中认为，思想观念陈旧、开放意识不足，资源要素自由流动的环境尚未形成，制约了内陆地区开放型经济的发展。[③] 丁瑶认为，内陆地区具有远离海岸和边境线的地缘劣势，直接导致物流成本过高，是内陆地区推进开放型经济的主要障碍。[④] 要大力推进内陆开放型经济的发展，必须将发达地区发展经验与区域实际相结合，实现内陆地区的开发与开放。易小光在充分分析重庆发展内陆开放型经济的现实基础和存在问题的基础上，提出积极争取国家政策、加强开放型经济体系及软环境建设等对策。[⑤] 宁宇提出完善基础设施、承接国际国内产业转移、构建开放型产业布局等措施促进内陆地区经济发展。[⑥] 笔者（2012）提出了宁夏内陆开放型经济的发展，必须坚持梯次赶超战略、产业驱动战略和开放带动战略，加大区域开放力度，走出一条具有宁夏特色的开发、开放之路。党的十八届五中全会对我国开放型经济做出了一系列新部署，为发展更高层次的开放型经济，全面融入"一带一路"建设提供了方向。贵州、四川、湖南等内陆省份，积极探索内陆开放型经济发展的新路径。贵州省提出以贵安国家级新区建设为契机，着力建设内陆开放型经

---

① 崔玉斌：《我国沿边开放的回顾与展望》，《边疆经济与文化》2010年第10期。
② 黄伟新、龚新蜀：《我国沿边地区开放型经济发展水平评价及影响因素的实证分析》，《经济问题探索》2014年第1期。
③ 王国中：《对内陆地区经济发展的思考》，《经济问题》2005年第11期。
④ 丁瑶：《内陆地区推进开放型经济面临的问题及其对策建议》，《改革》2008年第6期。
⑤ 易小光：《内陆开放型经济的发展及其途径：重庆个案》，《重庆社会科学》2008年第11期。
⑥ 宁宇：《重庆发展内陆开放型经济的路径选择》，《重庆与世界》2008年第2期。

济试验区。[①] 宋颖怡等运用主成分分析方法对四川内陆开放型经济进行了综合评价，认为应主动承接产业转移，吸引外资，进一步发展四川省内陆开放型经济。[②] 王一兵认为，湖南应积极融入"一带一路"建设，充分发挥东部沿海向中西部地带的过渡优势，加强国际物流通道和出口基地建设，继续完善配套设施和服务，打造内陆开放型经济新高地。[③]

表 2 - 3　中国对外开放的三种区域模式

开放模式	开启时间	开放区域	平台与形式
沿海开放型经济	1979 年	国务院批准在深圳、珠海、厦门、汕头试办经济特区	外向型经济
	1984 年	进一步开放大连、秦皇岛、天津、烟台、青岛、连云港、南通、上海、宁波、温州、福州、广州、湛江、北海 14 个港口城市	
	1988 年	批准海南经济特区	
	1990 年	开发与开放上海浦东新区	
	1992 年	邓小平发表"南方谈话"。沿海地区以外商直接投资、民营经济、乡镇企业等为主体，逐步形成了以加工贸易和贴牌生产为主的特征	
沿边开放型经济	1992 年	开放了黑河市、绥芬河市、珲春市、满洲里市、二连浩特市、伊宁市、塔城市、博乐市、瑞丽市、畹町市、河口县、凭祥市、东兴市等沿边城市	东盟博览会 东北亚博览会 亚欧博览会
	2012 年	商务部要求拓展沿边省区与周边国家经贸合作的领域和空间，建设若干面向毗邻地区的区域性国际贸易中心，构筑特色鲜明的陆路开放经济带	
	2016 年	《国务院关于支持沿边重点地区开发开放若干政策措施的意见》从推进兴边富民行动、改革体制机制等 8 个方面提出了 31 条政策措施支持沿边地区开发开放	

---

① 张建：《贵州建设内陆开放型经济试验区》，《国际商报》2016 年 2 月 22 日。
② 宋颖怡、楼琼：《四川内陆开放型经济比较与评价》，《重庆工商大学学报》（社会科学版）2014 年第 5 期。
③ 王一兵：《融入"一带一路"建设　打造内陆开放型经济新高地》，《海外投资与出口信贷》2015 年第 3 期。

开放模式	开启时间	开放区域	平台与形式
内陆开放型经济	2007 年	商务部与重庆市签署《共同建设内陆开放型经济合作备忘录》,正式提出内陆开放型经济的概念	中阿经贸论坛 中阿博览会
	2008 年	《国务院关于进一步促进宁夏经济社会发展的若干意见》中首次提出发展宁夏内陆开放型经济	
	2010 年	2010 年开始在宁夏成功举办三届中阿经贸论坛。国务院提出打造重庆、成都、西安等内陆开放型经济的战略高地,支持宁夏、新疆、甘肃等省区同中亚、中东国家的经贸合作	
	2012 年	国务院批准建设宁夏内陆开放型经济试验区	
	2013 年	国务院同意建立由国家发改委牵头的宁夏内陆开放型经济试验区建设部际联席会议制度	
	2016 年	国务院批准建设贵州省内陆开放型经济试验区	大数据博览会

（三）国内外内陆开放型经济发展的经验与启示

由于内陆地区的地域条件、资源禀赋、经济发展水平的差异性,内陆开放型经济发展道路的选择,不仅与沿海、沿边城市有很大不同,内陆地区之间相比也各具特色,不尽相同。因此,在发展策略上,必须充分学习和借鉴国内外发展内陆开放型经济的成功经验,充分发挥当地优势,采取符合当地经济发展的路径,促进内陆开放型经济的发展。

1. 国外发展内陆开放型经济的典型案例

美国犹他州:以高科技腾飞促内陆地区开放开发。犹他州位于美国中西部,属典型的内陆高原州,1980 年以前,主要依靠农业、采矿业、国防和旅游业四大传统产业,经济结构比较单一,发展水平落后,是个闭塞的经济落后州。但在 1990 年以后,通过及时调整经济发展方向,以高科技作为产业调整的核心,由以前的传统产业转到信息软件、医疗器材、生物工程等支柱产业,并通过出台相应的优惠政策及法律法规,保障方案和计划的实施,使犹他州经济年均增长率保持在 7% 左右,1999 年,犹他州人均 GDP 达到美国平均水平的 80%,经济上的"落后州"腾飞为美国的"明星州"。

印度班加罗尔：信息产业推动内陆地区开放开发。班加罗尔位于印度南部，20 世纪 60 年代，印度中央政府把重点国防和通信研究机构，如科学研究所、国家航空研究所、雷达电子发展公司等设在该市，使该市的信息技术产业得到迅速发展，目前该市已经发展成为印度的科学和技术中心。班加罗尔也是印度政府工业投资的重点地区之一，有印度的飞机制造厂，电器、通信设备、机床、汽车制造、制药等工厂，有 131 家国际大型 IT 公司在此落户，是全球第五大信息科技中心和"印度的硅谷"。

巴西巴西利亚：迁都推动内陆与沿海经济融合发展。1949 年，巴西的东南部在巴西国民收入中占据了 41.8% 的份额，而北部和中西部地区则分别只占 4.1% 和 4.8%，南北贫富差距悬殊。为了改变区域发展不平衡状况，巴西在 20 世纪 50 年代实施了一系列区域开发的战略措施。首先，迁都巴西利亚，作为新的国家政治中心，巴西利亚为紧密联系内陆与沿海经济、推动区域经济的融合发展做出了重要贡献，成为史上最成功的迁都案例之一。其次，大力发展基础设施，交通、电信等基础设施有效地将内地与首都、沿海港口相连接，为北部和中西部等欠发达地区发展创造了良好的运输条件，不仅带动了全国各地基础产业的发展，而且促进了各地区的经贸往来和经济融合。

2. 我国西部地区发展开放型经济的典型案例

重庆：创新产业发展模式，推动产业集群发展。国家实施西部大开发战略以来，重庆市抢抓机遇，瞄准新兴产业，创新产业发展模式，注重集群配套，全力推进"1336"开放战略，加快建立内陆开放型经济体系，大力推进内陆开放高地建设。实施"1336"开放战略，就是围绕打造一个国际大都市，建设渝新欧、长江和南向三条国际物流贸易大通道，两江新区、保税港区、国家级开发区三大开放平台，中国西部加工制造中心、西部交通物流中心、西部科技教育中心、西部金融创新中心、西部国际贸易中心、西部国际会展中心六大开放功能中心。提出要在现代电子信息领域最重要的三个方面（电脑、通信、网站）创造中国之最，正在建设全国乃至亚太地区最大的笔记本电脑生产基地，对整机加零部件进行垂直整合，先后引入惠普、富士康、宏碁等 6 家世界信息业巨头和 700 余家零部件原材料配套企业，大大优化了出口产品结构；抢抓云计算时代跨国公司数据处理外包业务全球布局的机遇，打造全国最大的云计算数据处理中心和电子商务国际结算中心，已与全球最大的电子商务支付提供商美国贝宝公司和阿里巴巴进行战略合作，共同推动重庆电子商务国际结算中心的建设，进而带动各类电子商务的发展，吸引相关领域的人才齐聚重庆，使重庆成为服务贸易的高地。2010 年，重庆市充分利用亚欧大陆桥现有铁路设施，创新铁路运行管理机制，通过中国海关和沿途五国海关达成了"安智贸"便捷通关协议，实行便捷通关一卡通、监管下互认，开通了重庆至德国杜伊斯堡的"渝新欧"国际铁路联运大通道，途经西安、阿拉山口、哈萨克斯坦、俄罗斯、白俄罗斯和波兰，到达德国的杜伊斯堡港，大大缩短了货运里程和运行时间，降低了运输费用。"渝新欧"将使重庆成为欧洲进口货物集散地、贸易中心，以及中国西部的海关报关中心、口岸高地。

3. 国内外发展内陆开放型经济的经验启示

国内外发展内陆开放型经济的经验表明，只要选择合适的发展路径和战略举措，内陆地区虽有一定的区位条件限制，但同样能够集聚生产要素，打造经济中心和金融中心，推进开放型经济可持续发展。关键是要在产业发展方面找准特色，而且产品的销售和服务必须突破区位条件的制约。

一是科学规划，突出差异化。内陆地区发展开放型经济与沿海地区比较有诸多不利因素，特别是我国发展内陆开放型经济比沿海地区开放开发晚了 30 年，要后发赶超，必须借鉴发达地区发展开放型经济的成功经验，充分发挥当地的优势条件，找准定位，突出差异化，科学制定发展规划和顶层设计，跳出传统的区域产业发展的窠臼，突出差异化，由新兴开放型的特色优势产业所替代。

二是政府引导与市场主导相结合。充分发挥政府的主导作用，根据国内外市场需求，制定鼓励优惠政策，大力调整产业结构和布局，不断优化资源配置，抓住国际产业转移的历史机遇，扬长避短，对内抓好规划的落实，对外搭建好承接产业转移平台。坚持企业主体地位，充分调动和发挥各类企业和社会各方面的积极性和创造性，激发市场活力，大力培植产业集群，增强经济发展的内生动力，使产业调整充分迎合国内外市场需求，从而有效带动内陆开放型经济的发展。

三是"引进来"和"走出去"并重发展。发展内陆开放型经济，必须充分利用国际国内"两个市场、两种资源"，引进资金、技术、先进理念和高端人才，鼓励和帮助当地企业、产品和人才走向国际市场，加快培育参与国际经济合作和竞争新优势。坚持贸易、投资与产业互动，促进外贸、外资、外经联动发展，整体推进。充分发挥市场引导生产、流通促进消费的作用，有效促进开放型经济的发展。①

四是深化国内外区域合作。随着经济全球化的迅速发展和区域经济一体化趋势的不断加强，深化国内外区域合作，是发展开放型经济的重大而有效的举措。如重庆、四川、陕西等西部内陆地区均以加强东向、突出南向、畅通西向为通道，大力加强区域合作，以吸引投资和双边贸易为主，不断巩固欧美、日韩传统市场；以外经合作和双边贸易为主，强力拓展东盟、南亚市场；以对外投资和双边贸易为主，大力开发俄罗斯、中亚、非洲等新兴市场。广西坚持把国际区域合作与市场拓展结合起来，积极构建泛北部湾经济合作区；喀什、霍尔果斯经济开发区全力打造立足西部、辐射亚欧的区域化、国际化的产品加工基地、商贸物流中心和中国西部的重要交通枢纽等。深化国内外区域合

---

① 张少明：《宁夏内陆开放型经济试验区建设的借鉴与思考》，载袁家军、王和山主编《中国—阿拉伯国家博览会理论研讨会论文集（2013 第四辑）》，宁夏人民出版社，2013。

作不仅有利于扩大开放型经济发展的规模，而且有利于促进开放型经济可持续发展。

五是建设开放载体和平台。要加快对外开放口岸基础设施建设，改善口岸通关环境，完善电子口岸平台，积极开展与沿海、沿边口岸的大通关协作，促进贸易投资便利化。要成立投资集团，搭建投融资平台，承担重大项目建设筹融资金、投资和经营业务，股权投资、股权管理和产权、股权交易，经济技术合作等任务。要打造特色产业园区，培育承接国际国内产业转移示范区，优化产业区域布局，引导产业集聚发展。要用好对外活动平台，四川的西博会、重庆的渝洽会、陕西的西洽会、广西的中国—东盟博览会等已成为中国西部走向世界的重要舞台。

六是打造国内国际物流大通道。畅通无阻的国内国际物流大通道，是内陆地区发展开放型经济的重要保障条件。内陆地区开放型经济的成功无一例外，都是加大基础设施建设，打造完备的交通、通信等基础设施体系，有效连接内地与沿海港口，形成便捷高效的国际物流大通道，发挥良好的交通枢纽作用，确保物流、人流、信息流的通畅。

七是改善对外开放环境。自由、公平、法制、开放的市场环境是发展经济的必要条件，创造制度和市场环境的比较优势，为吸引外来投资、促进当地经济发展提供良好的市场环境条件，是内陆地区发展开放型经济的必备条件。积极扩大会展、物流、金融、电子商务等现代服务业对外开放，加快建设国际商务中心建设。加快开放型经济人才的培养与集聚，健全涉外服务体系，创新内陆开放体制机制，积极探索与有关国家和地区建立灵活有效的经贸合作政策磋商机制，开展多种形式的对话与交流。健全省际、省内跨区域行政协调和合作机制，进一步完善政策措施。深入推进行政效能建设，创造良好的开放环境，强力支撑内陆开放经济发展的政务保障。

第二节　内陆开放型经济发展的理论支撑

目前，理论经济学界没有专门研究开放型经济，自然也没有形成专门的开放型经济理论，当然更没有内陆开放型经济理论了，但其思想已蕴藏在一些经典的经济学理论之中。如比较优势理论、要素禀赋理论等。

马克思认为，国际分工的出现是社会生产力发展的产物，从大机器生产开始，社会化大生产不断发展，将越来越多的国家与地区纳入新的分工和交换体系中，"一种和机器生产相适应的新的国际分工产生了，它使地球的一部分成为主要从事农业的生产地区，以服务于另一部分主要从事工业的生产地区"。国内学者相重光认为，国际分工是指世界上各国之间的劳动分工，它是社会生产力发展到一定阶段的产物，是社会分工从一国国内向国际延伸的结果，是生产社会化向国际化发展的趋势。[①]

党的十八大明确提出："全面提高我国开放型经济水平。"国际分工理论是中国开放型经济发展战略的基础理论，它分为传统国际分工理论和新国际分工理论，深入梳理和分析国际分工理论，对于提高中国开放型经济发展水平具有重要的理论指导意义。

一　传统国际分工理论

（一）亚当·斯密的绝对优势理论

绝对优势理论是指在生产某种商品一国所消耗的劳动成本绝对低于另一国。在生产效率上占有绝对优势，因而该国可以生产并出口该种商品。亚当·斯密在《国民财富的性质和原因的研究》一书中提出了绝对优势理论。他认为，每个国家都有适合于生产某种特定产品的绝对有

---

① 相重光：《国际分工》，经济科学出版社，1984。

利的生产条件，如果每个国家都根据绝对有利的生产条件进行专业化生产，就可以使成本绝对降低。然后彼此交换，则对每个国家都有利。每个国家都能够利用自身优势发展专业化生产部门，以提高劳动生产率，降低成本，促进经济和国民实力的提高。[①]　因此，他主张国际分工的原则是，就某种商品而言，如果其他国家的生产成本比本国低，那么该国就不要生产这种商品，输出本国绝对成本最低的商品去换取货币，然后去购买别国生产的廉价商品，就会更经济合理。[②]　假设英国和葡萄牙两国生产毛呢和酒两种产品，且劳动是唯一的生产要素。按照绝对优势理论，两国交换前后的情况如表 2-4 所示。

表 2-4　按照绝对成本学说英国和葡萄牙关于酒和毛呢国际分工与国际交换情况

分工与交换前后	国家	酒的产量（单位）	所需劳动投入（人/年）	毛呢产量（单位）	所需劳动投入（人/年）
分工前	英国	1	120	1	80
	葡萄牙	1	90	1	110
	世界合计	2	210	2	190
分工后	英国	0	0	2.5	200
	葡萄牙	2.222	200	0	0
	世界合计	2.222	200	2.5	200
按照 1:1 的比例交换后	英国	1	0	1.5	200
	葡萄牙	1.222	200	1	0
	世界合计	2.222	200	2.5	200

资料来源：缪东玲《国际贸易理论与实务》，北京大学出版社，2011。

　　分工前：从两国各自在两种商品生产中的劳动投入可看出，葡萄牙拥有生产酒的绝对成本；英国拥有生产毛呢的绝对成本。按照斯密的绝对成本理论，葡萄牙应该专门生产酒，英国应该专门生产毛呢。

---

① 汪悦：《区域分工背景下的安徽淮北市经济转型初探》，《商场现代化》2013 年第 21 期。
② 〔英〕亚当·斯密：《国民财富的性质和原因的研究》，商务印书馆，1974。

分工后：各国生产这两种商品的劳动总投入是一样的，但是酒和毛呢的世界总产量都比分工前要多，分别增加了 0.222 单位和 0.5 单位。[①]

交换后：假定两国的交换比例是 1∶1，即英国用 1 单位毛呢与葡萄牙的 1 单位酒交换，与分工前相比，贸易利益为：英国拥有 1 单位酒和 1.5 单位毛呢，酒并没有减少，但是毛呢增加了 0.5 单位；葡萄牙拥有 1.222 单位的酒和 1 单位毛呢，毛呢没有减少，但是酒的数量增加了 0.222 单位。按照绝对成本理论，通过专业化生产和国际贸易，两国生产要素得到最有效、最合理的利用，生产率得到提升，世界财富总量也随之增加。[②]

（二）大卫·李嘉图的比较优势理论

比较优势理论是大卫·李嘉图在《政治经济学及赋税原理》一书中提出来的。他认为，由于资本和劳动力在国家间不能完全自由的流动和转移，所以，不应该以绝对成本的大小作为国际分工和贸易的原则，而依靠比较成本来展开国际分工和贸易。如果两个劳动生产率不同的国家，其中一个国家生产任何一种商品都处于绝对有利地位，但有利的程度不同；另外一个国家生产任何一种商品都处于绝对不利的地位，但不利的程度不同，在这种情况下，两个国家仍然可以通过国际分工和贸易而相互获得利益。[③] 在自由贸易的情况下，各国应该把资本和劳动用于具有相对优势的产业部门，生产本国最有利的商品，利用国际分工和贸易完成相互之间的互补，提高资源利用效率，实现本国经济快速发展[④]（见表 2-5）。

---

① 缪东玲：《国际贸易理论与实务》，北京大学出版社，2011。
② 宋雨辰：《从李嘉图困惑到穆勒相互需求说——从贸易平衡视角看古典贸易理论体系》，天津财经大学硕士学位论文，2015。
③ 史常凯：《中部地区区域旅游合作战略研究》，《时代经贸》（下旬刊）2007 年第 1 期。
④ 〔英〕大卫·李嘉图：《政治经济学及赋税原理》，周洁译，华夏出版社，2005。

表 2 - 5　按照比较成本学说英国和葡萄牙关于酒和毛呢国际分工与国际交换情况

分工与交换前后	国家	酒产量（单位）	所需劳动投入（人/年）	毛呢产量（单位）	所需劳动投入（人/年）
分工前	英国	1	120	1	100
	葡萄牙	1	80	1	90
	世界合计	2	200	2	190
分工后	英国	0	0	2.2	220
	葡萄牙	2.125	170	0	0
	世界合计	2.125	170	2.2	220
按照 1:1 的比例交换后	英国	1	0	1.2	220
	葡萄牙	1.125	170	1	0
	世界合计	2.125	170	2.2	220

资料来源：缪东玲《国际贸易理论与实务》，北京大学出版社，2011。

分工前：从英国方面来看，英国在酒和毛呢的生产上均处于绝对劣势，与葡萄牙相比，英国生产酒和毛呢的相对成本为：酒 = 120/80 = 1.5，毛呢 = 100/90 = 1.1，英国生产毛呢更具有比较成本。从葡萄牙的方面来看，葡萄牙在这两种产品的生产上均处于绝对优势，与英国相比，葡萄牙在两种产品生产上的相对成本为：酒 = 80/120 = 0.67，毛呢 = 90/100 = 0.9，葡萄牙生产酒更具有比较成本。

分工后：各国劳动总投入与分工前一样，但酒和毛呢的世界总产量都比分工前大，分别增加了 0.125 单位和 0.2 单位。

交换后：李嘉图假定两国商品的交换比例为 1:1，即英国拿 1 单位毛呢与葡萄牙的 1 单位酒交换。与分工前相比，英国拥有 1 单位酒和 1.2 单位毛呢，酒没有减少，但是毛呢增加了 0.2 单位；葡萄牙拥有 1.125 单位酒和 1 单位毛呢，毛呢没有减少，酒增加了 0.125 单位。国际贸易对两国均有好处。

（三）赫克歇尔 - 俄林的要素禀赋理论

1919 年，赫克歇尔最先提出了要素禀赋的有关论点，在此基础上，俄林在其出版的《地区间贸易和国际贸易》一书中比较全面地提出了要素禀赋学说。所以后人也把要素禀赋学说称为赫克歇尔－俄林模型。

该理论的基本思想是区域之间或国家之间生产要素的禀赋差异是它们之间出现分工和发生贸易的主要原因。在资本丰富的国家，利息率水平低于工资水平；在劳动力丰富的国家，工资水平相对低于利息率水平。所以，如果各个国家都密集地使用丰富的要素生产产品就能获得比较优势。在国际贸易中他们就能够出口实用廉价生产要素比例大的商品，进口实用昂贵生产要素比重大的商品。这样既发挥了各自的比较优势，又满足了互相的需求。在自由贸易的条件下，各个国家或地区都应该根据要素禀赋条件进行分工和贸易，从而提高各国的经济发展水平。[①]

二 新国际分工理论

（一）新贸易理论

20 世纪 70 年代末至 80 年代初，以克鲁格曼为代表的一批西方学者运用产业组织理论、市场结构理论的分析方法，研究 20 世纪 50 年代以来发达国家之间的贸易和产业内贸易现象，创立了新贸易理论。新贸易理论从规模经济和不完全竞争的角度解释了国家之间的产业贸易。[②] 该理论认为，规模经济促进了发达国家之间产业内贸易的发展。即使国家之间在要素禀赋、技术和消费偏好等方面完全相同，在垄断竞争条件下，由于每个企业只生产一种差异化商品，国家之间也会发生产业内贸易。而且，国家之间各个方面越相似，产业内贸易的规模也越大。在不完全竞争市场上，假定有 a、b 两个国家生产同一种商品，如果 a 国的生产企业少于 b 国家，那么，在没有贸易的条件下，a 国生产该商品的价格会高于 b 国。如果发生贸易，a 国就会从 b 国进口该商品，并同时加剧企业间的竞争。大企业会通过倾销

---

① 〔瑞典〕俄林：《地区间贸易和国际贸易》，王继祖译，首都经济贸易大学出版社，2001。

② 张培刚、刘建洲：《新贸易理论及其与发展中国家的关系》，《经济学家》1995 年第 2 期。

的手段占领别国市场，从而引起国际贸易。规模经济和不完全竞争导致了国家之间的产业内贸易，形成了产业内分工。[①]

克鲁格曼认为，在垄断竞争的行业中，企业数目同产品的平均价格之间存在着反向变动的关系，因为行业中企业越多，竞争就越激烈，该行业产品的平均价格就越低。而垄断竞争行业中的企业数目同平均成本之间则存在着正向变动的关系。因为在行业总市场规模固定的情况下，企业数量越少，则企业规模越大，从而产品生产的平均成本就越低。以这两个变动关系为工具，克鲁格曼确定了在既定市场规模条件下，垄断竞争行业的均衡企业数同均衡平均价格或均衡平均成本之间的关系。[②]

（二）竞争优势理论

迈克尔·波特在 1990 年出版的《国家竞争优势》一书中创立了竞争优势理论。他认为，一个国家某产业的竞争优势由生产要素，国内需求，支撑产业和主导产业，企业的战略、结构和竞争环境这四个因素所决定，同时还与机遇和政府作用相关。前四个因素相互组合形成一个菱形的结构，形似钻石，因此也被称为"钻石理论"（见图 2-1）。[③] 在菱形结构中，生产要素包括一个国家的自然资源和人为创造的资源。国内需求包括需求结构、规模、成长性以及国际化程度，这些都对一个国家某个产业的竞争优势有重要影响。支撑产业和主导产业是指为主导产业提供投入和服务的产业。企业的战略、结构和竞争环境包括企业的组织管理模式、竞争力、创新能力、企业家才能等。这四个因素相互影响并相互强化，共同构成了一个有利于企业成长、增强企业竞争力的动态激励环境。

除了上述四个要素之外，机遇和政府作用也很重要。机遇主要指科技

---

① 李小建：《经济地理学》，高等教育出版社，1999。

② 陆家骝：《克鲁格曼与新贸易理论——新国际经济格局下的政策含义》，《中山大学学报》（社会科学版）2008 年第 4 期。

③ 曾春水、蔺雪芹、王开泳等：《中国八大经济区工业竞争力空间格局及投入产出分析》，《地理科学进展》2012 年第 8 期。

的发展、创新、汇率的波动，以及能源危机、战争等企业所不能控制的重大外部变化，常常打破企业现有的竞争环境。政府作用主要是指政府运用制度、政策影响某个企业的发展。政府的作用关键是创造一个公平的企业竞争环境，通过有序、激烈的竞争迫使企业提高竞争力，并向海外扩张发展空间，参与国际竞争。①

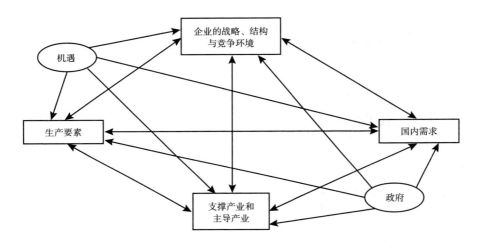

图 2 - 1　波特的"钻石理论"模型

资料来源：M. E. Porter，*The Competitive Advantage of Nations*，London Machmillan Press. 1990.

（三）新新贸易理论

新新贸易理论的概念最先是由 Baldwin 于 2004 年提出的，不过最早研究新新贸易理论的代表文献当属 Melitz 和 Antras 以及 Bernard。新新贸易理论是指有关于异质企业模型和企业内生边界模型的理论，这两个理论将国际贸易的研究范畴从传统贸易的理论研究的产业间贸易转变为研究同一产业内部有差异的企业在国际贸易中所做的选择。② 新新贸易理论通过异质企业贸易模型的建立，阐明了现实中为什么只有部分企业

---

① 〔美〕迈克尔·波特：《国家竞争优势》，李明轩、邱如美译，华夏出版社，2002。
② 李春顶：《新—新贸易理论文献综述》，《世界经济文汇》2010 年第 1 期。

选择出口和对外直接投资的原因。通过企业内生边界模型的建立和拓展，将产业组织理论和契约理论的概念融入贸易模型，很好地解释了公司内贸易模式，并在企业全球化生产研究领域进行了理论创新。新新贸易理论与传统贸易理论和新贸易理论的区别如表 2－6 所示。

表 2－6　传统贸易理论与新贸易理论、新新贸易理论的比较

名称	基本假设	主要结论	理论研究的代表文献	经验研究的代表文献
传统贸易理论	企业和产品同性质，完全竞争市场，规模报酬不变	比较优势和要素禀赋差异是产生国际贸易的主要原因，产业间贸易是国际贸易的主要模式	Ricado（1817）；Heckscher and Ohlin（1920s）；Samuelson，Rybczynski，Venek（1950s－60s）；Jones，Bhagwat，Findlayi，Deardorff（1960s－70s）	Leontief(1950s)；Leamer(1970s)；Trefler，Davis，Weinstein(1990s)
新贸易理论	企业同性质，产品差异化，不完全竞争市场，规模经济	市场结构的差异、规模经济和产品差异化推动了贸易的产生，产业内贸易是国际贸易的主要模式	Dixltand Stiglitz（1970s）；Either，Lancaster，Krugman，Helpman，Brander，Markusen（1980s）；Brander，Spencer，Dixit，Grossman（1980s）；Grossman，Helpman（1990s）	Grubel，Lloyd(1975)；Dixit(1980s)；Levinshon(1990s)；Feenstra，Hanson（1980－90s）；Feenstra，Hanson(2000s)
新新贸易理论	企业异质性，产品差异化，不完全竞争市场，规模经济	企业的异质性的假定使企业面临不同的贸易抉择，主要解释了企业内贸易、产业间贸易以及不同企业异质性的根源	Melitz，Antras，Eaton，Helpman，Bernard，Baldwin，Jensen，Yeaple(2000s)	Bernard，Jensen（1990s－2000s）；Melitz，Yeaple，Helpman(2000s)

资料来源：朱廷珺、李宏兵：《异质企业假定下的新新贸易理论：研究进展与评论》，《国际经济合作》2010 年第 4 期。

新新贸易理论研究内容如图 2－2 所示，主要包括两大方面：第一个方面，主要研究企业的国际化路径选择。企业的国际化路径选择中，企业可以选择退出、国内、出口、对外直接投资四种路径。这个方面要研究的问题主要有：什么样的企业异质性会影响企业的出口行为；反过来，企业的出口又会对企业异质性产生什么影响；面对出口和 FDI 两种

参与国际市场的方式，企业该如何选择；贸易自由化对企业、对产业、对整个国家会有什么影响。第二个方面，主要研究企业的内部化生产组织选择。企业的内部化生产组织选择中，企业面临着国内或国际外包、国内或国际一体化四种选择。这个方面要研究和解决的问题主要有：面对国内或国际外包、国内或国际一体化这四种组织选择方式，企业该如何选择。[①]

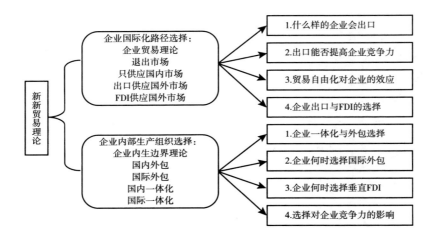

图 2 – 2　新新贸易理论主要研究方向与研究问题

三　内陆开放型经济发展的机制与制度供给

改革开放以来内陆省区市的开放发展取得了显著成绩，但在承接产业转移、建立开放型经济体系等方面仍面临困境。内陆地区开放型经济的发展受到国际和国内市场环境的双重影响，不能完全照搬沿海地区的发展经验。本书通过研究内部发展机制和长效机制的创新，为内陆地区实现开放型经济的可持续发展提供借鉴。

---

① 　田娟：《新新贸易理论视角下企业异质性对其出口行为的影响研究——基于中国制造企业数据的实证分析》，重庆大学硕士学位论文，2014。

（一）体制、机制与制度的概念及三者之间的关系

1. 体制、机制与制度的概念

"机制"一词最早源于希腊文，原指机器的构造、功能及相互关系与工作原理。机制有多重含义，例如机器的构造和工作原理，有机体的构造、功能和相互关系等。现已广泛应用于自然现象和社会现象，指一个复杂的工作系统和某种现象的物理、化学规律等。简单地说，机制就是制度化的方法。[①]

"体制"一词与机制的使用范围不同。机制喻指事物内部一般关系，重在事物内部各部分之间的相互关系；而体制指有关组织形式的制度，限于上下之间有层级关系的国家机关、企事业单位。体制是国家机关、企事业单位的机构设置、隶属关系和权力划分等方面的具体体系和组织制度的总称。

"制度"是指在一定的历史条件下形成的政治、经济、文化方面的体系，泛指在特定社会范围内统一的、调节人与人之间社会关系的一系列习惯、道德、法律（包括宪法和各种具体法规）、戒律、规章（包括政府制定的条例）等的总和。[②]

2. 机制、体制与制度之间的关系

制度与机制这两个概念既有联系，又有区别。联系是指机制本身也是一种制度，是制度的一部分，区别是机制只是制度的工作系统或保证系统，即制度是机制所依存的宏观基础，机制是制度的微观构成。机制作为一种工作系统制度实际上具有制度运行监控的功能，它解决人们运行制度的积极性、运行制度的规范性、运行制度的公正性问题。因此，科学完美的制度设计必须既有制度，又有机制。只有制度而没有机制，

---

①② 刘佳丽：《自然垄断行业政府监管机制、体制、制度功能耦合研究》，吉林大学博士学位论文，2013。

就会出现有制度而没有制度治理的局面。[①]

从机制、体制及制度的内涵来看，机制的建立，一靠体制，二靠制度。正是通过与之相应的体制和制度的建立（或者变革），机制在实践中才能得到体现；通过改革体制与制度，也可以实现机制目的转换。机制的构建、体制改革与制度完善三个环节并非相互独立，改革过程中必须相互呼应、互为补充；同时，体制与制度改革是交互相融的，无法实现完全分离，制度可以规范体制的运行，体制可以保证制度的落实。就体制、制度而言，如果没有一套有效的机制设计来加以实施，再好的制度安排和体制搭建也会成为空中楼阁。[②]

（二）内陆开放型经济发展的制度供给

科斯在 1960 年发表的《社会成本问题》一文中率先运用"交易费用"范式对经济活动中的制度问题进行了深入的考察。在他看来，任何一种制度安排的出台，即使是无摩擦成本的极端情况，也均需仔细地斟酌其成本与收益，而产权制度的确立则为成本收益的计算找到一个现实的承担实体与面向未来的激励机制，只有当新的制度安排带来的收益超过新制度产生的成本，或者旧制度安排的成本高于新制度安排的成本时，制度供给才可能发生。[③]

在《制度变迁与美国经济增长》一书中，兰斯·E. 戴维斯、道格拉斯·C. 诺思首次运用"制度认知"对制度变迁的需求问题进行了分析。他们认为，相对要素价格的变化和个人偏好的改变会诱使外部利益出现，从而形成制度变迁（供给）的需求动力，而效用标准的改变（缘于利益结构的调整）、社会意识形态的变化以及文化的影响会促使

---

① 乔琼：《"两型社会"建设的理论与体制机制创新研究——以武汉城市圈"两型社会"建设的实践为例》，武汉大学博士学位论文，2010。

② 刘佳丽：《自然垄断行业政府监管机制、体制、制度功能耦合研究》，吉林大学博士学位论文，2013。

③ 姚作为、王国庆：《制度供给理论述评——经典理论演变与国内研究进展》，《财经理论与实践》2005 年第 1 期。

个人偏好的移动，帮助形成制度变迁（供给）的动力。但制度供给的进程需要供给主体来推动。[①] 考虑到个人主体认知的局限性以及无法避免的"搭便车"行为，作者把国家纳入制度供给的范式中，把其看作制度供给的"第一行动集团"，认为国家出于自身的利益追求，会通过为社会提供"服务保护"以及借助手中的行政力量来促进制度创新。

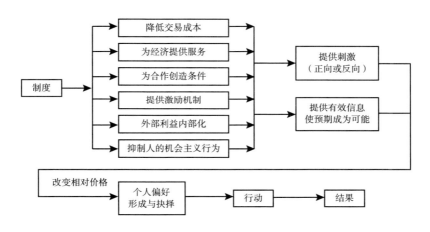

图 2 - 3　制度功能示意

资料来源：卢现祥《西方制度经济学》，中国发展出版社，2003。

（三）发展内陆开放型经济相关机制研究

1. 内陆地区贸易方式创新

内陆地区要充分参与国际分工，积极承接国内外产业转移，建立和完善开放型经济体系，需要运用新的理念和思维，创新内陆贸易方式。一方面，通过内陆无水港、保税区的建设进而建设内陆自由贸易区，使之成为内陆省份开放发展的必由之路。陆岚认为，内陆地区发展的重大障碍就是远离国际港口，交通物流通道不畅。而与内陆无水港相结合的物流园区、海关特殊监管区等模式创新，可以大大改善内陆地区开放型

---

① 窦玲：《制度供给差异对区域经济差异的影响》，西北大学博士学位论文，2006。

经济发展的外部条件。① 陈亚东通过对重庆建立内陆开放高地的分析，提出了以保税港区为核心，通过"水、陆、空"三位一体流通网络，建设内陆自由贸易区。② 程健等提出通过内陆保税区的建设，提高内陆地区对外贸易水平，积累经验，逐步向建立内陆自由贸易区过渡。③ 以自贸区为载体，实现更大规模的资金、技术、人才等生产要素集聚，形成动态多元的比较优势，突破传统过度依靠资源禀赋扩大开放的困局。另一方面，在承接产业转移的过程中创新"引进来"新模式，与沿海、沿边区域形成互联互通、优势互补的产业分工关系。李恒认为，内陆省区市要在承接国内和国际产业转移的基础上，注重对资源要素进行结构性整合，开展与东部地区的产业分工与合作，促进内陆与沿海地区相互支撑、优势互补、协调可持续发展。④

2. 投融资机制创新

投融资环境的好坏将直接影响到地区经济社会发展，必须通过内部发展机制和内部约束机制的构建，深化内部体制改革和制度建设，从而实现内陆地区投融资机制的创新。一方面，要深化行政体制改革，建设服务型政府，促进各类生产要素的自由流通。段小梅等通过对台商投资重庆的分析后认为，要根据自身区域优势，完善相关招商引资优惠政策并保持延续性，继续加大金融机构改革力度，改善本地融资环境。⑤ 李继樊对重庆内陆开放开放型经济发展总结认为，要通过制度创新，实施多元化的引资、融资战略，推动实现境外投资模式、内陆离岸金融结算

① 陆岚：《以无水港建设促进内陆开放型经济发展——基于供应链的视角》，《港口经济》2010年第3期。
② 陈亚东：《内陆开放高地的经济学分析——以重庆为例》，《经济界》2011年第1期。
③ 程健、韦寅蕾、邢珺：《内陆地区扩大开放的问题与对策》，《经济纵横》2014年第4期。
④ 李恒：《开放型经济发展的动力机制与模式选择——以内陆省份为例》，《华中科技大学学报》（社会科学版）2011年第3期。
⑤ 段小梅、张宗益：《台商投资重庆现状及其投资环境分析》，《西部论坛》2011年第4期。

模式的改革创新。① 黎峰认为，一方面，要建立开放的工作协调机制，改革和完善外资审批制度和知识产权制度，保障市场公平竞争，深化对外开放的广度和深度，促进开放型经济的转型升级。② 另一方面，要通过建立和完善监督、制约、控制等自我约束机制，使企业和投资者见证政府行为的公开和透明，树立良好的政府形象。吴言苏等提出，要通过建立定期的外商投资环境检查会、听证会制度，定期的政策法规和经济信息通报会制度，以及政府相关部门一揽子办公机制，解决投资者遇到的相关问题，使其感受到政府的公平性。③

3. 区域合作机制创新

内陆开放型经济的发展要充分利用国内和国际两个市场、两种资源，建立适应市场经济发展要求的体制和机制。区域合作机制既包括国际经济合作，又包括国内经济合作。杨顺湘认为，要通过创新区域合作机制，搭建内陆开放型经济发展平台，打破行政区划限制，发展与周边省区市的贸易合作，形成区域内人才、信息等资源互通共享，共同推动内陆地区经济的发展。在区域合作、互利共赢的基础上，加大国家间的贸易、交流与合作。④ 梁丹认为，通过完善区域利益分享和补偿机制，探索生产要素合作及利益分享、财政支持和发达地区与内陆地区结对帮带等区域合作和利益分享的新方法，从而促进内陆地区开放型经济的发展。⑤ 陈飞翔提出根据内陆省区市不同的区位、资源、人文优势，以点—轴开发理论为指导，实现点—线—面联动发展，从而带动整个区域

---

① 李继樊：《我国内陆开放型经济制度创新的探索——来自重庆内陆开放型经济发展的实践》，《探索》2013 年第 5 期。

② 黎峰：《深化开放型经济的体制机制改革》，《党政论坛》2014 年第 5 期。

③ 吴言苏、邢慧慧：《建设内陆开放高地的战略思考》，《中国科技论坛》2011 年第 1 期。

④ 杨顺湘：《欠发达地区发展内陆开放型经济探索——来自全国统筹城乡综合配套改革试验区重庆的报告》，《重庆工商大学学报（西部论坛）》2009 年第 3 期。

⑤ 梁丹：《内陆地区开放型经济发展新优势的培育与区域经济政策调整》，《区域经济评论》2013 年第 1 期。

实现开放型经济发展。① 李春香认为，应依托长江中游城市带，积极融入"一带一路"建设，探索建立多层次的开放合作先行示范区，推动内陆地区全方位对接沿海、沿边地区，形成全方位的开放型经济新格局。②

　　内陆地区不沿海、不沿边，相对封闭的自然区位条件对其开放型经济的发展产生了很大的限制，交通条件整体较为落后的情况一直以来都制约着内陆地区的发展，导致与周边地区的要素流通不畅，包括人力资本、技术资本等，直接影响着该地区开放型经济的进一步发展。多数内陆地区的开放型经济发展程度不同，在新常态经济条件下，内陆地区产业结构的发展面临着许多问题，如要素成本上升、产业发展集约化程度不足、产业结构较为单一或者发展不平衡等问题，这些因素都会对该地区开放型经济的发展产生阻碍。

　　结合美国经济史专家亚历山大·格申克龙提出的后发优势理论，内陆地区相对于较发达的地区在资本、技术、制度、结构和意识五个方面具备相对的后进优势。内陆地区相对于发达地区的后发比较优势：资本要素具有规模报酬递减的规律，使内陆地区资本规模报酬在达到最高点之前会促进该区域经济快速发展；技术要素因为内陆地区能够以较低的成本引进成熟的技术并进行创新发展，从而提高自身技术水平；结构后发优势主要体现在内陆地区可以从相对发达地区经济结构发展过程中不断总结规律，从而适用于本地区产业结构的优化调整；制度和意识的后发优势主要体现在内陆地区在认识到自身与发达地区的差距后，能够激发其发展开放型经济的动力。

　　内陆地区需要借助这一机遇，响应国家号召，以提高自身创新水平为重点，更好地促进产业结构的优化升级，提高资源利用效率，延伸产业链条，从而为发展开放型经济打下基础。而国家"一带一路"倡议

① 陈飞翔：《创新开放模式，全面提升对外经贸发展水平》，《国际贸易》2013年第4期。
② 李春香：《积极打造"内陆开放合作示范区"》，《政策》2015年第11期。

的提出则为内陆地区带来了更为直接的收益，不仅能够在沿线地区享受到交通的便利，缩小货物运输成本，还可以依托沿线国家和地区与本地相关产业链条的上下游关系，更好地促进内陆地区企业和产品"走出去"和外部区域先进的技术和先进理念"引进来"，全方位提升内陆地区开放型经济发展水平。

内陆地区在发展过程中需要注重自身潜在比较优势的发挥，这对于该地区开放型经济的发展意义重大。内陆地区自身资源禀赋、经济基础、政策条件等因素存在着比较大的差异，这就要求不同的内陆地区发展路径要有所不同。根据大卫·李嘉图的比较优势理论，内陆地区需要进口自己不具备相对优势的商品或服务，出口自身具备相对优势的商品或服务，这样才能让自身得到更好的发展，使本区域的开放水平不断提高。根据以上可能影响内陆地区开放型经济水平的分析，可以总结出内陆开放型经济发展的路径选择：一是依托后发优势理论，推动内陆开放型经济发展方向的转变。根据该理论，内陆地区应该着重从资本、技术、制度、结构和意识五个方面充分发挥后发比较优势，以较低的成本换取较大的收益，从而促进内陆地区开放型经济的发展。二是利用政策支持优势，营造良好的对外开放环境。新时代，国家对于内陆地区的支持力度在不断加大，中国要实现更协调、更高质量的发展，区域与区域之间的协调发展必不可少，所以内陆地区要利用好国家给予的优惠政策和条件，结合自身实际情况灵活使用，为内陆地区经济体的发展创造良好的环境，增加发展的活力。三是加快要素自由流动，推进区域间协同发展。区域间各种经济要素如信息、人才、资本等的自由流动，对于内陆地区发展开放型经济至关重要，这不仅需要该地区改善自身交通条件，也需要区域之间消除壁垒，实现各种资源的顺畅交流，为内陆地区开放型经济的发展夯实基础。四是优化产业结构，实现内陆开放型经济的绿色发展。产业结构作为区域经济基础的重要组成部分，更加优化合理的产业结构能够促进经济的发展，相反，单一或者不平衡的产业结构则会阻碍区域经济的发展。在当今供给侧结构性改革理论的指导下，内陆地区需要寻找适合自身发展的产业结构，实现产业结构升级优化，逐步提高资源的利用效率和产业的集约化水平，实现绿色发展。[1]

---

① 闫朝阳：《贵州内陆开放型经济发展路径研究》，贵州财经大学硕士学位论文，2018。

第三章　中国内陆开放型经济演进的历程及特征

中国的对外开放不是一步到位的，而是依次推进、渐进展开的，经历了一个由局部开放到全局开放的过程，从边缘外围的特区试验逐渐延展到核心腹地，最终推向全国。新中国成立至今，在 70 多年的岁月里，为了适应各个历史时期的经济与社会发展，中国政府都要对相关的经济政策、开放政策、发展政策进行调整，当然我国的开放型经济体制与内陆开放型经济体制必不可少地需要进行调整与改革，这也是发展的客观必然性，符合历史发展进程的实际要求。

1978 年党的十一届三中全会召开，我国逐步走上了开放之路。历经由沿海先行开放到沿边地区开放，由省会城市开放到西部大开发，由内陆地区开放再到"一带一路"建设更高层次的全方位对外开放。中国对外开放已走过 40 多年，开放型经济取得了辉煌的成绩，创造了又一个世界增长奇迹。

中国开放型经济发展史是一部改革创新史，进程并非一帆风顺，首先遇到的是传统体制机制的障碍，传统经济体制仅仅着眼于国内的资源与市场，有其局限性的一面，故开放型经济首先需要对原有的经济体制，特别是涉外经济体制进行改革。要从政策性的对外开放过渡到制度性的对外开放，伴随着一系列政策与制度的创新和变迁，走过漫长而曲折的道路。本章从制度变迁角度梳理了中国改革开放40多年的发展史，将中国开放型经济发展史划分为五个阶段（见表3－1），并分别从主要政策机制运行历程、发展的基本特征和取得的阶段性成绩三个方面进行了梳理与分析。

表3－1　中国内陆开放型经济演进的五个阶段

时间	政策演进阶段	开放发展的重点
1978～1991年	中国开放型经济开启与办特区沿海先试开放阶段	沿海优先开放、对外开放战略
1992～2000年	中国开放型经济制度形成与沿边内陆省会城市开放阶段	沿边开放、内陆省会城市开放
2001～2006年	中国开放型经济制度国际化与西部大开发发展阶段	实施西部大开发战略
2007～2012年	中国内陆开放型经济制度发展与内陆地区协调开放阶段	内陆高地建设、内陆地区开放
2013年至今	中国内陆开放型经济制度深化创新与全方位开放阶段	"一带一路"建设

第一节　中国开放型经济开启与特区沿海先试开放阶段（1978～1991年）

一　主要政策机制运行历程

中国从20世纪70年代末迈开了对外开放的步伐，从封闭型经济逐步转向对外开放。1978～1991年是中国开放型经济发展的开启阶段，这也是我国开放型经济发展的第一个阶段。中国的开放型经济是在不断摸索中前进的，经历了一个从"摸着石头过河"到顶层设计引领的过程。首先要突破长期形成的思想认识的藩篱，经过一系列考察和研讨，最终在党的十二届三中全会上明确将对外开放作为一项长期基本国策。在此期间，中国以经济特区为突破口，打造吸引外商投资的环境，建立和完善相关法律，为推进对外开放保驾护航。改革开放之初，中国主要出口初级产品，外汇十分紧张，因此实现出口创汇具有十分重要的意义。"三来一补"因而成为开放早期实现劳动密集型产品出口的重要方式，并注重吸引出口型外商投资，大力发展加工贸易。[①] 同时，推进外贸与外汇管理体制改革，增强本土企业出口创汇能力（见表 3 - 2）。

表 3 - 2　中国开放型经济开启与特区沿海先试开放阶段（1978 ~ 1991 年）

时间	主要政策与内容
1978 年 12 月	中国共产党第十一届三中全会决定改革现行经济体制并实行对外开放战略，强调彻底将工作重点转移到社会主义现代化建设上来，从而拉开了中国对外开放的序幕
1979 年 7 月	中共中央、国务院批准在广东的深圳市、珠海市试办出口特区，其区域内对外经济活动实行特殊政策和灵活管理。同时，全国五届人大二次会议通过了《中华人民共和国中外合资经营企业法》，通过给予外商投资企业超国民待遇和税收优惠，吸引外资在中国建立中外合资经营企业、中外合作经营企业和外商独资经营企业，从而弥补了国内建设资金的不足，带动中国经济的快速发展
1980 年 8 月	五届全国人大常委会第十五次会议一致通过《广东省经济特区条例》，批准在广东省的深圳、珠海、汕头和福建省的厦门试办经济特区。经济特区的优惠政策主要有：赋予经济特区较大的管理权限、投资审批权限，赋予企业可根据市场经济自主安排生产、定价、招工等经营自主权，特区内企业实行优惠税率，出口产品免征或减征关税和增值税，特区内经批准进口用于特区建设和生产使用的各项原材料和产品均免征关税，鼓励外资兴办合资企业、合作企业和独资企业，鼓励开展补偿贸易、租赁设备以及购买股票或债券等，赋予对外往来人员较大的灵活性等
1981 年 6 月	财政部发出《关于中外合资经营企业所得税若干问题的通知》

---

① 隆国强：《中国对外开放战略回顾与展望》，《中国经济报告》2018 年第 12 期。

续表

时间	主要政策与内容
1982 年 3 月	全国人大五届常委会第二十二次会议决定将进出口管理委员会、对外贸易部、对外经济联络部和外国投资委员会合并,成立对外经济贸易部
1983 年 9 月	中共中央、国务院发出《关于加强利用外资工作的指示》
1984 年 1 月	国务院发布《中华人民共和国进口货物许可证制度暂行条例》,同年 5 月,国务院决定在经济特区成功经验的指导下进一步开放天津、上海、大连、秦皇岛、烟台、青岛、南通、连云港、宁波、广州等 14 个沿海城市。沿海开放城市的优惠政策主要包括税收优惠政策和扩大沿海开放城市开展对外经济活动的自主权政策
1984 年 10 月	国务院批准建立大连经济技术开发区并实行特殊的优惠政策,这是我国第一个国家级经济技术开放区
1985 年 2 月	中共中央、国务院批准《长江、珠江三角洲和闽南厦漳泉三角地区座谈会纪要》,决定将珠江三角洲、长江三角洲以及闽南厦门、漳州、泉州三角地区的 51 个市、县开辟为沿海经济开放区,将我国东部沿海由北向南 1.8 万千米长的沿海岸线边缘地区连接成一对外开放前沿地带。国家从 1985 年起给这些开放地区以地区自主权的扩大、外商投资税收优惠和简化外商出入境手续等方面的特殊优惠政策
1986 年 10 月	国务院发布《关于鼓励外商投资的规定》,共二十二条,鼓励外国投资者在中国境内举办中外合资经营企业、中外合作经营企业和外资企业,包括改善投资环境、保障企业自主权、按国家产业政策给予税收优惠等内容
1987 年 2 月	国务院决定对外贸专业公司开始实行出口承包经营责任制。10 月 25 日,党的十三大报告中明确提出:"为了更好地扩大对外贸易,必须按照有利于促进外贸企业自负盈亏、放开经营、工贸结合、推行代理制的方向,坚决地有步骤地改革外贸体制。"
1988 年 3 月	中共中央决定扩展北方沿海的辽东半岛、山东半岛和其他沿海的一些市和县为沿海经济开放区。同年 4 月,七届全国人大一次会议通过了《中华人民共和国中外合作经营企业法》和《关于建立海南经济特区的决议》等
1990 年 4 月	中共中央决定在上海浦东实行经济技术开发区和经济特区的一些优惠政策,促进加快上海市浦东地区的开发
1991 年 3 月	国务院发布《关于批准国家高新技术产业开发区和有关政策规定的通知》,1988 年批准北京市新技术产业开发试验区之后,此次又批准了武汉东湖新技术开发区、大连市高新技术产业园区、南京浦口高新技术外向型开发区、深圳科技工业园、厦门火炬高技术产业开发区、海南国际科技工业园等 21 个高新技术产业开发区为国家级高新技术产业开发区。同年,国务院决定开放四个北方口岸,分别是满洲里、丹东、绥芬河和珲春,同时批准在深圳市福田港、上海外高桥和天津港等沿海港口设立保税区

二　发展的基本特征

（一）实行特殊优惠政策，推动经济开放

新中国成立以后，很快进入了发展的快车道。1978年，我国实行了改革开放政策，实现由"封闭型经济"向"开放型经济"的转变，使中国的经济、社会、教育等一系列发展又重新回到了正常的轨道上。

开放之初，对于怎么开放、如何推进开放式发展并不清楚，既没有蓝图在手，也不知道何处是目的地。尽管当时的领导人清楚地知道不开放不行，中国的发展离不开世界，但因那时我们对世界知之甚少，许多人害怕资本主义腐朽的东西给中国社会主义发展造成不可预知的风险。因而，对外开放只能在控制风险的基础上，根据实际情况和现代化建设需要不断摸索前行，以"摸着石头过河"为基本思路，即冒着一定风险通过反复尝试探索未来的道路。走一步看一步，如起初就如何对外开放，中央的决策是在局部小区域进行试验，而非立即全面铺开，中央之所以批准深圳等4个经济特区，就是考虑万一出现风险也能在一定范围内管控。经过几年的特区试验，不仅取得了开放式发展的初步成效、经验，而且对开放的效果和风险认识更深。随后，经济特区的许多有效经验、政策举措逐渐推广，之后扩大开放的每一步都是在前期开放实践摸索学习与经验总结的基础上，趋利避害地推展而来。总之，我国的对外开放始终遵循着"实践试验—总结经验—扩大推广"的基本演进模式，不断在实践中学习、摸索，逐步扩大开放范围和深度，加快开放步伐。

在这一时期，中国大胆尝试通过解放思想、出台特殊政策来加速发展经济，采取了先在沿海城市设置开放窗口和实行特殊政策来激励发展，这期间无论是经济特区，还是沿海开放城市、沿海经济开放区以及高新技术产业开发区，国家都给予了发展外贸、吸收和利用外资等

特殊优惠政策。这些经济特区享有很多优惠政策，包括税收优惠、扩大审批自主权、土地使用权、外汇管制等，例如，对外商投资企业所得税应缴比例为30%，对在经济特区、经济开放区、经济技术开发区的外商投资企业均按15%计所得税；对经营期在10年以上的，实行"二免三减半"的税收减免优惠政策等，还给予地方一定的外贸经营权与投资自由化权利。正是这些特殊政策推动了中国的对外开放不断向前发展，这既是为确保特区试验成功，也是为进一步改革开放积累经验。

（二）以开放型经济特区作为开放的试验田

1979年7月，中共中央、国务院决定在深圳、珠海试办出口特区（1980年改为经济特区），1980年8月批准在广东省的深圳、珠海、汕头和福建省的厦门试办经济特区，1988年4月批准建立海南岛经济特区。经济特区的建立开启了中国对外开放的序幕。创办经济特区，既可以在国内特定区域引进外资和先进技术，又可以进行对外开放和对内搞活的政策实验，并且选取深圳、珠海、汕头、厦门、海南5个沿海地带，即使出现不利状况也不会对国内全局造成太大的影响，如果能试验成功，则会成为全国改革开放的突破口，影响深远。这些地区的地理位置优势决定了可以将其作为我国进一步发展开放型经济的实验田。经济特区是中国对外开放的"窗口"，也是中国开放型经济发展的"试验田"，担负着吸引外资、创新管理体制、吸收和创新技术、加强对外合作等的职能。[①]

（三）由"特区的点"到"沿海地区的带"的渐进式开放模式

在开放型经济的初步发展阶段，中国采取了由"特区的点"到"沿海地区的区"的渐进式开放模式，这也是经济增长极理论和辐射理论很好的应用，取得了巨大的成功。1979年广东省的深圳市试点，正

---

① 殷阿娜：《中国开放型经济发展绩效评估及对策研究》，辽宁大学博士学位论文，2014。

式拉开了沿海地区对外开放的帷幕，之后又将点进行了扩大，增加了珠海市、汕头市、厦门市，作为第一批对外开放的重大突破口，通过经济特区特殊政策的激励，特区内吸引国内外先进的技术、人才流、资金流，并积累了一些先进的管理经验，促进了中国特区经济的蓬勃发展，特区的实验成果因此得到充分验证。基于特区对外开放的成功经验，中央政府于1984年决定进一步开放天津、上海、大连、青岛、南通、秦皇岛、烟台、连云港、宁波、福州、湛江、广州、温州、北海等14个沿海城市。1985年2月，中共中央决定将珠江三角洲、长江三角洲以及闽南厦门、漳州、泉州三角地区的51个市和县开辟为沿海经济开放区，将中国东部沿海由北向南1.8万千米长的沿海岸线边缘地区连接成开放带，中国沿海开放地带由此初步形成。

（四）以改革促开放，以开放促发展

1978年，党的十一届三中全会召开，这是中国具有里程碑意义的开放型经济起点，从此中国在不断探索中，从长期封闭和僵化的思想束缚中逐渐解放出来，也从所形成的各种制约对外开放的因素中走出来，通过深刻的管理体制改革、外贸体制改革、科技体制改革，逐渐破除了长期封闭、低效率的循环路径，以改革促开放，以开放促发展，二者相辅相成，互为条件，互为依托，改革是经济发展的原动力，开放是经济发展的外部条件，二者形成了良性循环，构建了社会主义市场经济体制等，促进了中国对外开放不断向纵深发展。

三　阶段性成绩

自1978年中国实行改革开放政策以来，中国的经济发展呈现快速增长的态势，国内生产总值由1978年的3645.2亿元增长为1991年的21781.5亿元，人均国内生产总值由1978年的381元增长至1991年的1893元。三次产业也呈现翻倍的增长，第一产业、第二产业、第三产业分别由 1978 年的 1027.5 亿元、1745.2 亿元、872.5 亿元增长至 1991 年的 5342.2 亿元、9102.2 亿元、7337.1 亿元；我国的进出口贸易额也从 1978 年的 355 亿元增长至 1991 年的 7225.8 亿元，增长了 19.4 倍；中国对外承包工程合同金额由 1978 年的 0.3 亿美元增长至 1991 年的 25.2 亿美元，这表明我国努力增加出口并创造外汇收入，以吸引外资和出口创汇为主要目的，大力发展对外经济合作和技术交流，沿海开放地带在出口创汇方面发挥了巨大作用，中国开放型经济建设初见成效（见表 3-3、图 3-1）。

表 3-3　1978~1991 年中国国内生产总值及进出口总额

年份	国内生产总值（亿元）	人均国内生产总值（元）	第一产业（亿元）	第二产业（亿元）	第三产业（亿元）	进出口总额（亿元）	出口总额（亿元）	进口总额（亿元）
1978	3645.2	381	1027.5	1745.2	872.5	355.0	167.6	187.4
1979	4062.6	419	1270.2	1913.5	878.9	454.6	211.7	242.9
1980	4545.6	463	1371.6	2192.0	982.0	570.0	271.2	298.8
1981	4891.6	492	1559.5	2255.5	1076.6	735.3	367.6	367.7
1982	5323.4	528	1777.4	2383.0	1163.0	771.3	413.8	357.5
1983	5962.7	583	1978.4	2646.2	1338.1	860.1	438.3	421.8
1984	7208.1	695	2316.1	3105.7	1786.3	1201.0	580.5	620.5
1985	9016.0	858	2564.4	3866.6	2585.0	2066.7	808.9	1257.8
1986	10275.2	963	2788.7	4492.7	2993.8	2580.4	1082.1	1498.3
1987	12058.6	1112	3233.0	5251.6	3574.0	3084.2	1470.0	1614.2
1988	15042.8	1366	3865.4	6587.2	4590.3	3821.8	1766.7	2055.1
1989	16992.3	1519	4265.9	7278.0	5448.4	4155.9	1956.0	2199.9
1990	18667.8	1644	5062.0	7717.4	5888.4	5560.1	2985.8	2574.3
1991	21781.5	1893	5342.2	9102.2	7337.1	7225.8	3827.1	3398.7

注：1978~1979 年为外贸业务统计数据，1980 年以后为海关进出口统计数据。

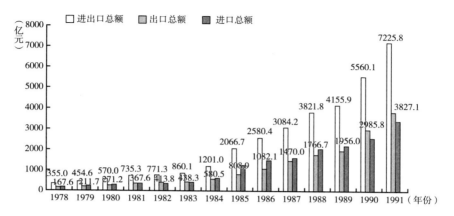

图 3 – 1　1978～1991 年中国进出口贸易总额

第二节　中国开放型经济制度形成与沿边内陆省会城市开放阶段（1992～2000年）

一　主要政策机制运行历程

中国开放型经济经过从办经济特区、沿海先行开放 10 多年的试验性开放探索阶段后，开放型经济发生了翻天覆地的变化。人民的思想得到了进一步解放，开放的热情被激发和释放，有力地推动了对外开放，也促进了中国的经济发展，推动了中国经济体制的改革，使中国的国际地位不断提高。在此成功经验的基础上，自 1992 年开始，我国从沿边地区发展开放型经济扩大到长江沿岸城市开放，又逐步扩大到内陆省会城市开放的全面性改革开放。同时，这阶段我国的开放型经济从政策性的对外开放过渡到制度性的对外开放，也向着国际化开放进程进发。为了恢复关贸总协定缔约国地位，我国进一步加大了外贸体制改革，加快建立社会主义市场经济体制，建立并完善了外经贸领域法律、法规，使我国开放型经济管理逐步走上了规范化和法制化道路，截至 2001 年底中国已基本完成了国家涉外经济的法律法规以及各项规章制度的清理和修订工作（见表3-4）。

表3-4 中国开放型经济制度形成与沿边内陆省会城市开放阶段（1992~2000年）

时间	主要政策与内容
1992年3月	国务院进一步开放了黑龙江、吉林、内蒙古、新疆、云南、广西省区的13个沿边城市、镇,包括黑河市(黑龙江)、绥芬河市(黑龙江)、珲春市(吉林省)、满洲里市(内蒙古)、二连浩特市(内蒙古)、伊宁市(新疆)、塔城市(新疆)、博乐市(新疆)、瑞丽市(云南)、碗町市(云南)、河口市(云南)、凭祥市(广西)、东兴镇(广西),形成了沿边开放的雏形。 同年8月,中国决定开放5个长江沿岸城市:重庆市、岳阳市、武汉市、九江市和芜湖市,随后又开放了黄石、宜昌、万县、涪陵,从而形成了沿江开放的格局;紧接着,中央又开放了哈尔滨、南宁、长春、呼和浩特、乌鲁木齐、昆明、石家庄等7个省会城市,同时开放11个内陆地区省会城市,分别是太原市、合肥市、南昌市、成都市、贵阳市、郑州市、长沙市、西安市、兰州市、银川市、西宁市,从而对外开放逐步向内地推进
1992年10月	江泽民在党的十四大报告中提出:"深化外贸体制改革,尽快建立适应社会主义市场经济发展的、符合国际贸易规范的新型外贸体制。"
1993年11月	党的十四届三中全会通过了《中共中央关于建立社会主义市场经济体制若干问题的决定》,指出:"坚定不移地实行对外开放政策,加快对外开放步伐,充分利用国际国内两个市场、两种资源,优化资源配置。"
1994年1月	中国改革外汇制度,实现汇率并轨,实行以市场供求为基础的单一的有管理的人民币浮动汇率;完善出口配额管理办法,建立出口商品配额招标制度;实行外汇结汇制,取消外汇留成和额度管理制度
1994年7月	我国正式颁布并实施了《中华人民共和国对外贸易法》(以下简称《对外贸易法》),此法由"中国对外贸易的基本法律制度与原则""对外贸易经营者""货物进出口与技术进出口管理制度""国际服务贸易管理制度""关于对外贸易秩序的制度""关于对外贸易促进的制度""法律责任"和"附则"8章44条组成,标志着中国对外贸易的发展进入了法制化轨道。《对外贸易法》是中国对外贸易的基础法律,在社会主义市场经济体制下保障了中国对外贸易的良好有序运行
1995年12月	国务院发布《关于改革和调整进口税收政策的通知》,决定从1996年4月1日起,将中国进口关税总水平降至23%
1996年2月	财政部发布了《中央对外贸易发展基金财务管理实施细则(试行)》,国家设立对外贸易财政支持基金,以促进中国对外贸易良性发展,并通过设立进出口信贷银来为资本货物的出口提供信贷支持,通过加强外贸立法对出口贸易提供风险担保等

续表

时间	主要政策与内容
1997 年 1 月	财政部发布《关于外商投资企业会计决算检查若干问题处理意见的通知》,对附送查账报告问题、原始凭证问题、费用列支问题、涉及中方职工权益的资金问题、出资违约纠正后利润分配问题、补缴税收入库问题、法律责任及处罚依据问题等的解决办法作了明确的说明
1997 年 8 月	中国首批中外合资贸易公司在上海浦东新区开始试点
1998 年 3 月	中国向世贸组织递交了一份近 6000 个税号的关税减让表
1999 年 8 月	中国人民银行和对外贸易经济合作部联合发布《关于支持境外带料加工装配业务的信贷指导意见》,以支持扩大出口,鼓励我国纺织业、家电业、服装加工业等行业中具有比较优势的企业到境外开展带料加工装配业务
1999 年 11 月	中美双方就中国加入世界贸易组织达成协议
2000 年 1 月	国务院西部地区开发领导小组召开西部地区开发会议,研究加快西部地区发展的基本思路和战略任务,部署实施西部大开发的重点工作。2000 年 10 月,中共十五届五中全会通过的《中共中央关于制定国民经济和社会发展第十个五年计划的建议》,发行长期国债 14 亿元,把实施西部大开发、促进地区协调发展作为一项战略任务,强调:"实施西部大开发战略、加快中西部地区发展,关系经济发展、民族团结、社会稳定,关系地区协调发展和最终实现共同富裕,是实现第三步战略目标的重大举措。"
2000 年 10 月	对外经贸部表示,将正式实施《对外贸易壁垒调查暂行规则》,标志着中国已初步建立起贸易壁垒调查制度。同年 12 月,《合格境外机构投资者境内证券投资管理暂行办法》正式实施;对外经贸部还发布了《对台湾地区贸易管理办法》,其中明确规定了对台贸易的指导原则、贸易管理方式以及纠纷解决办法

二　发展的基本特征

(一)由特殊政策转向全面制度建设

1992 年,党的十四大报告中提出了:"深化外贸体制改革,尽快建立适应社会主义市场经济发展的、符合国际贸易规范的新型外贸体制。"这是我国由原来靠特殊政策驱动转向全面的制度化建设阶段,特殊政策起到了巨大成效,但是政策是一种体制外的改革,具有很大的局限性。为使中国开放型经济能逐步走上制度化、规范化、国际化的道路,我国需要对经济体制进行进一步深化改革,以期适应开放型经济水平，也需要为中国经济"复关"做准备。在这种需求下，中国正式颁布并实施了《中华人民共和国对外贸易法》，使中国的对外经济活动有法可依，特殊政策转变为制度建设，标志着中国开放型经济发展进入了法制化轨道，在社会主义市场经济体制下保障了中国对外贸易的良好有序运行。在这期间，我国为了尽快赶上和适应国际化的步伐，积极申请加入世贸组织，为此还修订、清理了《知识产权法》《著作权法》《专利法》《三资企业法》等大批的法律法规，商务部等相关部门清理了近3000件行政法规和部门规章，为加入世贸组织和中国开放型经济的进一步发展奠定了良好的法制基础。

（二）由沿海沿边区域开放向内陆省会城市扩散

1992 年 3 月，我国开放了黑龙江、吉林、内蒙古、新疆、云南、广西等省区内的 13 个沿边城市，接着我国又开放了 5 个长江沿岸的内陆城市，分别为重庆市、武汉市、岳阳市、九江市和芜湖市，随后又开放了黄石、宜昌、万县、涪陵，从而形成了沿江开放的格局。接着国家又开放了 7 个省会城市，分别为哈尔滨、南宁、长春、呼和浩特、乌鲁木齐、昆明、石家庄。又开放了 11 个内陆地区省会城市，分别是太原市、合肥市、南昌市、成都市、贵阳市、郑州市、长沙市、西安市、兰州市、银川市、西宁市，从而形成了 13 个沿边开放城市—5 个长江沿岸城市—4 个沿江开放城市—7 个省会开放城市—11 个内陆地区省会开放城市格局，基本上形成了由沿海到内陆、从东部到中、西部的多层次开放格局。同时，我国放宽了对外商投资领域的限制，一些商业、旅游等服务领域都已不同程度地对外商开放，形成了较宽的开放领域。

三 阶段性成就

1992～2000 年的近 10 年间，中国的经济发展继续呈现快速增长的态势，国内生产总值由 1992 年的 26923.5 亿元增长为 2000 年的

99214.6 亿元，人均国内生产总值由 1992 年的 2311 元增长至 2000 年的 7858 元。三次产业也呈现翻倍的增长，第一产业、第二产业、第三产业分别由 1992 年的 5866.6 亿元、11699.5 亿元、9357.4 亿元增长至 2000 年的 14944.7 亿元、45555.9 亿元、38714.0 亿元（见表 3 - 5）。到 2000 年，中国国内经济总量跃升至世界排名第六位，居发展中国家第一位。我国的进出口贸易额也从 1992 年的 9119.6 亿元增长至 2000 年的 39273.2 亿元，增长了 3.3 倍（见图 3 - 2）。在 2000 年，中国进出口贸易世界排名第六位。

这期间，我国也实施了积极的"走出去"战略，并且取得了初步成效，到 2000 年，我国已累计批准设立境外企业 6610 家，中方投资额超过百亿美元。中国在 50 多个国家和地区参与油气、矿产、林业、渔业等资源合作开发项目有 200 多个；在国外承包工程和劳务合作也逐年增长，2000 年，中国新签对外承包工程合同额达 120 多亿美元，成为国际工程承包有影响力的国家，处于世界十强。

表 3 - 5　1992 ~ 2000 年中国国内生产总值及进出口总额

年份	国内生产总值（亿元）	人均国内生产总值（元）	第一产业（亿元）	第二产业（亿元）	第三产业（亿元）	进出口总额（亿元）	出口总额（亿元）	进口总额（亿元）
1992	26923.5	2311	5866.6	11699.5	9357.4	9119.6	4676.3	4443.3
1993	35333.9	2998	6963.8	16454.4	11915.7	11271.0	5284.8	5986.2
1994	48197.9	4044	9572.7	22445.4	16179.8	20381.9	10421.8	9960.1
1995	60793.7	5046	12135.8	28679.5	19978.5	23499.9	12451.8	11048.1
1996	71176.6	5846	14015.4	33835.0	23326.2	24133.8	12576.4	11557.4
1997	78973.0	6420	14441.9	37543.0	26988.1	26967.2	15160.7	11806.5
1998	84402.3	6796	14817.6	39004.2	30580.5	26849.7	15223.6	11626.1
1999	89677.1	7159	14770.0	41033.6	33873.4	29896.2	16159.8	13736.4
2000	99214.6	7858	14944.7	45555.9	38714.0	39273.2	20634.4	18638.8

资料来源：1991 ~ 2001 年历年《中国统计年鉴》。

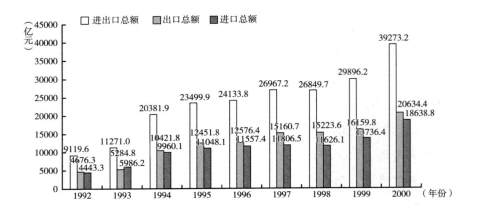

图 3 - 2 1992～2000 年中国进出口贸易总额

第三节　中国开放型经济制度国际化与西部
大开发阶段（2001～2006年）

一　主要政策机制运行历程

中国正式成为世界贸易组织（WTO）成员，标志着中国的开放型经济经过多年的发展已经迈进了国际化开放型的轨道中，进入了一个崭新的阶段，意味着要从由"单向"自主开放转向"多边"互动开放，要从国内视角、国内市场、国内范围、国内人才开放转向国际市场、国际视角、国际思维的全方位开放，开放的政策和制度由封闭性转向与国际化接轨，中国的开放型经济发展由此进入了在 WTO 规则框架下运行，体制与制度不断完善与接轨。2001～2006 年是中国对外经贸制度与经济运行国际化接轨时期（见表 3 - 6）。

表 3 - 6 中国开放型经济制度国际化与西部大开发阶段（2001～2006 年）

时间	主要政策与内容
2001 年 1 月	为适应对外开放和经济体制改革的需要,决定取消 20 种机电产品配额、许可证和特定进口管理措施,自主降低关税总水平,关税总水平降至 15.3%
2001 年 10 月	亚太经合组织(APEC)第九次领导人非正式会议在上海举行。12 月 11 日,中国正式成为世贸组织第 143 位成员国
2002 年 3 月	中国公布了新修订的《外商投资产业指导目录》,其中,增加了鼓励类的外商投资项目共计 76 条,减少了限制类的外商投资项目共计 37 条
2003 年 3 月	为适应国际投资新趋势,多渠道引进外资,国家外汇管理局发布了《关于外商直接投资外汇管理工作有关问题的通知》,从而进一步完善了外商直接投资的外汇管理
2003 年 10 月	党的十六届三中全会通过了《关于完善社会主义市场经济体制若干问题的决定》,提出了"深化涉外经济体制改革,全面提高对外开放水平",并特别强调要完善对外开放的制度保障
2004 年 1 月	中国调整进口税则的税目总数由 2003 年的 7445 个增加到 7475 个,同时降低进口税则中 2414 个税目的最惠国税率,调整后的关税水平由 11% 下降至 10.4% ,进口税则普通税率不变
2004 年 4 月	针对国际贸易组织成员规则和中国入世承诺以及《中华人民共和国对外贸易法》1994 年颁布以来出现的新情况,对《对外贸易法》进行了全面修订,修订后的《对外贸易法》包括总则、对外贸易经营者、货物进出口与技术进出口、国际服务贸易、与对外贸易有关的知识产权保护、对外贸易秩序、对外贸易调查、对外贸易救济、对外贸易促进、法律责任和附则等 11 章共 70 条内容,其中该法扩大了对外贸易经营主体的范围,取消货物和技术进出口经营权审批并实行备案登记制,增加了国家管理制度和知识产权保护制度,实行国贸组织要求的进出口自动许可管理制,补充、修改和完善了有关法律责任的规定,增加了扶持和促进服务体系相关制度规定
2004 年 8 月	公安部、外交部联合发布了《外国人在中国永久居留审批管理办法》,内容共 29 条,分别对外国人申请在中国永久居留的资格条件、申请材料、审批程序、审批权限、取消资格等方面做出了明确规定
2004 年 9 月	为了正确确定进出口货物的原产地,有效实施各项贸易措施,促进对外贸易发展,国务院颁布了《中华人民共和国进出口货物原产地条例》
2005 年 6 月	国务院批准上海浦东新区进行社会主义市场经济综合配套改革试点
2005 年 7 月	为了更好地反映人民币的价值变化,实现商品和服务贸易基本平衡以及中国面临的总体贸易条件,中国宣布人民币与单一美元脱钩,开始实行以市场供求为基础、参考一篮子货币进行调节的有管理的浮动汇率制度

时间	主要政策与内容
2006 年 8 月	商务部等六部委共同发布了《关于外国投资者并购境内企业的规定》,其中第 5 章是反垄断审查,这也是中国反垄断司法实践的重要一年。 加入世贸组织后,中国的对外开放领域不断扩大,由以前的生产性领域开放向服务领域开放拓展,进一步开放了商业、银行、保险、电信、旅游、运输、会计、审计、法律等服务领域,中国服务领域的开放涵盖了《服务贸易总协定》的 12 个服务大类中的 10 个,开放程度接近发达国家水平
2006 年 9 月	为了深入实施科技兴贸战略,商务部会同国家发改委、财政部、科技部等 7 个部门出台了《关于鼓励技术引进和创新,促进转变外贸增长方式的若干意见》,其中,指出了目前国际经济格局的新变化和新形势,论证了技术引进和创新在新时期促进外贸经济增长的重要地位。为了履行入世承诺,在此期间,中国共清理了约 2300 件与外经贸业务有关的法律法规,并且在货物贸易、技术贸易以及服务贸易、外商投资等领域都颁布了行之有效的行政法规。在货物贸易和技术贸易领域内,国务院先后颁布的主要行政法规有:《货物进出口管理条例》《技术进出口管理条例》《反倾销条例》《反补贴条例》《进出口货物原产地条例》《进出口关税条例》《出口加工区加工贸易管理暂行办法》等
2006 年 12 月	国务院常务会议审议并原则通过《西部大开发"十一五"规划》,目标是努力实现西部地区经济又好又快发展,人民生活水平持续稳定提高,基础设施和生态环境建设取得新突破,重点区域和重点产业的发展达到新水平,教育、卫生等基本公共服务均等化取得新成效

二 发展的基本特征

(一)由"政策性"开放转向"制度性"开放

加入 WTO 前,中国的对外开放依靠特殊政策吸引外资和发展外贸,具有明显的政策性开放特点;加入 WTO,意味着承诺制度开放,投资与贸易的制度安排必须在世贸组织规则框架下进行。在此阶段,中国按照 WTO 框架下的组织要求,就必须对中国的开放型经济体制进行改革,以适应国际化体制的要求。2003 年,我国提出了"深化涉外经济体制改革,全面提高对外开放水平,完善对外开放的制度保障",这是我国初步实现由"政策性"开放转向"制度性"开放的起步阶段。为了使开放型经济更加符合国际化规则的准则要求,2004 年,我国组织相关方面的专家修订了《中华人民共和国对外贸易法》，对与中国入世承诺和世贸组织规则不相符的相关机制和程序做了调整，对包括总则、货物进出口与技术进出口等 11 章共 70 条内容进行了修订，同时也保障了中国对外贸易的健康发展。

在此期间，中国共清理了约 2300 件与外经贸业务有关的法律法规，国务院还在货物贸易领域、技术贸易领域、服务贸易领域以及外商投资等领域都颁布了行之有效的行政法规。

（二）由"单边"自主开放转向"多边"互动开放

中国加入世界贸易组织后，就要按入世承诺主动削减关税和排除非关税壁垒，遵循 WTO 框架成员国的可预见、非歧视、公平竞争等原则，中国的对外开放与对外贸易要依照世贸组织多边自由贸易框架下运行。这就要逐步调整中国在没有入世以前可以单边安排开放的步骤、安排吸引外资和发展出口贸易等政策程度，还可以暂时保护一些国内相关产业，但当经济发展水平达到一定阶段后，就要进行全面开放。加入世贸组织后，中国也享受 WTO 其他成员国开放市场的利益，当然其他成员国也能享受中国开放市场的好处，这样便形成了多边互动开放的共同体。

（三）实施西部大开发战略，平衡内陆与西部区域发展

经过了几十年的改革开放，我国的东部区域经济增速显著提升，逐步出现了与西部地区和内陆地区经济发展差距拉大的趋势。为了缩小发展的差距，达到先富带动落后地区的目的，2000 年 10 月，国家审议通过了《中共中央关于制定国民经济和社会发展第十个五年计划的建议》，随后在 2001 年，国家"十五"计划纲要对实施西部大开发战略进行了具体部署，又陆续颁布了一系列重点支持西部大开发的政策，实施了一些优惠政策措施，促进了西部地区提高对内对外开放水平，承接东部以及国际产业转移。

（四）"走出去"步伐不断加快

2003 年，党的十六大报告中明确提出："实施走出去战略是对外开

放新阶段的重大举措。""走出去"战略的实施有力地推动了我国开放型经济发展，使中国的企业更加主动和广泛地参与到国际竞争与合作进程中，向着宽领域、多方位开放的步伐明显加快，推动了中国对外开放全面、持续、健康发展。2006 年末，中国有近 5000 家企业"走出去"到海外的 172 个国家与地区进行投资与布局，并且与国外上万家企业进行贸易往来，其股本投资为 372.4 亿美元，占 41.1%；利润再投资 336.8 亿美元，占 37.2%，从而大大改变了我国的经济地位，也提升了我国开放型经济的发展能力与水平。2006 年，中国对外直接投资流量占全球对外直接投资的 2.72%，列全球国家（地区）排名的第 13 位。

三 阶段性成就

中国在开放型经济制度的引领下，开放的步伐继续扩大，加入了世界贸易组织，使中国的开放型经济在一个更高的要求与平台上发展，所取得的成绩巨大。国内生产总值由 2001 年的 109655.2 亿元增长为 2006 年的 216314.4 亿元。人均国内生产总值由 2001 年的 8622 元增长至 2006 年的 16500 元。三次产业也呈现明显增长，第一产业、第二产业、第三产业分别由 2001 年的 15781.3 亿元、49512.3 亿元、44361.6 亿元增长至 2006 年的 24040.0 亿元、103719.5 亿元、88554.9 亿元。我国的进出口贸易额也从 2001 年的 42183.6 亿元增长至 2006 年的 140974.0 亿元，增长了 2.34 倍。2006 年中国的进出口贸易规模已攀升至世界第三位，中国服务贸易进口与出口在世界排名分别上升到第八位和第七位。[①] 至 2006 年末，新设立外商直接投资企业 41485 家，设立外商投资企业累计 598 万家，全年对外直接投资 211.6 亿美元，实际使用外商直接投资金额 694.7 亿美元。对外工程承包和劳务合作合同金额高

---

① 数据来源：WTO 国际贸易统计数据库；《中国国际收支平衡表》。

达 660.1 亿美元，中国外汇储备高达 10663.4 亿美元，成为世界上外汇储备最多的国家（见表 3-7、图 3-3）。

表 3-7　2001~2006 年中国国内生产总值及进出口总额

年份	国内生产总值（亿元）	人均国内生产总值（元）	第一产业（亿元）	第二产业（亿元）	第三产业（亿元）	进出口总额（亿元）	出口总额（亿元）	进口总额（亿元）
2001	109655.2	8622	15781.3	49512.3	44361.6	42183.6	22024.4	20159.2
2002	120332.7	9398	16537.0	53896.8	49898.9	51378.2	26947.9	24430.3
2003	135822.8	10542	17381.7	62436.3	56004.7	70483.5	36287.9	34195.6
2004	159878.3	12336	21412.7	73904.3	64561.3	95539.1	49103.3	46435.8
2005	184937.4	14185	22420.0	87598.1	74919.3	116921.8	62648.1	54273.7
2006	216314.4	16500	24040.0	103719.5	88554.9	140974.0	77597.2	63376.9

资料来源：2000—2007 年历年《中国统计年鉴》。

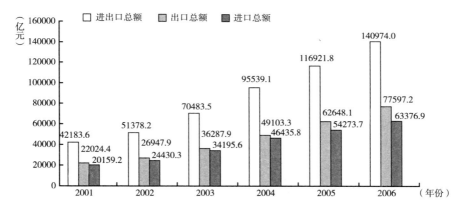

图 3-3　2001~2006 年中国进出口贸易总额

第四节　中国内陆开放型经济制度发展与内陆地区协调开放阶段（2007~2012 年）

一　主要政策机制运行历程

2007 年世界经济受到了全球性金融危机的影响，国际需求急剧萎缩，新贸易保护主义逐渐抬头，对我国的国际贸易顺差表示不满，便利用反倾销、反补贴等标签进行贸易摩擦，对我国开放型经济造成了巨大冲击。根据国际局势发展我国对自身的经济发展及时做出调整，以发展内陆开放型经济来应对国际形势，同时也为了协调国内经济发展，中国的内陆开放型经济发展随即进入新阶段（见表 3 - 8）。

表 3 - 8　中国内陆开放型经济制度发展与内陆地区协调开放阶段（2007～2012 年）

时间	主要政策与内容
2007 年 6 月	重庆获批成为国家统筹城乡综合配套改革试验区；同年 10 月，商务部与重庆市签署《共同建设内陆开放型经济合作备忘录》，开启了重庆内陆开放型经济发展的序幕，这是我国内陆地区第一个部市共建的开放型经济试验基地
2007 年 10 月	党的十七大报告强调"开放型经济进入新阶段"，要"提高开放型经济水平"，构建"内外联动、互利共赢、安全高效的开放型经济体系"
2008 年 1 月	中国施行了新的《中华人民共和国企业所得税法》，取消了内外资企业税收差别。同年 8 月，开始施行修订后的《中华人民共和国外汇管理条例》，新条例取消了对境内机构的强制结汇规定
2008 年 11 月	国务院审议通过我国第一个内陆保税港区、第一个"水港 + 空港"的双功能保税港区——重庆两路寸滩保税港区。该区享受"区内自由贸易、国内货物入区退税、国外货物入区保税"等特殊的税收优惠政策，成为重庆发展内陆开放型经济的重要平台
2009 年 1 月	国务院《关于推进重庆市统筹城乡改革发展的若干意见》（国发〔2009〕3 号）提出重庆"加快建立内陆开放型经济体系""实施扩大内陆开放战略""设立重庆北部新区内陆开放型经济示范区""积极探索内陆地区发展开放型经济的新路子"等具体要求
2009 年 9 月	国务院原则通过《促进中部地区崛起规划》
2010 年 5 月	国务院审议批准设立重庆"两江新区"，这是继上海浦东新区、天津滨海新区之后成立的第三个国家级新区，也是我国内陆地区首个开放型经济发展平台。在中央对"两江新区"的五大功能定位中，提出要把重庆建设成为"内陆地区对外开放的重要门户"
2010 年 8 月	国家发改委公布《促进中部地区崛起规划实施意见》，要求中部地区的山西、安徽、江西、河南、湖北、湖南 6 省人民政府和有关部门积极落实文件提出的各项任务要求，努力推动中部地区经济社会又好又快发展
2011 年 3 月	国务院审议批准设立西安综合保税区，这是我国西北地区首个综合保税区

时间	主要政策与内容
2012 年 2 月	国务院正式批复《西部大开发"十二五"规划》。提到要着力培育经济基础好、资源环境承载能力强、发展潜力大的重点经济区,积极推进重庆、成都、西安等内陆地区加强区域战略合作,形成西部大开发战略新高地,辐射和带动周边地区发展。重点的内陆经济区有成渝地区、关中—天水地区、呼包银榆地区、兰西格地区、黔中地区、宁夏沿黄地区、陕甘宁革命老区等区域
2012 年 8 月	国务院审议批准设立"兰州新区",以建设兰州新区为中心进而探索西北老工业城市转型发展和承接东中部地区产业转移发展的新模式
2012 年 8 月	自《国务院关于大力实施促进中部地区崛起战略的若干意见》(国发〔2012〕43号)、《中共中央国务院关于促进中部地区崛起的若干意见》(中发〔2006〕10号)印发实施以来,中部地区经济社会发展取得了重大成就
2012 年 9 月	《国务院关于宁夏内陆开放型经济试验区规划的批复》(国函〔2012〕130 号)发布,同意在宁夏回族自治区设立内陆开放型经济试验区,原则同意《宁夏内陆开放型经济试验区规划》,标志着宁夏回族自治区成为我国内陆地区第一个对外开放试验区、全国首个以整省域为单位的试验区。打造国家向西开放的战略高地、国家重要的能源化工基地、承接产业转移的示范区。以沿黄经济区为平台,推进区域经济合作;以中阿博览会为平台,拓展对外交流合作;以综合保税区为平台,引领外向型经济发展
2012 年 11 月	中国共产党第十八次全国代表大会召开,报告中进一步提出要"全面提高开放型经济水平","必须实行更加积极主动的开放战略,完善互利共赢、多元平衡、安全高效的开放型经济体系"

二　发展的基本特征

(一)内陆开放型经济高地提出,内陆开放型经济试验区设立

2007 年 10 月,党的十七大报告中指出我国要构建"内外联动、互利共赢、安全高效的开放型经济体系"。同年,商务部与重庆市签署《共同建设内陆开放型经济合作备忘录》,开启了我国"内陆开放型经济"发展的序幕。2009 年,国务院出台了《关于推进重庆市统筹城乡改革发展的若干意见》,提出重庆"加快建立内陆开放型经济体系""实施扩大内陆开放战略""积极探索内陆地区发展开放型经济的新路子"等具体要求。2012 年国家出台了《国务院关于宁夏内陆开放型经济试验区规划的批复》(国函〔2012〕130 号),同意在宁夏设立"内陆开放型经济试验区",标志着我国内陆地区第一个对外开放试验区、

全国首个以整省域为单位的试验区设立。

（二）中部崛起步伐加快，承接国际产业提升

2006 年，国家出台《中共中央国务院关于促进中部地区崛起的若干意见》，为中部 6 省崛起与区域经济协调发展指明了路径，具有里程碑意义。中部 6 省利用自身搭建的战略平台——中部博览会，推动扩大对外开放力度，对内开放实际上也是内陆区域发展的一部分，并且成为加强内陆区域以及国际交流合作的重要平台。中部省份的崛起可以实现东西融合发展，促进南北部对接，为东部沿海地区产业梯度转移带来便利，也为带动内陆大片的区域发展与开放合作起到了桥梁作用，将更好地促进中部地区承接国际产业转移。中部地区的崛起也是我国对外贸易增长的重要引擎，为在金融危机阴影下中国寻找新经济找到解决方案。在此阶段，中部 6 省的对外贸易从 2007 年的 743.33 亿美元增长到 2012 的 1934.28 亿美元，增长 1.6 倍，有力地促进了我国对内开放与对外的开放型经济发展水平。

（三）"绿色经济"成为新趋势，为可持续发展助力

2008 年，国际环境规划署为应对全球金融危机的蔓延适时提出了发展"绿色经济"的倡议。全球经过若干年的发展，一些国家与地区粗放式的开发已造成了环境的严重污染并已殃及世界其他地区，人们渴望绿色发展，这个倡议一经提出便得到了世界上大多数国家的支持，绿色经济成为 21 世纪世界经济发展的潮流。中国也积极响应加入了绿色发展的行列，就是要改变过去粗放式的经济增长道路，摒弃靠过度消耗资源来实现经济增长，"绿色经济"成为中国经济可持续发展的必由之路。为促进绿色经济发展，中国政府提出了一系列与绿色发展有关的战略措施，如走新型工业化道路、建设生态文明、转变经济发展方式、建设节约型社会、促进绿色低碳发展、加强清洁能源与技术创新等。在绿色经济发展上已取得显著成效，2012 年，中国太阳能光伏发电装机 650 万千瓦，风电并网装机 6300 万千瓦，太阳能热水器总集热面积 2.58 亿平方米，各类生物质年利用量 3000 万吨标准煤。

三　阶段性成就

2007~2012 年，虽然经历了 2008 年以来的世界金融危机，我国及时做出了经济形势分析与发展调整，以发展内陆开放型经济、实施中部崛起战略来应对国际形势变化，加快推进内陆开放型经济和中部崛起已成为此阶段我国经济发展的主战略。从重庆内陆开放高地的建设，到宁夏内陆开放经济试验区的设立，表明了中央对我国西部内陆地区发展开放型经济的高度重视，同时也传达出了国家开放型经济发展将进一步从东南沿海地区向中西部内陆地区逐步推进的信号。[①]

若干项举措推动了中国经济继续保持高增长的态势，国内生产总值由 2007 年的 265810.3 亿元增长到 2012 年的 534123.0 亿元，人均国内生产总值由 2007 年的 20169 元增长至 2017 年的 39544 元。三次产业也继续呈现增长态势，第一产业、第二产业、第三产业分别由 2007 年的 28627.0 亿元、125831.4 亿元、111351.9 亿元增长至 2012 年的 50892.7 亿元、240200.4 亿元、243030.0 亿元。我国的进出口贸易总额也从 2007 年的 166863.7 亿元增长至 2002 年的 244160.2 亿元（见表 3-9、图 3-4）。

表 3-9　2007~2012 年中国国内生产总值及进出口总额

年份	国内生产总值（亿元）	人均国内生产总值（元）	第一产业（亿元）	第二产业（亿元）	第三产业（亿元）	进出口总额（亿元）	出口总额（亿元）	进口总额（亿元）
2007	265810.3	20169	28627.0	125831.4	111351.9	166863.7	93563.6	73300.1
2008	314045.4	23708	33702.0	149003.4	131340.0	179921.5	100394.9	79526.5
2009	340902.8	25608	35226.0	157638.8	148038.0	150648.1	82029.7	68618.4
2010	401512.8	30015	40533.6	187383.2	173596.0	201722.1	107022.8	94699.3
2011	472881.6	35181	47486.2	220412.8	204982.5	236402.0	123240.6	113161.4
2012	534123.0	39544	50892.7	240200.4	243030.0	244160.2	129359.3	114801.0

资料来源：2008—2013 年历年《中国统计年鉴》。

[①]　闫联飞：《重庆发展内陆开放型经济研究》，中共重庆市委党校硕士学位论文，2014。

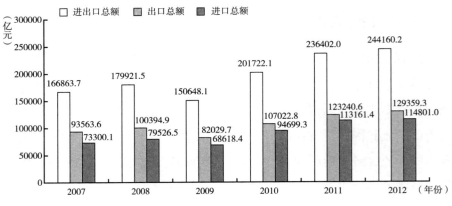

图 3-4　2007～2012 年中国进出口贸易总额

第五节　中国内陆开放型经济制度深化创新
与全方位开放阶段（2013年至今）

一　主要政策机制运行历程

2013 年，党的十八大和十八届三中全会的召开，成为中国开放型经济，也是中国内陆开放型经济的标志性节点，自此我国进入了以"开放促改革"的制度创新新阶段，这是中国开放型经济与内陆开放型经济不断发展、延伸、完善的过程。中国从 1978 年的以政策与体制改革促开放，发展到 2013 年的以开放促改革的制度变迁阶段（见表 3-10）。

表 3-10　中国内陆开放型经济制度深化创新与全方位开放阶段

时间	主要政策与内容
2013 年 5 月	国务院发布《关于取消和下放一批行政审批项目等事项的决定》，取消和下放 117 个行政审批项目。据统计，这 117 项集中在经济领域，以投资和生产经营活动项目为主，目的是尽量减少政府微观干预，为企业松绑，让民间的创造力活跃起来，使市场"无形的手"更加有效

时间	主要政策与内容
2013 年 8 月	国务院批准建立上海自由贸易区,上海自由贸易区的设立是我国政府在新的历史时期所开创的重要制度创新。上海自由贸易区在政策上扩大了对金融服务领域、商贸服务领域、航运服务领域以及专业服务等领域的市场开放,提出了开放人民币资本项目、构建离岸金融中心、企业所得税优惠、贸易领域监管创新等一揽子创新计划,而且试行了准入前国民待遇加负面清单的外资管理模式。中国通过上海自由贸易区来打造新一轮开放格局和开放新模式,从而构建与各国合作发展的新平台来培育中国面向世界的竞争新优势
2013 年 9 月	国家主席习近平在哈萨克斯坦纳扎尔巴耶夫大学发表演讲中提出了共同构建"丝绸之路经济带"。10 月,习近平总书记在访问东南亚国家期间,提出"21 世纪海上丝绸之路"的重大倡议,得到国际社会高度关注
2013 年 11 月	中国共产党第十八届中央委员会第三次全体会议召开,会议审议通过了《中共中央关于全面深化改革若干重大问题的决定》。全会强调,要紧紧围绕使市场在资源配置中起决定性作用深化经济体制改革,加快转变经济发展方式,构建开放型经济新体制。决定中提出了要加快自由贸易区建设,推动内陆与沿边开放,培育稳定、透明和可预期的营商环境,改革行业(协会)管理体制等具体措施
2014 年 5 月	国务院印发了《关于进一步促进资本市场健康发展的若干意见》,《若干意见》表示进一步促进资本市场健康发展,健全多层次资本市场体系,对于加快完善现代市场体系、拓宽企业和居民投融资渠道、优化资源配置、促进经济转型升级具有重要意义。《若干意见》对新时期资本市场改革、开放、发展和监管等进行了统筹规划和总体部署
2015 年 3 月	为推进实施"一带一路",让古丝绸之路焕发新的生机活力,以新的形式使亚欧非各国联系更加紧密,互利合作迈向新的历史高度,中国政府特制定并发布《推动共建丝绸之路经济带和 21 世纪海上丝绸之路的愿景与行动》
2015 年 9 月	中共中央、国务院印发了《关于构建开放型经济新体制的若干意见》,共分 11 章 50 条,从构建开放型经济新体制的总体要求、创新外商投资管理体制、建立促进"走出去"战略的新体制、构建外贸可持续发展新机制、优化对外开放区域布局、加快实施"一带一路"建设、拓展国际经济合作新空间、构建开放安全的金融体系、建设稳定、公平、透明、可预期的营商环境、加强支持保障机制建设、建立健全开放型经济安全保障体系等方面,全面提出了新时期构建开放型经济新体制的目标任务和重大举措

时间	主要政策与内容
2016 年 3 月	印发了《中华人民共和国国民经济和社会发展第十三个五年规划纲要》。"十三五"规划纲要主要内容:实施创新驱动发展战略,构建发展新体制,推进农业现代化,优化现代产业体系,拓展网络经济空间,构筑现代基础设施网络,推进新型城镇化,推动区域协调发展,加快改善生态环境,构建全方位开放新格局,全力实施脱贫攻坚,加强社会主义民主法治建设,统筹经济建设和国防建设等
2016 年 7 月	发布了《中共中央国务院关于深化投融资体制改革的意见》,确立了企业投资主体地位,建立投资项目"三个清单"管理制度,优化管理流程,规范企业投资行为,进一步明确政府投资范围,优化政府投资安排方式,规范政府投资管理,加强政府投资事中事后监管,鼓励政府和社会资本合作,大力发展直接融资,充分发挥政策性、开发性金融机构积极作用,完善保险资金等机构资金对项目建设的投资机制,加强构建更加开放的投融资体制
2016 年 8 月	《国务院关于同意设立贵州内陆开放型经济试验区的批复》(国函〔2016〕142号),同意设立贵州内陆开放型经济试验区。贵州成为西部第二个获批内陆开放型经济试验区的地区。主要任务:聚焦"内陆"——批复要求贵州着力建设内陆投资贸易便利化试验区、现代产业发展试验区、内陆开放式扶贫试验区,营造良好的营商环境,为内陆地区在经济新常态下开放发展、贫困地区如期完成脱贫攻坚任务、生态地区实现生态与经济融合发展探索新路径、积累新经验。突出"创新"——贵州建设试验区的首要任务是体制机制创新,紧扣国家重大开放战略,打开山门,融入全国,走向世界
2017 年 2 月	《国务院关于印发"十三五"现代综合交通运输体系发展规划的通知》(国发〔2017〕11 号),提出着力打造丝绸之路经济带国际运输走廊。以新疆为核心区,以乌鲁木齐、喀什为支点,发挥陕西、甘肃、宁夏、青海的区位优势,连接陆桥和西北北部运输通道,逐步构建经中亚、西亚分别至欧洲、北非的西北国际运输走廊。发挥广西、云南开发开放优势,建设云南面向南亚东南亚辐射中心,构建广西面向东盟国际大通道,以昆明、南宁为支点,连接上海至瑞丽、临河至磨憨、济南至昆明等运输通道,推进西藏与尼泊尔等国交通合作,逐步构建衔接东南亚、南亚的西南国际运输走廊。发挥内蒙古联通蒙俄的区位优势,加强黑龙江、吉林、辽宁与俄远东地区陆海联运合作,连接绥芬河至满洲里、珲春至二连浩特、黑河至港澳、沿海等运输通道,构建至俄罗斯远东、蒙古、朝鲜半岛的东北国际运输走廊
2017 年 3 月	提出积极主动扩大对外开放,要进一步完善对外开放战略布局,加快构建开放型经济新体制,推动更深层次更高水平的对外开放。扎实推进"一带一路"建设,坚持共商共建共享,加快陆上经济走廊和海上合作支点建设,构建沿线大通关合作机制。深化国际产能合作,带动我国装备、技术、标准、服务"走出去",实现优势互补。加强教育、科技、文化、卫生、旅游等人文交流合作

续表

时间	主要政策与内容
2018 年 6 月	《国务院关于积极有效利用外资推动经济高质量发展若干措施的通知》(国发〔2018〕19 号),第十九条提出打造西部地区投资合作新载体。在有条件的地区高标准规划建设若干个具有示范引领作用的国际合作园区,试点探索中外企业、机构、政府部门联合整体开发,支持园区在国际资本、人才、机构、服务等领域开展便利进出方面的先行先试
2018 年 7 月	国务院办公厅转发商务部等部门《关于扩大进口促进对外贸易平衡发展意见的通知》(国办发〔2018〕53 号),指出以"一带一路"建设为统领,以提高发展质量和效益为中心,统筹国内国际两个市场两种资源,加快体制机制创新、推动经济结构升级,加快实施创新驱动发展战略,在稳定出口的同时,主动扩大进口,促进国内供给体系质量提升,满足人民群众消费升级需求,实现优进优出,促进对外贸易平衡发展,共同推动开放型世界经济发展
2019 年 11 月	《中共中央 国务院关于推进贸易高质量发展的指导意见》,提出加快推动由商品和要素流动型开放向规则等制度型开放转变,建设更高水平开放型经济新体制,完善涉外经贸法律和规则体系,深化外贸领域改革,坚持市场化原则和商业规则,强化科技创新、制度创新、模式和业态创新,以共建"一带一路"为重点,大力优化贸易结构,推动进口与出口、货物贸易与服务贸易、贸易与双向投资、贸易与产业协调发展,促进国际国内要素有序自由流动、资源高效配置、市场深度融合,促进国际收支基本平衡,实现贸易高质量发展,开创开放合作、包容普惠、共享共赢的国际贸易新局面,为推动我国经济社会发展和构建人类命运共同体做出更大贡献
2020 年 6 月	国务院办公厅印发《关于支持出口产品转内销的实施意见》(国办发〔2020〕16 号),指出统筹推进新冠肺炎疫情防控和经济社会发展做好"六稳"工作、落实"六保"任务,在鼓励企业拓展国际市场的同时,支持适销对路的出口产品开拓国内市场,帮助外贸企业纾困,确保产业链供应链畅通运转,稳住外贸外资基本盘。发挥企业主体作用,坚持市场化运作,鼓励外贸企业拓展销售渠道,因地制宜推动出口产品转内销工作,促进国内消费提质升级
2020 年 10 月	国家发展改革委 商务部关于印发《市场准入负面清单(2020 年版)》的通知(发改体改规〔2020〕1880 号),内容包含禁止和许可两类事项。对禁止准入事项,市场主体不得进入,行政机关不予审批、核准,不得办理有关手续;对许可准入事项,包括有关资格的要求和程序、技术标准和许可要求等,由市场主体提出申请,行政机关依法依规做出是否予以准入的决定,或由市场主体依照政府规定的准入条件和准入方式合规进入;对市场准入负面清单以外的行业、领域、业务等,各类市场主体皆可依法平等进入

二 发展的基本特征

（一）"一带一路"开放扩大，内陆开放走向前沿

2013 年 9 月和 10 月，国家主席习近平在出访中亚和东南亚国家期间，先后提出共建"丝绸之路经济带"和"21 世纪海上丝绸之路"的重大倡议，后来将其简称为"一带一路"，得到国际社会高度关注。"一带一路"倡议的提出有力地推动了我国开放型经济的发展，这次的开放与以往不相同的是：本次是以我国为主导，发出倡议破解了多年以来发展中国家跟随在发达国家和地区之后发展开放型经济的路子。

2015 年，国家出台了《推动共建丝绸之路经济带和 21 世纪海上丝绸之路的愿景与行动》，为国内相关省区市发展开放型经济指明方向。特别是为内陆省区市的陕西省、甘肃省、宁夏回族自治区、青海省、成都市、重庆市等发展开放型经济起到了引领作用，各自明确了本省区市开放的方向、开放的定位和发展开放型经济相关的制度措施。

（二）构建开放型经济新体制，全方位深层次宽领域开放

2015 年，中共中央、国务院印发了《关于构建开放型经济新体制的若干意见》，这是我国发展开放型经济又一次质的飞跃，本次出台的意见着重从新机制新体制方面进行了拓展。在构建外贸可持续发展新机制、构建开放安全的金融体系、保障体系、优化对外开放区域布局进行了多方面的覆盖与构建，是比较全面的开放型经济新体制。

开放型经济新体制更加注重对国际经济合作新空间进行拓展，是全方位、深层次、宽领域的开放合作，构建出比较系统的开放格局，从沿海沿边扩展开放到内陆区域开放，从经济特区开放到内陆经济试验区开放，从经济技术开发区到保税区、自由贸易区，从单向开放转向多层次宽领域广覆盖的开放。本次开放型经济新体制建设不但注重对外开放，还顾及对内开放，是"对内"和"对外"、"走出去"与"引进来"的

开放，重视开放平台建设，也重视开放的新体制建设。

（三）设立内陆自由贸易试验区，构建中国面向世界开放新优势

2013 年，国务院批准建立上海自由贸易区，这是我国在新的历史时期从发展开放型经济方面做出的开创性重要制度创新。我国在此阶段设立的不只是上海自由贸易区，2014 年 12 月在广东、天津、福建设立了 3 个自由试验区贸易区，2016 年 8 月在辽宁、浙江、河南、湖北、重庆、四川、陕西设立了 7 个自贸区，这样我国到目前共形成了有 11 个自贸区的格局。需要说明的是，这些自由贸易区中有 5 个在内陆地区，这也是我国内陆开放型经济制度、机制不断深化与创新的过程，自由贸易试验区从政策上制度上扩大了对金融服务领域、商贸服务领域、航运服务领域以及专业服务等领域的市场开放，提出了一揽子创新计划来构建和培育中国面向世界的竞争新优势。

三　阶段性成就

自"一带一路"倡议提出后，中国与"一带一路"沿线国家和地区加强战略对接、务实合作，开放的步伐进一步扩大。同"一带一路"沿线国家和地区贸易与交往日益密切，经贸合作、境外合作园区建设、国际自由贸易区谈判与建设、境外工程承包、跨国投资、国际兼并与收购等事项日益增多，人民币正式被纳入国际货币基金组织特别提款权货币篮子。这充分显示了我国开放型经济正在逐步增强，推动了中国经济继续保持高增长的态势，继续居发展中国家首位。国内生产总值由 2013 年的 588018.8 亿元增长为 2018 年的 900309 亿元，人均国内生产总值由 2013 年的 43320 元增长至 2018 年的 64644 元。三次产业也继续增长，第一产业、第二产业、第三产业分别由 2013 年的 55321.7 亿元、256810 亿元、275887 亿元增长至 2018 年的 64734 亿元、366001 亿元、469575 亿元。我国的进出口贸易总额也从 2013 年的 258168.9 亿元增长至 2019 年的 315505.0 亿元（见表 3 - 11、图 3 - 5）。

表 3 – 11　2013 ～ 2019 年中国国内生产总值及进出口总额

年份	国内生产总值(亿元)	人均国内生产总值(元)	第一产业(亿元)	第二产业(亿元)	第三产业(亿元)	进出口总额(亿元)	出口总额(亿元)	进口总额(亿元)
2013	588018.8	43320	55321.7	256810.0	275887.0	258168.9	137131.4	121037.5
2014	636138.7	46629	58336.1	271764.5	306038.2	264241.8	143883.7	120358.0
2015	689052.0	49351	60863.0	274278.0	341567.0	245502.9	141166.8	104336.1
2016	744127.0	53980	63671.0	296236.0	384221.0	243386.0	138455.0	104932.0
2017	827122.0	59660	65468.0	334623.0	427032.0	277923.0	153321.0	124602.0
2018	900309.0	64644	64734.0	366001.0	469575.0	305050.0	164177.0	140874.0
2019	990865.0	70892	70467.0	386165.0	534233.0	315505.0	172342.0	143162.0

资料来源：2014 ～ 2018 年历年《中国统计年鉴》；中华人民共和国 2019 年国民经济和社会发展统计公报。

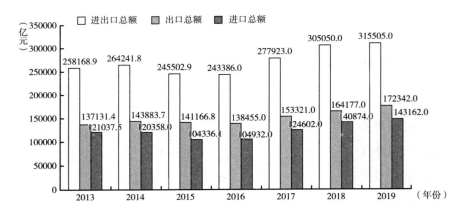

图 3 – 5　2013 ～ 2019 年中国进出口贸易总额

第四章　西北内陆省区开放型经济
发展水平评价

　　我国目前的区域经济格局呈现出明显的"东强西弱"特点，东部沿海城市依托便利的海运，建立起了出口导向型经济；西部内陆地区地形复杂，多山地高原，交通极为不便，限定了其与其他地域之间的经济联系。东西部经济差距的最直接原因之一是经济开放度上的差异。因此，研究西北内陆开放型经济发展水平，有利于促进国家经济的整体发展，缩小西部与东部沿海地区的贫富差距。无论是沿海经济发达地区还是西北内陆地区，要想有高质量、高速度的发展，都离不开与国际市场接轨，只有积极地"走出去"，才能更好地"引进来"。由此，便引入了早期西方国家提出的开放型经济概念。①

　　开放型经济是指参与国际分工和交换的程度较深，要素、商品、劳务、资本和人员等可以较为自由地跨境流动，且在经济体制上的融合程度较高，可以实现最优资源配置和最高经济效率的一种经济发展模式。内陆开放型经济是开放型经济的区域表现形式，是内陆地区在充分发挥资源、环境和劳动力成本等优势，大力开展对外经济活动，广泛引进先进国家与地区和沿海发达地区的资金、技术和人才的同时，也通过鼓励

---

　　① 蔡爱军、朱传耿、仇方道：《我国开放型经济研究进展及展望》，《地域研究与开发》2011年第 30 期。

内陆地区有条件的企业积极开展境外和沿海投资、技术合作、承包工程和劳务合作，促进当地经济社会健康快速发展的一种区域性开放经济发展模式。

西北内陆地区地域辽阔、资源丰富，历来在国家政治、经济、文化中占据着重要的地位，但是自然禀赋、历史积累和发展战略等多方面因素造成了西北内陆地区经济发展滞后，在一定程度上加深了中国区域经济发展的不平衡，也为中国实现整体有序的产业变迁带来了新的考验。马子良指出西北内陆地区不沿边，不靠海，与东部沿海发达地区相比，西北内陆地区开放型经济发展具有特殊性与必要性，值得深入研究。[①]

第一节　内陆开放型经济指标体系构建

一　指标体系构建原则与说明

（一）全面性与突出重点相结合

内陆开放型经济是一个耦合政治、经济、社会、环境等的巨大系统。对于内陆开放型经济发展水平的评价，不仅要包括经济对外开放度的评价指标，也要有反映经济对内开放度的评价指标。甘川从更深层次看，每个地区的基础设施对地方的经济发展水平也会产生重大影响，因此，反映基础设施发展水平的评价指标不可或缺。[②]同时，对内陆开放型经济发展水平进行评价，不仅要从各个方面全面反映，还要做到全面性与突出重点相结合。如果过于注重全面性而忽略了重点突出，不仅加大了数据收集和测算的难度，还容易造成近似指标重复测算带来的人为误差，形成"全而不精，全而不

---

①　马子量：《西北地区产业变迁与城市化发展研究》，兰州大学博士学位论文，2014。

②　甘川：《内陆开放型经济发展路径研究——以重庆为例》，重庆工商大学硕士学位论文，2012。

强"的态势；如果过于注重突出重点而忽略了全面性，会造成相关指标被忽视，从而使得出的结果偏离事实，缺乏客观性。因此，只有加深对内陆开放型经济的影响因素的理解，在全面性与突出重点之间找到均衡点，才能全面客观地反映内陆开放型经济发展水平。

（二）科学性与可行性相结合

科学性即构建指标体系时，每个评价指标的选取都要有所依据，避免高度正相关指标重复测算导致的误差，即指标要具有独立性，确保每个指标能反映相应的内容且具有可量化性，同时，数据来源要可靠，选取的研究方法要科学合理，计算过程要准确无误。可行性要求数据具有可获取性，研究方法具有普适性，确保对于不同的内陆型城市指标体系中所设计的数据可获得，研究方法可行。在设计内陆开放型经济的评级指标体系时，力求均衡科学性与可行性之间的关系，从而更加全面客观地反映问题。

（三）系统性与层次性相结合

内陆开放型经济是一个系统、综合、广泛、开放的范畴，对它的评价需要众多方面的指标进行测度，系统性原则要求各个评价指标具有内在关联性，共同构成一个有机、有序的整体，从全方位、多角度反映内陆开放型经济发展水平。层次性原则，即评价指标体系具有结构层次，一般来说，评级按指标体系的构建主要包括三个层面：最高层（目标层）、中间层（准则层）、最低层（指标层）。

（四）指标说明

目前，针对我国内陆开放型经济及其评价指标体系的研究成果还不全面，何洁构建了以包含对外开放度、对内开放度、开放经济支撑度、开放基础支撑度等共 27 个具体指标，以成都、重庆、西安三市为例验证了成都市建设内陆开放型经济城市具有可行性和较大的优势。[①] 张瑾

---

① 何洁：《成都市建设内陆开放型经济城市探析》，华东师范大学硕士学位论文，2015。

通过构建区域内开放基础、区域间开放基础、国际开放度三个系统，显示出西部地区在开放型经济发展方面滞后于东中部地区。但在国家宏观政策扶持以及国内外先进技术和管理的转移等趋势下，西部地区充分发挥自身优势，内陆开放型经济的发展能够借助后发优势，从而缩小与东中部地区开放型经济发展水平的差距。[1] 此外，肖俊夫等通过构建开放程度面、开放结构面和开放支撑面三个维度对内陆开放型经济进行了评价。[2] 目前内陆开放型经济评价还没有统一的指标体系，本书在构建指标体系时，对前人的研究进行了综合整理分析，结合对内陆开放型经济内涵的理解以及相关学者的建议，在指标体系构建原则的指导下，因地制宜建构了内陆开放型经济发展水平评价指标体系，分别从对外开放度、对内开放度、开放经济支撑度以及开放基础支撑度 4 个维度，包括 27 个评价指标展开评价（见表 4-1）。

在设计本书的指标体系过程中，有以下几个方面需要说明。

一是虽然生态环境因素也会对开放基础支撑度产生重要影响，但是由于内陆城市经济发展水平较低，与沿海经济发达地区相比，缺乏对效率、生态、环境等方面的重视，且由于所选的四个省区虽然有关于生态、环境等方面的统计资料，但是具体指标不尽相同，因此在指标体系的构建中反映这些方面的指标如"能耗、排污"等方面没有体现。

二是内陆地区与中东部地区相比，交通的便利程度较低，阻碍了其参与国内外市场的步伐，"要想富，先修路"[3]，因此交通、通信等基础设施的优化完善对于西部内陆地区的开放型经济会产生较大影响，故开放基础支撑度突出了交通、通信等方面。

---

[1] 张瑾：《中国西部地区内陆开放型经济发展研究》，武汉理工大学硕士学位论文，2013。

[2] 肖俊夫、林勇：《内陆开放型经济指标评价体系的构建》，《统计与决策》2009 年第 9 期。

[3] 郑林昌：《中国自然地形、交通运输成本与区域经济发展作用机理研究》，北京交通大学博士学位论文，2010。

表 4-1　指标体系框架及指标说明

一级指标	二级指标	指标说明
对外开放度	外贸依存度（%）	进出口总额/地区 GDP ×100%
	外资投资比重（%）	外资直接投资总额/全社会固定资产投资 ×100%
	国际旅游人数（百万人次）	国际旅游人数
	国际旅游创收外汇（百万美元）	国际旅游创收外汇
	外商企业投资总额（亿美元）	外商企业投资总额
对内开放度	内贸依存度（%）	社会消费品零售总额/地区 GDP ×100%
	内贸投资比重（%）	（国家预算内基金 + 国内贷款 + 自筹基金）/全社会固定资产投资 ×100%
	商品市场活跃度（%）	全社会零售商品总额/地区 GDP ×100%
	货运密度（亿吨公里/公里）	货物周转量/营运线路总长度
	城镇单位就业人员数（万人）	城镇单位就业人员数
	私营企业和个体就业人数（万人）	私营企业和个体就业人数
	互联网普及率（%）	互联网上网人数/总人口 ×100%
开放经济支撑度	GDP（亿元）	地区 GDP
	人均 GDP（元）	地区 GDP/地区总人口
	第二产业占 GDP 比重（%）	第二产业生产总值/地区 GDP ×100%
	第三产业占 GDP 比重（%）	第三产业生产总值/地区 GDP ×100%
	经济密度（万元/km²）	地区 GDP/地区面积
	地方财政收入（亿元）	地方一般公共预算收入
	R&D 经费增长率（%）	（当年 R&D 经费额 - 上年 R&D 经费额）/上年 R&D 经费额 ×100%
开放基础支撑度	高速公路密度（km/km²）	地区高速公路运输线路长度/地区面积
	铁路密度（km/km²）	地区铁路营运里程/地区面积
	旅客周转量（亿人公里）	旅客运输量×航段距离
	客运量（万人）	客运量（包括铁路、公路、水运、民航）
	信息传播便利度（部/人）	固定和移动电话/总人口
	信息交流活跃度（万元/人）	邮电业务总量/总人口
	科研研发能力（件/亿元）	发明专利授权数量/R&D 经费（亿元）
	互联网宽带接入端口（万个）	互联网宽带接入端口

三是对于西北内陆开放型经济发展水平的评价,在对外开放度方面选取了关于资本、人、企业三个方面的指标,具体以外贸依存度、外资投资比重、国际旅游人数、国际旅游创收外汇、外商企业投资总额这 5 个指标进行体现。

四是由于我国西北内陆地区经济发展水平普遍不高,与国际市场联系度较低,因而对于内部市场的培育就成为发展内陆开放型经济的基础与首要任务。在基于资本、人、企业三方面因素之外又考虑了信息获取这一因素,对内开放度制定了内贸依存度、内资投资比重、商品市场活跃度、货运密度、城镇单位就业人员数、私营企业和个体就业人数、互联网普及率共 7 个指标。需要指出的是,由于我国目前并没有一个明确指标统计内资投资,因此本书是参考何洁(2015)的研究,结合已有的数据来源,利用〔(国家预算内基金 + 国内贷款 + 自筹资金)/全社会固定资产总投资〕来衡量内资投资比重的。

五是在开放经济支撑度这一维度,依据全面性与突出重点相结合、科学性与可行性相结合的原则,以测度经济发展水平为中心,经济为出发点和落脚点,选取了 GDP、人均 GDP、第二产业占 GDP 比重、第三产业占 GDP 比重、经济密度、地方财政收入、R&D 经费增长率这 7 个指标进行评价。

六是如今世界各地的经济联系日益频繁,各地之间的时间距离不断被缩短,具有良好通达性的地区往往更容易获得发展。西北内陆地区地理位置偏远,交通通达性较沿海地区偏差,与国内外经济市场联系不畅。地理位置的不便性更加突出了交通的重要性,交通、通信等基础设施已经成为西北内陆地区内陆开放型经济发展的制约因素。因此,在对开放基础支撑度方面进行评估时,选取了较多指标,并着重突出了交通和通信两方面的因素,包括高速公路密度、铁路密度、旅客周转量、客运量、信息传播便利度、信息交流活跃度、科研研发能力、互联网宽带接入端口 8 个评价指标。

二　数据处理与权重确定

为了消除不同的量纲和单位对评价结果的影响，对数据进行了以下处理。首先，对所有数据进行标准化处理，消除量纲。因为均值化方法可以有效保留各指标变异程度的信息，能有效避免主观因素对评价结果的影响。

将各个指标的数据进行标准化处理。

假设给定了 k 个指标 $X_1, X_2, \cdots, X_k$，其中 $X_i = \{x_1, x_2, \cdots, x_n\}$。假设对各指标数据标准化后的值为 $Y_1, Y_2, \cdots, Y_k$，那么

$$Y_{ij} = \frac{x_{ij} - \min(x_i)}{\max(x_i) - \min(x_i)}。$$

一般来说，某个指标的信息熵 E_j 越小，表明指标值的变异程度越大，提供的信息量越多，在综合评价中所能起到的作用也越大，其权重也就越大。相反，某个指标的信息熵 E_j 越大，表明指标值的变异程度越小，提供的信息量越少，在综合评价中所起到的作用也越小，其权重也就越小。

本文选取熵值法对指标的权重进行测算。根据各个指标数据之间的内在机理联系，通过数学方法计算得出权重，客观性较强。

根据信息论中信息熵的定义，一组数据的信息熵 $E_j = -\ln(n)^{-1} \sum_{i=1}^{n} p_{ij} \ln p_{ij}$。其中 $p_{ij} = Y_{ij} / \sum_{i=1}^{n} Y_{ij}$，如果 $p_{ij} = 0$，则定义 $p_n^{\lim} - 0 p_{ij} \ln p_{ij} = 0$。

根据信息熵的计算公式，计算出各个指标的信息熵为 $E_1, E_2, \cdots, E_k$。通过信息熵计算各指标的权重：$W_i = \frac{1 - E_i}{k - \sum E_i}$ $(i = 1, 2, \cdots, k)$。测算结果见表 4 - 2。

表 4 - 2　指标体系框架及指标权重

一级指标	二级指标	权重（Wi）
对外开放度 （0.502943）	外贸依存度（%）	0.004844
	外资投资比重（%）	0.102895
	国际旅游人数（百万人次）	0.162812
	国际旅游创收外汇（百万美元）	0.172865
	外商企业投资总额（亿美元）	0.059527
对内开放度 （0.100025）	内贸依存度（%）	0.002509
	内贸投资比重（%）	0.000013
	商品市场活跃度（%）	0.005097
	货运密度（亿吨公里/公里）	0.014200
	城镇单位就业人员数（万人）	0.045831
	私营企业和个体就业人数（万人）	0.031308
	互联网普及率（%）	0.001067
开放经济支撑度 （0.193073）	GDP（亿元）	0.045488
	人均 GDP（元）	0.003278
	第二产业占 GDP 比重（%）	0.000126
	第三产业占 GDP 比重（%）	0.000412
	经济密度（万元/km^2）	0.057528
	地方财政收入（亿元）	0.044591
	R&D 经费增长率（%）	0.041651
开放基础支撑度 （0.203958）	高速公路密度（km/km^2）	0.030978
	铁路密度（km/km^2）	0.027214
	旅客周转量（亿人公里）	0.040824
	客运量（万人）	0.052430
	信息传播便利度（部/人）	0.000344
	信息交流活跃度（万元/人）	0.001433
	科研研发能力（件/亿元）	0.005279
	互联网宽带接入端口（万个）	0.045456

第二节　评价结果分析

根据指标权重，测算各地区指标得分，测算结果如表 4 - 3 所示。

表4－3 2015年西北内陆省区开放型经济排名

城市	对外开放度	排名	对内开放度	排名	开放经济支撑度	排名	开放基础支撑度	排名	总得分	总排名
陕西	1.7750	1	0.1879	1	0.9617	1	0.4003	1	3.3249	1
甘肃	0.1090	2	0.1198	2	0.6677	3	0.2244	2	1.1209	2
青海	0.0765	3	0.0329	4	0.0375	4	0.0578	4	0.2046	4
宁夏	0.0513	4	0.0596	3	0.7168	2	0.1333	3	0.9610	3

注：①对外开放度得分为外贸依存度、外资投资比重、国际旅游人数、国际旅游创收外汇、外商企业投资总额这5个指标得分总和；②对内开放度得分为内贸依存度、内资投资比重、商品市场活跃度、货运密度、城镇单位就业人员数、私营企业和个体就业人数、互联网普及率这7个指标得分总和；③开放经济支撑度得分为GDP、人均GDP、第二产业占GDP比重、第三产业占GDP比重、经济密度、地方财政收入、R&D经费增长率这7个指标得分总和；④开放基础支撑度得分为高速公路密度、铁路密度、旅客周转量、客运量、信息传播便利度、信息交流活跃度、科研研发能力、互联网宽带接入端口这8个指标得分总和。

一　对外开放度分析

第一维度为对外开放度，共选取了五个指标进行研究。结果显示，陕西省开放经济支撑度总得分大幅度领先于其他三个省份，总得分由高到低依次为陕西1.7750、甘肃0.1090、青海0.0765、宁夏0.0513。

（一）横向比较

横向比较来看，陕西对外开放度全方位领先甘肃、青海、宁夏，以1.7750的对外开放度总得分力压甘肃的0.1090、青海的0.0765、宁夏的0.0513。具体指标层面看：一是外贸依存度得分由高到低排序依次为陕西、宁夏、甘肃、青海，其中陕西得分0.0066，分别是宁夏的1.32倍，甘肃的1.43倍，青海的2.13倍；二是外资投资比重方面，得分由高到低排序依次为陕西、甘肃、青海、宁夏，陕西得分0.3217，分别是甘肃的4.95倍，青海的14.36倍，宁夏的128.68倍；三是从国际旅游人数来看，得分由高到低依次是陕西、青海、甘肃、宁夏，陕西得分0.6175，分别是青海的41.72倍，甘肃的58.80倍，宁夏的73.51

倍；四是国际旅游创收外汇方面，得分由高到低依次是陕西、青海、宁夏、甘肃，陕西得分 0.6669，分别是青海的 51.70 倍，宁夏的 96.65 倍，甘肃的 141.89 倍；五是外商企业投资总额方面，得分由高到低排序依次为陕西、宁夏、甘肃、青海，陕西得分 0.1623，分别是宁夏的 5.73 倍，甘肃的 6.70 倍，青海的 6.97 倍（见表 4 - 4、图 4 - 1）。

表 4 - 4　西北内陆对外开放度得分

指标层	陕西	甘肃	青海	宁夏
外贸依存度	0.0066	0.0046	0.0031	0.0050
外资投资比重	0.3217	0.0650	0.0224	0.0025
国际旅游人数	0.6175	0.0105	0.0148	0.0084
国际旅游创收外汇	0.6669	0.0047	0.0129	0.0069
外商企业投资总额	0.1623	0.0242	0.0233	0.0283
对外开放度总得分	1.7750	0.1090	0.0765	0.0513

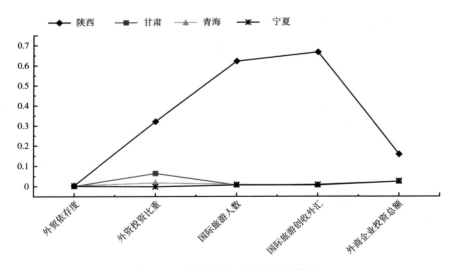

图 4 - 1　西北内陆对外开放度得分

总体来看，陕西省除了在外贸依存度方面领先优势较小外，其他四个方面都具有压倒性优势，尤其在国际旅游人数和国际旅游创收外汇收入方面，与其他三省区相比有数十倍甚至百倍的领先优势。究其原因，一方面是由于陕西省作为西部内陆地区的政治、经济、文化中心，积极搭建国际合作平台，开展高水平的技术和产业合作交流，加快融入全球创新网络，已经成为国际投资、国际旅游的目的地；另一方面，陕西省在"一带一路"和"西部大开发"等带动下，制定了一系列适合自身发展的招商引资政策，极大地提升了自身的吸引力。而其他三省区之所以与陕西省拉开巨大差距，除了先天优势不足外，主要还是由于自身的战略定位不明晰，政策虽然灵活，但是聚集效应不够明显，难以对外资形成引力。

（二）区域对比

陕西省的外贸依存度为 10.5400%，外资投资比重为 1.2320%。对外开放度反映的是进出口总额占当地 GDP 的比例，外资投资比重表示外资直接投资总额占全社会固定资产投资的比例，由表 4-5 可以看出，虽然陕西省的外贸依存度和外资投资比重在西北内陆四省区中较高，但是与东部沿海城市相比还存在不小差距，它们已经成为陕西省对外开放的短板；从国际旅游人数来看，陕西省 2015 年国际旅游人数达到 293 万人次，同时国际旅游创收外汇 20.0022 亿美元，说明陕西省旅游业发展势头较好；外商企业投资总额达到 516 亿美元（见表 4-5）。

表 4-5　西北内陆对外开放度情况

二级指标	陕西	甘肃	青海	宁夏
外贸依存度（%）	10.5400	7.2940	4.9850	7.9980
外资投资比重（%）	1.2320	0.2490	0.0860	0.0100
国际旅游人数（百万人次）	2.9300	0.05000	0.0700	0.0400
国际旅游创收外汇（百万美元）	2000.2200	14.1800	38.760	20.8400
外商企业投资总额（亿美元）	516.0000	77.0000	74.0000	90.0000

甘肃省的各评价指标与陕西省均存在巨大差距，尤其表现为外资投资比重0.2490%，国际旅游人数5万人次，国际旅游创收外汇1418万美元，外商企业投资77亿美元。甘肃省文化深厚，旅游资源丰富，虽然拥有由天水、平凉、兰州、武威、张掖、酒泉、嘉峪关、敦煌等中国优秀旅游城市构成的丝绸之路旅游线，但对国际游客的吸引力极其微弱，创造的外汇收入极低。通过研究发现，目前甘肃省的旅游产业政策虽然基本对接国家战略要求，为近几年甘肃旅游业的跨越式发展提供了支撑，但是主要集中在促进就业、增加旅游收入、加强旅游资源保护等领域，而缺少产业结构升级转型、技术创新、加强区域合作、投融资渠道多元化、企业组织结构优化等方面内容，应重点深化能够直接促进旅游业发展的相关政策①，迫切需要加强甘肃省旅游资源的宣传工作，打造国际旅游品牌，提高国际旅游知名度；思考如何贯彻落实"一带一路"和"西部大开发"带来的重大发展战略机遇，制定优惠政策，以提高自身的投资引力，吸引外商企业投资，带动地区发展。

青海省的外贸依存度4.9850%，在西北内陆四个省区中排名最低，说明青海省的进出口水平较低。主要原因是青海省的进出口主要依赖于硅铁产品的出口、氧化铝原材料的进口加工、机电设备进出口以及其他特色产业如地毯、羊绒、民族服饰等轻工业产品的出口，由于国家对生态环境的保护要求以及国外对于硅铁产品需求量的降低和国内其他省市氧化铝供应能力的持续提高，硅铁产品和氧化铝原材料的进出口量降低，同时其他轻工业的进出口量涨幅也不大，难以填补硅铁产品和氧化铝原材料进出口量降低产生的落差，致使青海省的进出口量降低，进而表现出外贸依存度不高。外资投资比重和外商企业投资在西北内陆省区中次低和最低，分别为0.0860%和74亿美元，说明青海省对外资的吸引力水平较低，因此还需要从提高自身吸引力上做文章。青海省位于青

---

① 窦雅丽：《甘肃省旅游产业发展政策研究》，西北师范大学硕士学位论文，2014。

藏高原，拥有多彩的、独特的民族风情文化，同时拥有风景秀丽的青海湖，旅游资源比较丰富，但是青海省 2015 年国际旅游人数只有 7 万人，国际旅游创收外汇也仅 3876 万美元，远远低于青海省的旅游资源丰富度所该有的效果，这与青海省的交通便利度较差、基础设施薄弱不无关系，所以青海省应该加强交通和基础设施的建设。

宁夏的对外开放度总得分最低，主要原因有两方面：一方面是对宁夏旅游资源宣传不够、开发不够，停留时间较短、基础设施不足等所导致的国际旅游人数和国际旅游创收外汇较少，仅为 4 万人和 2084 万美元；另一方面主要是宁夏对外吸引力过低，导致外资投资比重仅为 0.0100%，落后于其他三个省，外商企业投资总额为 90 亿美元，虽然较甘肃和青海有所提高，但仍远远落后于陕西省。在有限的旅游资源基础上，充分发挥宁夏的民风民俗文化特色，对于提升宁夏旅游业发展具有重要意义。同时，贯彻落实"西部大开发"以及"一带一路"倡议，因地制宜，因时制宜，制定适合宁夏地方特色的优惠政策，扩大开放，扩大招商引资，促进外商企业在宁夏的投资，提高外资投资比重，提高投资质量。宁夏的外贸依存度为 7.9980%，低于陕西，高于甘肃和青海，说明宁夏的进出口量相较于甘肃和青海略高，主要是由于宁夏进出口货物具有多样性，包含农副产品、轻纺产品等农业和轻工业产品，也包括冶金、机电等重工业产品。但是，它也存在一定的问题，即宁夏进出口产品大部分为低附加值产品，高端的产品较少，所以宁夏应该着重引进高新技术和先进理念，提高产品的附加值，进而使进出口贸易结构更加合理，价值更高，从而提高外贸依存度。

二　对内开放度分析

西北内陆城市与东南沿海城市在外贸依存度上相比具有先天劣势，对内开放是西北内陆城市开放的基础所在。

（一）横向比较

横向比较来看，陕西对内开放度以 0.1879 的总得分领先甘肃的 0.1198、宁夏的 0.0596、青海的 0.0329，居于第一位。其中具体指标层面，在商品市场活跃度、城镇单位就业人员数、私营企业和个体就业人数这三个层面陕西省居于首位，在内贸投资比重和互联网普及率方面青海省居于首位。一是陕西省商品市场活跃度得分为 0.0071，按得分由高到低依次是甘肃的 1.32 倍，宁夏的 1.59 倍，青海的 2.08 倍。二是陕西省的城镇单位就业人员得分为 0.1032，按得分由高到低依次为甘肃的 1.95 倍，宁夏的 7.00 倍，青海的 8.19 倍。三是陕西省的私营企业和个体就业人数得分为 0.0571，按得分由高到低依次为甘肃的 1.31 倍，宁夏的 3.55 倍，青海的 6.80 倍；四是在内贸依存度方面甘肃省居首位，得分为 0.0032。五是由于内贸投资比重在内陆开放型经济评价中权重仅为 0.000013，故西北内陆四省区在内贸投资比重方面得分均接近于 0，保留 6 位小数后，青海省、甘肃省的内贸投资比重得分为 0.000013。六是青海省的互联网普及率得分为 0.0012 最高。七是在货运密度方面宁夏居首位，得分为 0.0212（见表 4−6、图 4−2）。

表 4−6　西北内陆对内开放度得分

二级指标	陕西	甘肃	青海	宁夏
内贸依存度	0.0027	0.0032	0.0021	0.0020
内贸投资比重	0.000012	0.000013	0.000013	0.000012
商品市场活跃度	0.0071	0.0054	0.0034	0.0045
货运密度	0.0167	0.0138	0.0051	0.0212
城镇单位就业人员数	0.1032	0.0528	0.0126	0.0147
私营企业和个体就业人数	0.0571	0.0437	0.0084	0.0161
互联网普及率	0.0011	0.0009	0.0012	0.0011
对内开放度总得分	0.1879	0.1198	0.0329	0.0596

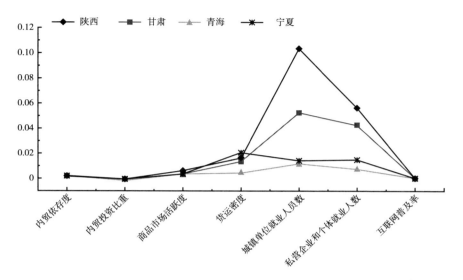

图 4 - 2 西北内陆对内开放度得分

总体而言，四个西部内陆省区的对内开放度得分都较低，相较于对外开放度得分，陕西和青海都有下降，陕西下降幅度尤甚，而甘肃和宁夏相较于对外开放度得分略有提升。一方面，说明西北内陆四省区产业结构层次和竞争力有待进一步加强，要加快建设创新型省区，充分释放科技资源优势，提高重大产业扶持政策与骨干优势产业的契合度，加快转型升级、抢占发展制高点；另一方面，西北内陆四省区要加大扶贫攻坚力度、推进中西部地区基础设施和生态环境建设等，从整体上提升民生福祉和支撑保障水平。

（二）分地区对比

陕西省的内贸依存度达到 36.5010%，商品市场活跃度为 0.1711%，表明陕西省全社会零售商品总额在地区 GDP 中所占比重较高，说明陕西省社会零售商品市场发展较好；内资投资比重达到 88.2990%，表明陕西省投资主要来源还是内资，对国际资本吸引力不足（"内资 = 国家预算内基金 + 国内贷款 + 自筹基金"）。陕西省货运密度为

0.0186 亿吨公里/公里，表明陕西省货物周转量较大；城镇单位就业人员数为 511.8 万人，私营企业和个体就业数达到 483.5 万人，陕西省 2015年人口总量较大，达到 3674 万人，经过计算，陕西省这两方面的就业比例之和在四个省区中居第二，达到 27.0900%；互联网普及率为 50.0000%，低于青海省，与东部沿海省份相比更低，陕西省要想建设对外开放高地，加强网络基础设施建设就显得十分必要（见表 4-7）。

表 4-7　西北内陆对内开放度情况

二级指标	陕西	甘肃	青海	宁夏
内贸依存度(%)	36.5010	42.8140	28.5890	27.1180
内贸投资比重(%)	88.2990	89.6320	91.2050	88.3880
商品市场活跃度(%)	0.1711	0.1300	0.0821	0.1074
货运密度(亿吨公里/公里)	0.0186	0.0154	0.0057	0.0236
城镇单位就业人员数(万人)	511.8000	261.8000	62.7000	73.1000
私营企业和个体就业人数(万人)	483.5000	370.3000	70.8000	136.0000
互联网普及率(%)	50.0000	38.8500	54.5000	49.3000

甘肃省的内贸依存度和商品市场活跃度分别达到 42.8140%、0.1300%，分别居西北内陆四省区第一和第二的位置，表明甘肃省的全社会零售商品总额在本地的经济活动总量中占有较大比重；内资投资比重 89.6320%，面临的问题与陕西省近似；货运密度 0.0154 亿吨公里/公里，说明甘肃省的货运密度相对来说较高，有必要加强地区道路系统建设，减轻货运压力；城镇单位就业人员数为 261.8 万人，私营企业和个体就业数达到 370.3 万人，甘肃省 2015 年人口总量达到 2593 万人，比例之和在四个省区中最低，仅为 24.3800%，因此甘肃省应该提升招商引资能力，创造就业岗位，促进就业率的提升；同时，甘肃省的互联网普及率也是四个省份中最低的，仅有 38.8500%，因而加速网络基础建设，对于提升甘肃省建设内陆开放型经济具有重要意义。

青海省的内贸依存度和商品市场活跃度分别达到 28.5890%、

0.0821%，均处于末位，表明青海省全社会零售商品市场不够活跃，青海省要想提升本地区的全社会零售市场活跃度，应注重结合地区特色，发展特色商品，发挥比较优势，抢占市场份额；青海省的内资投资比重达到91.2050%，是四个西北内陆省区中最高的，表明青海省的投资结构不合理，过分依赖内资，不利于内陆开放型经济的建设；货运密度0.0057亿吨公里/公里，表明青海省的货运能力极其薄弱，主要原因是青海省地处青藏高原，交通极为不便，铁路运输仅仅依靠青藏铁路，高速公路网稀疏，"要想富，先修路"，青海省应该加大在交通设施建设上的投入，以促进经济发展；城镇单位就业人员数为62.7万人，私营企业和个体就业数达到70.8万人，青海2015年人口总量达到529万人，比例之和为25.2400%，仅略高于甘肃；互联网普及率达到54.5000%，在四个西北内陆省区中最高，但是与东中部地区依旧存在较大差距。

宁夏内贸依存度和商品市场活跃度分别达到27.1180%、0.1074%，分别居西北内陆四省区第四和第三的位置，表明宁夏的全社会零售商品总额在本地的经济活动总量中占比较小；内资投资比重88.3880%，比例较高；货运密度0.0236亿吨公里/公里，居首位，说明宁夏的货运能力较强；城镇单位就业人员数为73.1万人，私营企业和个体就业数达到136万人，宁夏2015年人口总量达到572万人，比例之和在四个省区中最高，达到36.5600%；互联网普及率高于甘肃省，但与青海省仍存在5.2个百分点的差距，为49.3000%，有必要加强网络基础设施建设。

三　开放经济支撑度分析

第三维度为开放经济支撑度，共选取了七个指标进行研究。结果显示，陕西省开放经济支撑度总得分领先于其他三个省区，总得分由高到低依次为陕西0.9617分、宁夏0.7168分、甘肃0.6677分、青海0.0375分。

（一）横向比较

从开放经济支撑度具体指标层面来看，陕西省在 GDP、人均 GDP、第二产业占 GDP 比重、经济密度、地方财政收入这五个方面领先于其他三个省区。一是陕西省 GDP 指标层面得分为 0.1088，其余由高到低依次为甘肃、宁夏、青海，得分分别为 0.0410、0.0176、0.0146；二是人均 GDP 方面，陕西得分最高为 0.0039 分，其余由高到低依次为宁夏、青海、甘肃；三是第二产业占 GDP 比重陕西得分最高为 0.0014，其余由高到低依次为青海、宁夏、甘肃；四是经济密度方面，陕西得分最高为 0.1347 分，其余由高到低分别为宁夏、甘肃、青海；五是陕西省地方财政收入得分最高为 0.1067，其余由高到低依次为甘肃、宁夏、青海；六是 R&D 经费增长率方面，得分由高到低依次为宁夏 0.6084、陕西 0.6072、甘肃 0.5625，由于青海省 2015 年 R&D 经费低于 2014 年，呈现负增长，故将青海省 R&D 经费增长率得分记作 0；七是甘肃省的第三产业占 GDP 比重得分在四个省区中最高，为 0.0046 分，其余由高到低依次为宁夏、青海、陕西（见表 4 - 8、图 4 - 3）。

表 4 - 8　西北内陆开放型经济支撑度得分

二级指标	陕西	甘肃	青海	宁夏
GDP	0.1088	0.0410	0.0146	0.0176
人均 GDP	0.0039	0.0022	0.0034	0.0036
第二产业占 GDP 比重	0.0014	0.0010	0.0013	0.0012
第三产业占 GDP 比重	0.0038	0.0046	0.0039	0.0041
经济密度	0.1347	0.0005	0.0051	0.0674
地方财政收入	0.1067	0.0385	0.0138	0.0193
R&D 经费增长率	0.6072	0.5625	0.0000	0.6084
开放经济支撑度总得分	0.9617	0.6677	0.0375	0.7168

总体来看，在开放经济支撑度方面，陕西省表现最好，青海省表现最差，宁夏和甘肃表现中规中矩。进一步分析，陕西省表现良好主要是

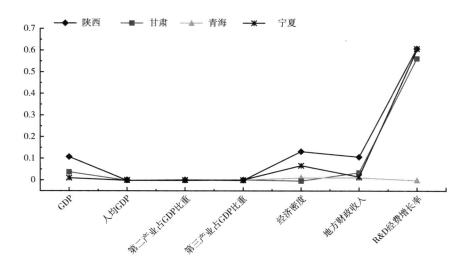

图 4 - 3 西北内陆开放经济支撑度得分

由于其在西北内陆地区扮演经济中心的角色，经济发展势头较好，以自身的优势吸引了大批东部向外转移的产业和技术，对自身经济发展起到了极大的带动作用。反观青海省，2015 年减少了 R&D 经费的投入，在一定程度上就抑制了技术引进、技术创新，而如今社会经济发展的最大动力来源于技术，故青海省 R&D 经费的减少势必影响开放经济支撑度。同样，甘肃和宁夏注重对 R&D 经费的投入，在很大程度上缩小了与陕西省在开放经济支撑度这一维度上的差距。

（二）分地区对比

陕西省 2015 年 GDP 达到 18021.86 亿元，人均 GDP 达到 47626 元，经济密度达到 876.5496 万元/平方千米，在西北内陆四个省区中处于领先位置，说明陕西省土地集约利用效益较高，经济体量较大，这确立了其西北内陆省区的经济中心地位；第二产业占 GDP 比重和第三产业占GDP 比重分别达到了 50.3950% 和 40.7400%，分析可知，陕西省近年来产业结构逐步趋于合理，第二产业的比重近年来略有下降，第三产业比重稳步提升，助推了陕西省继续发挥技术优势，进一步提升第三产业的数量和质量；地方财政收入达到 2059.95 亿元，使陕西可以投入更多的资金到基础设施建设与技术创新等方面；2015 年陕西省 R&D 经费达到 1725829 万元，有利于扩大陕西省的技术储备，提高发展质量（见表 4 – 9）。

表 4 – 9　西北内陆开放型经济支撑度情况

二级指标	陕西	甘肃	青海	宁夏
GDP（亿元）	18021.8600	6790.3200	2417.0500	2911.7700
人均 GDP（元）	47626.0000	26165.0000	41252.0000	43805.0000
第二产业占 GDP 比重（%）	50.3950	36.7400	49.9500	47.3800
第三产业占 GDP 比重（%）	40.7400	49.2090	41.4060	44.4540
经济密度（万元/平方千米）	876.5496	149.4348	33.4600	438.5200
地方财政收入（亿元）	2059.9500	743.8600	267.1300	373.4500
R&D 经费增长率（%）	7.3980	4.6650	– 29.7200	7.4710

甘肃省 2015 年 GDP 达到 6790.32 亿元，人均 GDP 达到 26165 元，经济密度达到 149.4348 万元/平方千米，与陕西省相比存在巨大差距；第二产业占 GDP 比重和第三产业占 GDP 比重分别达到了 36.7400% 和 49.2090%，是四个西北内陆省区中唯一第三产业比重超过第二产业比重的省份；地方财政收入达到 743.86 亿元，相对于陕西较少；2015 年甘肃的 R&D 经费投入为 486077 万元，与陕西省存在较大差距，甘肃省要想促进产业升级，势必要加大 R&D 经费投入，以提高技术水平。

青海省 2015 年的 GDP 达到 2417.05 亿元，人均 GDP 达到 41252 元，经济密度达到 267.13 万元/平方千米，由于青海省与陕西和甘肃省人口数量有较大差距，因此人均 GDP 具有更大的参考意义，可以看出，虽然青海省的人均 GDP 与陕西省有 6374 元的差距，但是考虑到青海省地处高原，矿产资源等相对于陕西省存在先天差距，人均 GDP 41252 元已经相当不错，同时，由于青海省面积居全国第四，达到 72.23 万平方公里，故经济密度相对较低；第二产业占 GDP 比重和第三产业占 GDP

比重分别达到了 49.9500% 和 41.4060%，应逐步降低第二产业比重，提升第三产业比重；地方财政收入达到 267.13 亿元，在四个省区中最少；2015 年青海省的 R&D 经费投入为 65029 万元，较 2014 年 R&D 经费增长率为 -29.7200%，是四个西北内陆省区中唯一 R&D 经费不增反降的省份，这对于青海省的地区发展极为不利，因此政府应该制定相应的政策，鼓励企业加大技术引进与创新。

宁夏 2015 年的 GDP 达到 2911.77 亿元，人均 GDP 达到 43805 元，经济密度达到 438.52 万元/平方千米，宁夏人均 GDP 在西北内陆四省区中位列第二，表现良好，同时由于宁夏面积只有 6.64 万平方公里，故经济密度相对较高；宁夏第二产业占 GDP 比重和第三产业占 GDP 比重分别达到了 47.3800% 和 44.4540%，在产业升级、经济结构优化升级的大背景下，宁夏应强化本地特色产业，譬如中药材加工、农产品及纺织服饰加工制造等，同时引进新技术，与传统特色产业相结合，将劳动密集型产业中的劳动力置换出来，投入高附加值的第三产业中，创造更大的价值；地方财政收入达到 373.45 亿元，高于青海省；2015 年宁夏的 R&D 经费投入为 200453 万元，与 2014 年相比较增长 7.4710%，在四个西北内陆省区中居最高，显示技术储备将提升宁夏的内陆开放型经济发展潜力。

四　开放基础支撑度分析

第四维度为开放基础支撑度，共选取了八个指标进行研究。数据显示，陕西省开放经济支撑度总得分仍数倍于其他三个省区，总得分由高到低依次为陕西 0.4003、甘肃 0.2244、宁夏 0.1333、青海 0.0578。

（一）横向比较

八个评价指标中，陕西省在高速公路密度、铁路密度、旅客周转量、客运量、信息传播便利度、科研研发能力、互联网宽带接入端口这 7 个方面均稳居第一。一是陕西省的高速公路密度得分为 0.0518，其余由高到低依次是宁夏、甘肃、青海；二是陕西省铁路密度得分为 0.0451，其余由高到低依次是宁夏、甘肃、青海；三是陕西省旅客周转量得分为 0.0768，其余由高到低依次为甘肃、青海、宁夏；四是客运量方面陕西得分为 0.1169，其余由高到低依次是甘肃、宁夏、青海；五是信息传播便利度方面陕西省得分为 0.0037，其余由高到低依次为宁夏、青海、甘肃；六是科研研发能力方面陕西得分为 0.0066，其余由高到低依次为青海、甘肃、宁夏；七是陕西省互联网宽带接入端口方面得分为 0.1011，其余由高到低依次为甘肃、青海、宁夏；八是在信息交流活跃度方面，宁夏位列首位，得分为 0.0016，其余依次是陕西、青海、甘肃（见表 4 - 10、图 4 - 4）。

表 4 - 10　西北内陆开放基础支撑度得分

二级指标	陕西	甘肃	青海	宁夏
高速公路密度	0.0518	0.0163	0.0077	0.0481
铁路密度	0.0451	0.0174	0.0067	0.0396
旅客周转量	0.0768	0.0627	0.0121	0.0117
客运量	0.1169	0.0679	0.0094	0.0156
信息传播便利度	0.0037	0.0030	0.0034	0.0035
信息交流活跃度	0.0016	0.0011	0.0014	0.0016
科研研发能力	0.0066	0.0049	0.0064	0.0032
互联网宽带接入端口	0.1011	0.0539	0.0137	0.0132
开放基础支撑度总得分	0.4003	0.2244	0.0578	0.1333

开放经济支撑度主要反映的内容是地区基础设施建设水平，而基础设施建设的水准是影响当地经济发展的重要因素。对比发现，陕西省的开放经济支撑度遥遥领先于其他三省区，而青海省与其他三省区之间依旧存在巨大差距。陕西省依靠其在交通、网络、信息、科研等方面的优势，承接了大量东部向外转移的产业，同时自身的资源优势也依靠发达的交通网络和科研优势得以发挥。而青海省基础设施极其薄弱，交通不便，弱化了其对外经济联系，使自身的资源优势难以发挥。

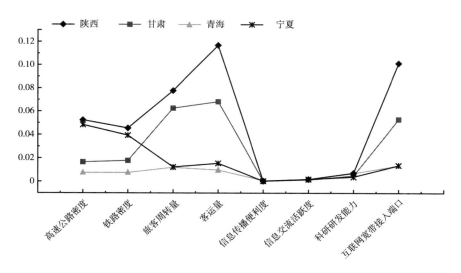

图 4 - 4　西北内陆开放基础支撑度得分

（二）分地区对比

陕西省的高速公路密度和铁路密度分别达到 0.0248km/km²、0.0221km/km²，旅客周转量和客运量分别达到 758.3 亿人公里、69680 万人，在西北内陆四省区中居于首位，说明陕西省的交通网络在西北内陆地区相对发达，但是，也应认清其与中东部相比，需要进一步提高交通网络密度，缩小与中东部地区差异；信息交流便利度为1.1311 部/人，即平均每人拥有 1.1311 部固定和移动电话，信息交流活跃度为 0.2006 万元/人，即平均每人的邮电业务总量达到 2006 元，并且陕西省 2015 年拥有互联网宽带接入端口 1539.3 万个，人均接入端口 0.419 个，综合来看，陕西省的信息网络较为发达；陕西省 2015年科研研发能力为 193.2405 件/亿元，即每亿元的 R&D 经费投入会产生 193.2405 件发明专利授权，科技水平在西北内陆四省区中最高，表明陕西省经过持续的科研投入，将具备更大的发展潜力（见表4 -11）。

表 4 - 11   西北内陆开放基础支撑度情况

二级指标	陕西	甘肃	青海	宁夏
高速公路密度（km/km²）	0.0248	0.0078	0.0037	0.0230
铁路密度（km/km²）	0.0221	0.0085	0.0033	0.0194
旅客周转量（亿人公里）	758.3000	619.6500	119.1800	115.5200
客运量（万人）	69680.0000	40453.0000	5602.0000	9300.0000
信息传播便利度（部/人）	1.1311	0.9351	1.0566	1.0793
信息交流活跃度（万元/人）	0.2006	0.1406	0.1792	0.2027
科研研发能力（件/亿元）	193.2405	142.1997	187.1473	93.0393
互联网宽带接入端口（万个）	1539.3000	820.5000	208.1000	200.8000

甘肃省的高速公路密度和铁路密度分别达到 0.0078km/km²、0.0085km/km²，旅客周转量和客运量分别达到 619.65 亿人公里、40453 万人，综合这四方面看，甘肃省的交通网络建设与陕西省仍存在不小差距，这在一定程度上解释了甘肃省经济发展滞后于陕西省的原因，因此，甘肃省要想确立在西北内陆地区的经济地位，缩小与陕西省的差距，必须加强交通网络的建设；信息交流便利度为 0.9351 部/人，即平均每人拥有 0.9351 部固定和移动电话，信息交流活跃度为 0.1406 万元/人，即平均每人的邮电业务总量达到 1406 元，并且甘肃省 2015 年拥有互联网宽带接入端口 820.5 万个，分析可知，甘肃省信息网络比较落后，人均不足一部固定和移动电话，人均邮电业务总量与其他三省区差距显著，虽然互联网宽带接入端口数量排名第二，但是甘肃省人口数量远超青海、宁夏两省区，人均接入端口数量仅为 0.316 个，低于其他三省区，这表明甘肃省在信息网络建设上应该投入更大，强化信息网络硬件建设，提高信息网络联系便利度，提高对甘肃省经济发展的支撑力度；甘肃省 2015 年科研研发能力为 142.1997 件/亿元，落后于陕西和青海两省，在西北内陆地区暂不具备科技优势，在当前科技时代的大背景下，甘肃省应该着重考虑如何提升科技水平，依靠科技推动当地传统主导产业，如能源产业、装备制造业、农副产业等的发展，促进产业转

型与升级。

青海省的高速公路密度和铁路密度仅分别为 0.0037km/km²、0.0033km/km²，旅客周转量和客运量仅分别为 119.18 亿人公里、5602 万人，综合比较，与其他三省区具有明显差距，交通网络的落后，与其他地区、国家难以进行便捷联系，极大地抑制了青海省经济的发展。面对这一问题，青海省应紧紧抓住"西部大开发"和"一带一路"的重大机遇，强化路网建设，继而从交通运输方面提升青海省的传统能源产业和新兴能源产业以及虫草产业、藏药产业、民族服饰产业、枸杞产业的竞争力。信息交流便利度为 1.0566 部/人，即平均每人拥有 1.0566 部固定和移动电话，信息交流活跃度为 0.1792 万元/人，即平均每人的邮电业务总量达到 1792 元，并且青海省 2015 年拥有互联网宽带接入端口 208.1 万个，人均接入端口 0.393 个，综合来看，青海省的信息网络建设滞后于陕西，有待进一步加强；青海省 2015 年科研研发能力为 187.1473 件/亿元，虽然与西部科技大省陕西差距仅为 6.0932 件/亿元，但是青海省的 R&D 经费总量远远低于其他三省区，因此综合分析，青海省的科技水平仍较低，要逐步提高 R&D 经费投入，提升科学技术储备。

宁夏的高速公路密度和铁路密度分别达到 0.0230km/km²、0.0194km/km²，旅客周转量和客运量分别达到 115.52 亿人公里、9300 万人，交通网络密度总体较好，但是根据实际情况，宁南交通网络与宁北相比较差，造成宁夏经济发展不平衡，故宁夏应加强宁南地区的道路设施建设；信息交流便利度为 1.0793 部/人，即平均每人拥有 1.0793 部固定和移动电话，信息交流活跃度为 0.2027 万元/人，即平均每人的邮电业务总量达到 2027 元，2015 年拥有互联网宽带接入端口 200.8 万个，人均接入端口 0.351 个，综合来看，宁夏的信息网络建设良好；宁夏 2015 年科研研发能力为 93.0393 件/亿元，远远落后于其他三个省份，说明宁夏的科技水平较低，这不利于宁夏承接东部的产业转移，宁夏应该从政策制定、制度建立等方面加强科研研发能力，提高科技水平，促进经济发展。

五　总体评价分析与建议

西北内陆地区地形起伏较大，多山地高原，不沿边，不靠海，交通不便，地区经济发展相对滞后，对于其开展内陆开放型经济研究要考虑地域特殊性。对西北内陆地区开展内陆开放型经济评价，对于西北内陆经济发展有重要促进意义，有利于缩小其与东南沿海地区的经济差距，改善中国经济发展的不平衡性。

综上，内陆开放型经济的总得分由高到低依次为陕西、甘肃、宁夏、青海。其中，陕西总得分遥遥领先于其他三个省区，为 3.3249 分，甘肃总得分 1.1209 分，宁夏总得分 0.9610 分，青海总得分 0.2046 分。

陕西省开放型经济水平最高，主要是因为陕西省在"十三五"规划中制定了建设内陆改革开放新高地战略，加快推进新一轮的科技革命和产业变革，随着国家"一带一路"倡议的深入实施以及创新型省份和自贸试验区的加速建设，陕西省诸多领域发展被纳入国家战略，将具有多重政策叠加利好。陕西省经济增长保持强劲势头，经济结构调整步伐加快，内生活力不断释放，制约经济社会发展的深层次体制机制问题逐步突破，为陕西省建设西北内陆改革开放新高地提供了有力支撑，但与中东部相比也存在较大的差距，仍需要进一步提高交通网络密度，缩小与中东部地区差异。甘肃省的开放型经济水平位居西北内陆四省区第二，但是与第一名的陕西省仍存在质的差距，主要是甘肃省产业经济增长优势仍然以重工业为主，产业多样性严重不足，资源型产业横向联系较少，主导产业拉动作用不突出，支柱产业缺乏，受环境保护的限制，一些重工业企业技术改造滞后，存在被划分到淘汰落后产能的行列。同时，甘肃省基础设施和生态环境建设也面临不少瓶颈，懂外贸、懂报关的高精尖和实用型人才缺乏，难引进和留不住的问题比较突出。宁夏内陆开放型经济水平低于陕西省和甘肃省，是由于其地域跨度狭小、占地面积不大，地理位置较为偏远，对外交通不畅和水资源短缺的瓶颈依然存在，造成交通物流成本较高，难以吸引东部发达地区向外转移的产业。资源禀赋虽然有一定的特色，但地域面积较小，产品的产量不足制约了其优势的发挥，导致特色产业市场竞争优势不明显。同时，也存在部分工业产能过剩、开放型经济薄弱、内陆开放体制机制尚未完全形成等制约因素。青海省开放型经济水平远远低于其他三省区，主要是由于青海省地处青藏高原，位置偏远，气候寒冷，交通基础薄弱、运距长、成本高，经济"走出去"难，"引进来"更难，缺乏吸引内外资的优势条件，原有产业也存在结构层次不高、竞争力不强等问题。

通过对评价结果分析后建议：一是从西北内陆四个省区对内开放度得分较低的共性问题出发，要加快创新型省区建设，在当前科技时代的大背景下，从政策制定、制度建立等方面加强科技研发能力，逐步提高R&D经费投入，提高科技水平，提升科学技术储备，尤其要加强企业科技创新的研发力度，提高重大产业扶持政策与骨干优势产业的契合度，依靠科技促进当地传统主导产业，如能源产业、装备制造业、农副产业等产业转型与升级，增强内陆地区开放型经济发展水平的提升。二是四省区多数地区为民族地区、革命老区、贫困山区，就要加大西北内陆四省区扶贫攻坚力度，中央财政要加大对该地区的资金转移支付力度。三是在"一带一路"倡议下，要推进西北内陆开放型经济的发展，就要推进内陆四省区基础设施互联互通建设，尤其要加快公路、铁路、机场、通信等基础设施建设，加快宁夏通高铁的推进力度与和中央财政资金支持力度，改变宁夏和西藏高铁建设缓慢的局面。同时，要下大力气解决省区内部与省区之间的"断头路"问题，首要任务是完善各省区内部互联互通开放基础建设，其次要加强省际互联互通共建共创共享开放建设，包括西北内陆省区之间、与沿边沿海地区间、与中部西部地区间的互通互联对接建设与项目合作，还要加强与国家间的互联互通建设与合作，通过充分利用"两个市场"和"两种资源"，营造畅通的内陆互联互通交通运输保障通道与网上丝绸之路信息化通道建设，推进西北内陆地区开放型经济的可持续发展。四是加强内陆四省区合作机制建设，在内陆开放的第一个层面要注重与省内、省际、跨国交流与合作。西北内陆四省区要完善"陕宁甘青"毗邻地区协同发展机制，推动基础设施共建、产业发展联动、生态环境共治、公共服务共享。还要加强与"蒙新云成渝贵"等西部省区市合作，加强与京津冀、长三角、珠三角及中部地区的合作。在内陆开放的第二个层面要缩小区间差距、减少经济壁垒，建立强大的内需"供应链"与"互补链"，更加重视国内市场的培育和资源、商品、市场的"配备与整合"。要实施"引进来"和"走出去"战略。在"引进来"方面，通过共建共享、入股投资、注资等形式吸引国际投资集团、外商企业到内陆地区开发建设。

第五章 "一带一路"倡议下西北内陆基础设施互联互通机制构建

任何一个区域的发展向来不是孤立的,人口、物质、文化、资本、信息等区域发展要素的跨区域交流为区域发展注入动力和活力。交通基础设施是实现区域内部和区域之间人口、物质、文化、资本、信息等要素流动和交换的基础和重要保障,基础设施的建设水平关乎区域发展的速度、质量和水平。因此要加快完善区域基础设施建设,充分发挥其服务能力和正面效益。

陕西、甘肃、青海、宁夏四省区地处中国西北内陆,北靠内蒙古,东邻山西、河南、湖北,南接重庆、四川,西通新疆、西藏,地理区位十分重要,是中国西北地区重要的经济中心及交通枢纽,也是沟通广大中东部地区、西南地区乃至中亚、西亚及欧洲的桥头堡和必经之路。西北内陆地区地大物博、资源丰富,但受到资源环境脆弱、基础设施相对落后等条件限制而长久以来处于相对落后状态。

基于此,本章着眼于西北内陆省区基础设施建设现状,深入剖析其在"一带一路"背景下面临的机遇和挑战,以期为西北内陆基础设施的互联互通和区域发展贡献力量。

第一节 对内对外陆路互联互通建设

2013 年 9 月和 10 月,习近平主席在出访中亚和东南亚国家期间,先后提出共建"丝绸之路经济带"和"21世纪海上丝绸之路"（简称"一带一路"）的重大倡议，得到国际社会的高度关注。"一带一路"的宏伟构想为西北内陆省区带来新的发展机遇，加强省区之间及西北内陆与外界基础设施的互联互通与交流合作，必将为西北内陆发展注入新的活力。

一 "省区内"公路规模与"出省"通道建设

公路布局会受到自然地理环境、人口分布、经济发展水平等各方面要素的影响。陕西、甘肃、宁夏、青海地处西北内陆，环境相对脆弱，人口密度相对较小，发展相对迟缓，公路线路数量及路网密度低于中东部地区，但高于新疆、西藏、内蒙古等省区，总体处于中等偏下水平（见表5-1）。

表5-1 陕西、甘肃、青海、宁夏公路里程对比

省份	行政面积（万平方公里）	公路里程（公里）	等级公路（公里）	等级公路（公里）			等外公路（公里）
				高速公路	一级公路	二级公路	
陕西	20.58	170069	153845	5094	1260	8523	16224
甘肃	45.37	140052	120447	3522	368	7928	19604
青海	72.10	75593	64640	2662	460	6985	10952
宁夏	6.64	33240	33045	1527	1637	3411	195
全国平均	—	147654.7	130525.5	3984.613	3032.133	11626.13	18964.46

资料来源：《中国统计年鉴（2016）》。

从表5-1可以看出，陕西省的公路总里程、等级公路和高速公路里程均高于全国平均水平，而一级公路、二级公路和等外公路里程低于全国平均水平，这说明陕西省公路基础设施建设情况总体较好，然而也存在公路级别结构失衡的问题。这也许可以在一定程度上解释西北内陆地区经济发展相对落后的原因。因此，要提高西北内陆地区在全国范围内的经济地位，缩小其与广大中东部地区的差距，就必须全面提升公路

基础设施建设水平，而陕西省的重点任务在于维持存量、谋求增量和优化结构并举。

不同于陕西省的情况，除甘肃省等外公路里程略高于全国平均水平，青海、宁夏的公路总里程及各类公路里程均低于全国平均水平，这直观说明其公路基础设施建设情况与全国大部分地区尚存在较大差距。相比较而言，甘肃的各项指标略低于陕西省而高于青海和宁夏，说明其在西北内陆尚具有一定的公路基础设施的比较优势。然而，甘肃省公路建设的最大问题在于高等级公路的严重缺乏，一级公路里程甚至严重落后于行政面积较小的宁夏，甘肃省应该大力投入高等级公路建设，优化公路结构。青海、宁夏的公路总里程、等级公路及等外公路里程均低于陕西、甘肃，而青海的行政面积远大于宁夏，说明青海省的公路建设水平亟待提高。宁夏回族自治区高速公路里程、一级公路里程相对较长，说明其公路结构较为合理。

中国的公路系统分为首都放射线、东西向联系线路和南北向联系线路，各类公路系统纵横交织，共同构成联系全国的公路网络骨架。

陕西、甘肃、青海、宁夏地处西北内陆，独特的交通区位使其肩负起连接中东部地区与西部地区、西北地区与西南地区的重要使命，具有"坐中四联"的美誉。省会城市及省（自治区）内重要城市构成交通枢纽，纵横交织的公路线路联通、贯穿，构成区域公路网络系统。西北内陆省区主要过境公路有 G025 丹拉线、G045 连霍线、G108 京昆线、G109 京拉线、G110 京银线、G210 包南线、G211 银西线、G212 兰渝路、G213 兰磨线、G214 西景线、G215 红格线、G227 西张线、G307 岐银线、G309 荣兰线、G310 连天线、G312 沪霍线、G315 西喀线、G316 福兰线等。

西北内陆省区主要过境高速公路有：G5 京昆高速 2865 公里（北京—保定—石家庄—太原—临汾—西安—汉中—广元—绵阳—成都—雅安—西昌—攀枝花—昆明）；G6 京藏高速 3710 公里（北京—张家口—

集宁—呼和浩特—包头—临河—乌海—银川—中宁—白银—兰州—西宁—格尔木—拉萨）；G65 包茂高速 3130 公里（包头—鄂尔多斯—榆林—延安—铜川—西安—安康—达州—重庆—黔江—吉首—怀化—桂林—梧州—茂名）；G75 兰海高速 2570 公里（兰州—广元—南充—重庆—遵义—贵阳—麻江—都匀—河池—南宁—钦州—北海—湛江—海口）；G20 青银高速 1600 公里（青岛—潍坊—淄博—济南—石家庄—太原—离石—靖边—定边—银川）；G22 青兰高速 1795 公里（青岛—莱芜—泰安—聊城—邯郸—长治—临汾—富县—庆阳—平凉—定西—兰州）；G30 连霍高速 4280 公里（连云港—徐州—商丘—开封—郑州—洛阳—西安—宝鸡—天水—兰州—武威—嘉峪关—哈密—吐鲁番—乌鲁木齐—奎屯—霍尔果斯）；G3011 柳格高速（柳园—敦煌—格尔木）；G40 沪陕高速 1490 公里（上海—崇明—南通—扬州—南京—合肥—六安—信阳—南阳—商州—西安）；G70 福银高速 2485 公里（福州—南平—南城—南昌—九江—黄梅—黄石—武汉—孝感—襄樊—十堰—商州—西安—平凉—中宁—银川）；G2012 定武高速（定边—中宁—武威）；7011 十天高速（十堰—天水）。

可以看出，陕西省位于甘肃、青海、宁夏的最东边，是沟通西北及中东部地区的"桥头堡"，陕西的公路网络总体上以省会西安为交通枢纽，各线路交错纵横形成几个次级枢纽，直通重庆、四川、山西、河南、湖北、甘肃、宁夏、内蒙古等邻接省区市。陕西省过境公路主要有京昆线，促进首都与大西南的联系；境内东西向线路有连霍线、岐银线、荣兰线、连天线等与过境东西向沪霍线、福兰线等线路，实现西北地区与北京、上海、福州、济南、石家庄、连云港等中东部城市的公路互联互通；同时，陕西还是联通西北与西南的重要区域，包南线、212国道、213国道等南北向线路经由陕西过境南下，延伸至云南、贵州等西南地区；109国道、316国道等线路由此过境，经由321国道、连霍线等东西向线路直通甘肃、宁夏、新疆；经由重庆、四川、青海等地直达西藏。总之，各条线路经由陕西可到达西北、西南等地。

甘肃省公路网络以省会兰州市为中心，大体上呈"单中心、放射状"形态。过境的主要线路有京拉线、沪霍线、连霍线、荣兰线、福兰线、西张线等东西向线路和兰渝线、银西线、红格线、兰磨线等南北向线路。甘肃是深入西北地区的必经之地，在全国公路网络中具有重要位置，经由内蒙古、宁夏、陕西、重庆、四川、青海入境的各条公路线路可沿着河西走廊深入新疆；另外，放射状的公路网络不仅能够连接甘肃与周围省份，也能经由它们实现西北、西南、东北、东南的联通。总之，甘肃省位于西北内陆，枢纽功能和通道功能是甘肃省公路网络的主要职能。

青海省地域辽阔，过境公路线路较少，主要有京拉线、丹拉线、红格线、西张线、西喀线、西景线等。青海省公路线路以省会西宁为中心，路网走向以东西向为主。公路线路大致有四个方向：西宁向东进入甘肃境内，经由陕西等省份连接广大中东部地区（含西南）；315国道向西延伸，后分成南北两路分别从青海和甘肃进入新疆；109国道一路向西南延伸，进入西藏境内，最终抵达拉萨；214国道经由西藏东部进入云南境内，最终抵达西双版纳景洪。总之，青海是进入南疆和西藏的重要通道，对西北与西藏、云南的连接十分重要。

宁夏位于陕西、甘肃、内蒙古三省区交界处，虽面积较小，但位置十分重要。宁夏公路线路较少，过境公路主要有京拉线、沪霍线、荣兰线、银西线、岐银线，东西、南北两大主要线路在银川"十字交叉"，总体呈中心放射状。宁夏是109国道的必经之路，也因特殊的地理区位成为内蒙古南向联系的重要通道之一，也可经由陕北地区进行东向联系。

二　西北内陆省区铁路建设

（一）西北内陆省区铁路建设

西北内陆地区区位十分重要，是联系中国西北地区与广大中东部地区、西南地区、西北地区的重要区域性铁路交通枢纽。

陕西省位于西北内陆省区最东面，是联系中东部地区及西北地区的门户，受甘肃地形的影响，也成为联系西南的重要过境通道。铁路网络纵横交织，不仅对西北地区的发展做出了重大贡献，也是国家实现区域均衡发展的重要保障，同时，区域自然环境及社会经济发展的差异，形成了疏密各异、形态各异的路网格局，路网之间协调分工，承担不同的交通职能。

陕西省内铁路线路大致以省会西安为中心呈"中心放射状"布局，又呈现"南多北少、南密北疏"的区域差异性特征，多条线路在西安交汇中转，实现省内各子区域的联系。其中，包西（包头—西安）铁路作为境内唯一南北向的铁路动脉，直接联系省会西安及关中陕北地区。相较而言，在陕南地区，铁路线路较多，区域联系较为便捷。

陕西省对外联系的铁路线路较多，大致呈现为以省会西安为中心的放射状，直接联系相邻省区，融入全国性路网后与全国大部分地区实现铁路联系。过境的东西向线路主要是陇海线，这条线路东起江苏连云港，西达甘肃兰州（在兰州与兰新线相接），是贯穿祖国东西的铁路大动脉之一。借由陇海线，陕西省实现省内与山西、河南、山东、甘肃、新疆等沿线省区的联系。另外，太中线北中段、阳安线（阳平关—安康）等线路对于补充跨省联系、加强省内各区域之间的联系起到了一定作用；陕西省的北向联系路线主要是包西线（包头—西安），这条铁路北起内蒙古包头，南至西安，不仅是陕西省直接联系内蒙古的唯一铁路通道，也是联系陕南、关中、陕北的重要铁路通道，对于陕西省来说，具有"联系外省（区）、贯穿（省内）南北"的双重意义；宁西线、南同蒲线、西康线等对外线路也是陕西省对外联系和内部区域之间串联的重要通道。另外，位于陕西省西南部的宝鸡是陇海线、宝成线、宝中线上的重要节点，虽偏居一隅但对于陕西省向西北、西南联系起到了不可或缺的作用。

　　甘肃省位于西北内陆中西部，是联系西北内陆各省区的重要枢纽，同时，由于其独特的狭长行政地域，加之复杂的地形影响，也成为联系西北（尤其新疆）与中东部地区、西南地区的重要通道。甘肃省地形复杂、气候分异明显，城市较为分散。铁路大致呈"树枝状"分布，以陇海兰新线为主干贯穿陇南、陇中、河西走廊等地理子区，又经敦煌线、嘉镜线、干武线、红会线等支线连接敦煌、嘉峪关、武威、会宁等区域主要城市。

　　甘肃省对外联系铁路线路主要以省会兰州为中心，经不同地点出入境，从不同方向联系祖国西北、西南及广大中东部地区。具体而言，陇海兰新线贯穿省内，经河西走廊进入新疆，抵达乌鲁木齐后大致分为南北两支：北线（兰新线西段）又分为奎北线、精霍线等支线，连接北疆主要城市，而南疆线、喀什线成为南疆主要的铁路线路。另外，兰青铁路直接联系甘肃及青海，包兰线过境宁夏联系兰州和内蒙古包头，临额线连接甘肃临泽和内蒙古额济纳旗，这些线路实现了甘肃与青海、宁夏、内蒙古的直接联系，进而借由这些相邻省区联系全国。

　　青海省地域辽阔，但海拔较高、区域发展相对落后。受此影响，铁路线路及对外联系均相对较少。青海省主要线路有兰青线和青藏线，两条线路不仅串联起省内主要城市及大部分地区，同时也是青海对外联系的主要通道。兰青线直接连接青海西宁和甘肃兰州，也是青海省唯一东西向联系的铁路通道，受地形影响，来往旅客及货物只能借由甘肃中转换乘，实现青海更广泛的对外联系。青藏铁路是中国乃至世界铁路史上的壮举，这条"天路"的建成通车改变了西藏没有铁路的困窘局面，便利了西藏与全国各地的联系，具有十分重要的意义。

　　宁夏回族自治区行政面积较小，故而铁路线路相应较少，但铁路网密度处于西北内陆省区第二位。境内铁路线路主要有包兰线、宝中线、太中银线、平汝线等区域性线路，多为过境线，各条线路将自治区内主要城市连接为一体。同时，正在建设的包银高铁（包头到银川）、太中银复线、干武复线、中兰高铁（中卫到兰州）等线路，将使宁夏东（南）接陕西、西连甘肃、北通内蒙古，联系各方，加速宁夏融入全国铁路网络的步伐，承担起"一带一路"建设支点的作用。

（二）西北内陆铁路货运状况

西北内陆四省区的铁路发展建设程度并不均衡，但各自承担着不同的职能和分工，各省区之间协调配合共同推动西北内陆的发展（见表5－2）。

表5－2　陕西、甘肃、青海、宁夏铁路发展建设情况

省份	铁路里程（公里）	铁路网密度（公里/万平方公里）	客运量（万人）	旅客周转量（亿人公里）	货运量（万吨）	货运周转量（亿吨公里）
陕西	4549.168	0.0221	69680	758.30	32951	1435.9140
甘肃	3847.229	0.0085	40453	619.65	5936	1313.6160
青海	2349.503	0.0033	5602	119.18	2729	223.4468
宁夏	1289.469	0.0194	9300	115.52	5631	245.0809
全国平均	3902.272	0.0004	8177	385.8	10832	766.2680

资料来源：《中国统计年鉴（2016）》《陕西省统计年鉴（2016）》《甘肃省统计年鉴（2016）》《青海省统计年鉴（2016）》《宁夏回族自治区统计年鉴（2016）》。

从表5－2可以看出，陕西省铁路发展水平为研究区内最高，铁路里程、密度、客货运总量及周转量等各项指标均排名第一，且高于全国平均水平，尤其铁路密度甚至达全国平均水平的数十倍，说明陕西省铁路发展较好，具有很强的铁路设施建设能力。铁路客货运总量及周转量是衡量铁路运输能力的重要指标，与铁路里程及铁路密度等指标相适应，陕西省的铁路旅客周转量、货运量、货运周转量均为全国平均水平的2～3倍，说明陕西省铁路具有很强的客货运输能力，是西北内陆重要的客货运交通枢纽。值得一提的是，陕西省的客运量为全国平均水平的8倍多，可见陕西省的客运实力，在区域内部占据绝对优势。

甘肃省铁路总里程排名第二,为 3847.229 公里,但铁路网密度为 0.0085 公里/万平方公里。这表明甘肃省虽然拥有较长的铁路,但相对于其行政面积而言仍较少,还需大力加强铁路基础设施建设,保证铁路运输对区域发展发挥最大效力。同时,甘肃省的客运量、旅客周转量及货运周转量稍低于陕西省,但基本与铁路里程数成正比,而货运量则明显较低,这说明甘肃省虽是西北内陆重要的客运中心和旅客及货物周转中心,但其货运能力仍较低,甘肃省亟须承担更多的区域货运功能。甘肃省铁路基础设施建设较好,客货运能力较强,是西北内陆重要的铁路客货运交通枢纽之一,但货运能力有待提升。

青海省地域辽阔,但铁路里程较短,铁路网密度较低,两项指标分别仅为 2349.503 公里和 0.0033 公里/万平方公里,可见青海省铁路基础设施建设相对落后。青海省自然环境相对恶劣、人口较少,经济发展与西北内陆其他省区尚存在一定差距,铁路客货运输量及周转量指标值均较小,客货运输总量均不及陕西省的 1/10、客货周转量为陕西省的 1/7 左右,铁路密度约为陕西省的 1/7,货运指标较为协调,而客运指标相对较低,铁路客运能力有待提升。

宁夏铁路里程绝对值较小,但铁路网密度较高,在西北内陆省区中仅次于陕西省,可见宁夏铁路基础设施建设情况较好,这为铁路客货运输提供了基本保障。宁夏的铁路客货运输量及周转量在西北内陆总体上处于中等偏下水平,但其各项指标值较为均衡,均为陕西省的 1/7 左右,数值比例的同步性显示出宁夏的铁路客货运输发展相对协调。

(三)高速铁路建设

高铁是实现区域快速联系的新形式,对区域发展起到了十分重要的作用。近十年来,高速铁路建设取得巨大进展(见表 5-3),对西北内陆对外开放起到了促进作用。

表 5 - 3   2008 ～ 2017 年中国高铁发展

年份	营业里程（公里）	铁路营业里程比重(%)	客运量（万人）	铁路客运量比重(%)	旅客周转量（亿人公里）	铁路客运周转量比重(%)
2008	672	0.843	734	0.5	15.6	0.2
2009	2699	3.156	4651	3.1	162.2	2.1
2010	5133	5.630	13323	8.0	463.2	5.3
2011	6601	7.079	28552	15.8	1058.4	11.0
2012	9356	9.584	38815	20.5	1446.1	14.7
2013	11028	10.692	52962	25.1	2141.1	20.2
2014	16456	14.700	70378	30.5	2825.0	25.1
2015	19838	16.399	96139	37.9	3863.4	32.3
2016	22980	18.520	122128	43.4	4641.0	36.9
2017	25164	19.800	175216	56.8	5875.6	43.7

资料来源：《中国统计年鉴（2018）》。

我国将高速铁路定义为：新建设计开行 250 公里/小时（含预留）及以上动车组列车，初期运营速度不小于 200 公里/小时的客运专线铁路。自 2008 年 8 月 1 日第一条 350 公里/小时的高速铁路——京津城际铁路开通运营以来，中国高速铁路迅猛发展。按照国家中长期铁路网规划和铁路"十一五""十二五"规划，以"四纵四横"快速客运网为主骨架的高速铁路建设全面加快推进，建成了京津、沪宁、京沪、京广、哈大等一批设计时速 350 公里、具有世界先进水平的高速铁路，形成了比较完善的高铁技术体系。2016 年 7 月，国家发展改革委、交通运输部、中国铁路总公司联合发布了《中长期铁路网规划》，勾画了新时期"八纵八横"高速铁路网的宏大蓝图。"八纵"通道包括沿海通道、京沪通道、京港（台）通道、京哈－京港澳通道、呼南通道、京昆通道、包（银）海通道、兰（西）广通道。"八横"通道包括绥满通道、京兰通道、青银通道、陆桥通道、沿江通道、沪昆通道、厦渝通道、广昆通道。随着高铁时代的到来以及多条铁路建设项目的逐步建设，西北内陆通往东部地区一脉单线的历史将被打破，西北内陆正在逐渐成为连接我国东部与西部、西南与西北、内地与边陲的交通大枢纽。对加快西部大开发进程，加快边疆、内陆人员交往、经济发展都有着极其重要的意义，同时通过亚欧大陆桥的国际交流也将形成战略性布局。

（四）中欧班列

受制于地缘因素，西北内陆陆路铁路对外开放以向西开放为主。近年来，国家"一带一路"倡议的实施，尤其是中欧班列的开通为西北内陆发展带来重要机遇。随着中欧班列全程服务平台组建运行，服务范围逐步拓展，全程服务能力稳步提升，西北内陆对外开放水平不断提高，西北内陆的开放型经济建设不断被推向纵深。

截至2016年6月底，中欧班列累计开行1881列，其中回程502列，国内始发城市16个，境外到达城市12个，运行线达到39条，实现进出口贸易总额约170亿美元。其中，阿拉山口口岸和霍尔果斯口岸作为中国向西开放的重要窗口，连接起中国与丝绸之路沿线国家①。

目前，西北内陆成为沟通中国西北、西南乃至广大中东部地区与中东亚及欧洲国家的重要桥梁。截至2016年6月，既有的23条中欧班列线路中，有14条从阿拉山口口岸或霍尔果斯口岸出入境。西北内陆省区成为这些班列的必经之路，西安、兰州、银川、西宁等区域性城市也成为中欧班列的起始点，这些极大带动了西北内陆对外开放（见表5-4）。

表5-4 中欧铁路直达班列线路

序号	国内城市	边境口岸	境外城市	方向	状态
1	重庆	阿拉山口（霍尔果斯）	杜伊斯堡	双向	已运行
2	重庆	满洲里	切尔克斯克	去程	已运行
3	郑州	阿拉山口（霍尔果斯）	汉堡	双向	已运行
4	郑州	二连浩特	汉堡	双向	已运行
5	成都	阿拉山口（霍尔果斯）	罗兹	双向	已运行
6	武汉	阿拉山口（霍尔果斯）	帕尔杜比采	双向	已运行

① 《中欧班列建设发展规划（2016~2020）》。

续表

序号	国内城市	边境口岸	境外城市	方向	状态
7	武汉	阿拉山口（霍尔果斯）	汉堡	双向	已运行
8	武汉	满洲里	托姆斯克	回程	已运行
9	苏州	满洲里	华沙	去程	已运行
10	苏州	满洲里	布列斯特	回程	已运行
11	义乌	阿拉山口（霍尔果斯）	马德里	双向	已运行
12	沈阳	满洲里	汉堡	双向	已运行
13	长沙	满洲里	汉堡	去程	已运行
14	兰州	阿拉山口（霍尔果斯）	汉堡	双向	已运行
15	北京-天津	二连浩特	乌兰巴托	双向	已运行
16	连云港	阿拉山口（霍尔果斯）	阿拉木图	双向	已运行
17	营口	满洲里	后贝加尔	双向	已运行
18	青岛	阿拉山口（霍尔果斯）	阿拉木图	去程	已运行
19	乌鲁木齐	阿拉山口（霍尔果斯）	阿拉木图	去程	已运行
20	西安	阿拉山口（霍尔果斯）	阿拉木图	双向	已运行
21	合肥	阿拉山口（霍尔果斯）	阿拉木图	去程	已运行
22	济南	阿拉山口（霍尔果斯）	阿拉木图	去程	已运行
23	东莞	阿拉山口（霍尔果斯）	阿拉木图	去程	已运行
24	石家庄-保定	阿拉山口（霍尔果斯）、二连浩特	明斯克	双向	规划中
25	昆明	阿拉山口（霍尔果斯）、二连浩特	鹿特丹	双向	规划中
26	贵阳	阿拉山口（霍尔果斯）、二连浩特	杜伊斯堡	双向	规划中
27	厦门	阿拉山口（霍尔果斯）、满洲里	罗兹	双向（单）	已运行
28	库尔勒	阿拉山口（霍尔果斯）	杜伊斯堡	双向	规划中
29	太原	阿拉山口（霍尔果斯）、二连浩特	阿拉木图、莫斯科	双向	规划中
30	南昌	阿拉山口（霍尔果斯）、二连浩特	阿拉木图、莫斯科	双向	规划中
31	南京	阿拉山口（霍尔果斯）、满洲里	阿拉木图、莫斯科	双向	规划中
32	南宁	二连浩特、满洲里	乌兰巴托、莫斯科	双向	规划中
33	哈尔滨	满洲里	比克良	双向	规划中
34	长春	满洲里	施瓦茨海德	双向	规划中
35	大连	满洲里	汉堡	双向	规划中
36	银川	阿拉山口（霍尔果斯）	德黑兰	双向（单）	已运行
37	西宁	阿拉山口（霍尔果斯）	阿拉木图、杜伊斯堡	双向（单）	已运行
38	包头	阿拉山口（霍尔果斯）、二连浩特	德黑兰、乌兰巴托	双向	规划中
39	临沂	阿拉山口（霍尔果斯）、二连浩特	阿拉木图、乌兰巴托	双向	规划中
40	武威	阿拉山口（霍尔果斯）	阿拉木图	双向（单）	已运行
41	义乌	阿拉山口（霍尔果斯）	德黑兰	双向（单）	已运行
42	连云港	阿拉山口（霍尔果斯）	伊斯坦布尔	双向（单）	已运行
43	天津	阿拉山口（霍尔果斯）、满洲里	莫斯科	双向（单）	已运行

资料来源：根据《中欧班列建设发展规划（2016～2020）》（2016年10月8日发布）整理。

三 加强公铁互联互通机制构建

（一）省内互联互通优先建设，补齐西北内陆发展短板

受地理区位、自然及技术条件、经济发展水平等因素的影响，不同区域、不同类型的交通基础设施必然在发展速度、建设水平、服务能力等方面存在差异。西北内陆地区交通基础设施建设相对落后，这是历史的原因，也是西北内陆省区发展的瓶颈与短板。在"一带一路"倡议的大背景下，西北内陆省区要紧抓机遇，共同参与，共同建设，在规划过程中应该放眼长远，统筹短期利益和长远利益，适当超前规划，留足增长空间。

在构建与完善基础设施互联互通方面，一是要补齐省区内的公路、铁路、高铁、隧道、桥梁这些短板。要在把握当前形势、区域条件、机遇和挑战的基础上，充分分析、论证基础设施建设的必要性、合理性、科学性，以最经济、最合适的方案缩小区域之间、各种类型交通基础设施建设水平的差距，提高运量、运力，形成快捷大能力通道，提升区域整体基础设施建设水平和服务能力。

二是要在基础设施建设的优化存量和增加增量上下功夫。西北内陆省区应该在现有基础设施之上，加快公路、铁路及高铁的规划建设，以发展城际客运铁路、高铁，构建高水平、高等级、高效率的区域陆路交通系统。通过扩建公路、新建高铁及城际客运铁路等方式来完善互联互通基础建设，补齐短板。陕西省要加快"米"字形高铁网、大西安地铁网和关中城际铁路网建设，到 2020 年要新建铁路 3500 公里，高速公路建设规模达 1500 公里，实现市市通高铁、县县通高速、多数重点镇通二级以上公路；以建设物流中心为先导，建设通江达海、陆空联运、无缝衔接的对外开放大通道。甘肃省要强化国省高速公路、干线铁路等骨干路网建设，加快推进兰州、嘉峪关、敦煌三大国际空港和兰州、武威、天水三大陆港建设，推进铁陆航多式联运，打造空港物流园区和陆

路货物集散中心。加快推进兰州城际快速路网和区域路网建设，提升中部地区通达能力；推进省内一般干线公路联网加密，加强地级行政中心和县级节点、重要交通枢纽、物流节点城市和重要旅游景区道路联通建设。以构建东西千里大通道、南北横向高速通道和打通断头路为重点，提升重要节点城市交通支撑保障能力和水平。青海省要加快铁路、公路建设，建成格敦、格库铁路，力争再开工建设一至两条铁路大通道。加快发展地方铁路，进一步形成快速便捷的铁路网。加快推进国家高速公路网青海省内路段建设，实现西宁至市（州）、重点县高速公路全覆盖；加大国省干线公路升级改造力度，重点建设沿黄公路及旅游公路，全部县城通二级及以上公路；继续加大农村公路建设力度，实现所有乡镇及行政村通畅。努力把青海建设成为丝绸之路经济带的重要节点。宁夏要完善银川、惠农、中宁等陆路口岸功能，加强与天津、青岛、连云港等出境港口的协作。

三是要扩大机场规模，建设高水平航空枢纽，这样不仅能够提高航空客货运输量，提高面向国际的通航能力、服务能力和辐射能力，还能带动先进制造、空港物流、生产性服务业等高附加值相关产业的发展。

四是要在内陆主要货源地、主要铁路枢纽、综合保税区、机场货物港口、内陆无水口岸、沿边陆路口岸等地规划设立一批中欧班列枢纽节点，提高路网密度，建成城际铁路骨干通道。

（二）加强省际互联互通建设

交通基础设施种类繁多，公路、铁路、航空、海运等不一而足，但在全国范围内分布极不均衡，不同区域的交通区位不同，对外联系的方式也不同，这就需要加强省份间、区域间的联通与合作。除了省域内基础设施互联互通建设外，还要综合考虑跨区域合作，但跨区域合作的前提就是区域间的基础设施要达到互联互通，因此要秉承"共谋、共商、共建、共享"的基础设施互联互通原则。一是要协调区域发展利益，因地制宜合理布局交通枢纽和线路，建设支撑开放型经济发展的通道，以增强区域内部、区域之间以及跨国境的联系与合作。二是要在区域以外的尺度上统筹规划对外联系通道,加快发展普通铁路、高速铁路建设,拓宽对外合作,按照铁路"干支结合、枢纽集散"的组织方式对接交通线路,加强区域互联互通水平。甘肃省要加快省际出口通道连接,强化与周边省区区际联通,推进综合交通枢纽建设。宁夏通过打通与京津冀、长三角、珠三角的快速通道,联通国家高速铁路网。三是西北内陆省区要深度参与"一带一路"倡议,多省区要联合起来谋划开放通道建设。在陇海兰新线、太中银线的基础之上,还要根据《中长期铁路发展规划》,尽快建设或贯通连接兰州—银川、西安—银川、兰州—重庆、西安—兰州、西安—武汉的高铁线路,打通京兰通道(北京—呼和浩特—银川—兰州)、青银通道(青岛—济南—石家庄—太原—银川)、包(银)海通道〔包头—延安—西安—重庆—贵阳—南宁—湛江—海口(三亚)〕、兰(西)广通道〔兰州(西宁)—成都(重庆)—贵阳—广州〕等多条全国性高铁通道,这样才能推动西北内陆的基础设施互联互通提升至新的水平,将陕西、甘肃、宁夏、青海的主要城市及地区融入全国高速铁路连接网络,从而连接华东、华中、西北地区,贯通中原城市群、关中平原城市群、兰西城市群、天山北坡等城市群,把中国西北内陆与全国各大城市群(地区)联系起来,加快对外开放步伐与通道建设。四是要综合利用各类运输方式联运和跨区域多级联运,这样可以充分发挥各种运输方式的优点,提高运输效率和交通基础设施使用效率,降低物流成本,最大化发挥基础设施的价值,共同推动"一带一路"在各个节点上的有效落实,促进区域经济大发展。五是要加大整合力度,共谋基础设施互联互通建设,发挥交通基础设施对区域发展的带动作用,加强区域合作,共同规划和管控风险,建立健全基础设施互联互通的体制机制和制度保障。

(三)加强跨境陆路互联互通建设

随着国家"一带一路"倡议的实施,近年来,西北内陆省区地缘优势越来越明显,以向西开放为主,承载着连接"一带一路"沿线国家和地区的使命。尤其是中欧班列的开通为西北内陆发展带来重要机遇,中欧班列成为西北内陆对外开放的重要组成部分。因此,加强跨境陆路互联互通建设就显得十分重要。

目前,中国已开通的中欧班列线路主要有三条:东通道主要连接我国东北地区及东南沿海地区,来自我国的列车在满洲里口岸出境,经由俄罗斯的赤塔、伊尔库茨克等地,最终抵达俄罗斯扎乌金工厂。通过国内交通联系,将我国东北、内蒙古(东北部)、河北、天津、山东、江苏、上海、浙江、江西、福建等省(区、市)与沿线国家和地区连接起来。

中部通道直接连接北京、天津、郑州等城市,经由二连浩特口岸出入境,途经蒙古,经纳乌什基进入俄罗斯境内,在扎乌金工厂接入西伯利亚大陆桥,经由伊尔库茨克、图伦、克拉斯诺亚尔萨克、安热罗斯真斯克、新西伯利亚、鄂木斯克、希拉姆、秋明、叶卡捷琳堡、彼尔姆、基洛夫等城市抵达莫斯科。通过国内交通系统,连接北京、河北、内蒙古(中东部)、河南、安徽、湖北、河南、贵州、广东、广西、海南及港澳台地区。

西部通道主要以阿拉山口口岸或霍尔果斯口岸出入境,境外路线又分为三支。西1通道途经哈萨克斯坦多斯特克、阿克斗卡、巴尔喀什、扎雷克、卡拉干达、切利诺格勒到达首都阿斯塔纳,之后向西延伸,经过叶西尔、托博尔、十月城后进入俄罗斯境内,经萨马拉、萨兰斯克抵达莫斯科。之后分为南北两路,北线到达圣彼得堡之后分为三支,分别抵达芬兰首都赫尔辛基、爱沙尼亚首都塔林和拉脱维亚里加;南线经由白俄罗斯首都明斯克到达波兰华沙后分南北两支到达德国柏林,又分为三支分别到达德国汉堡、荷兰首都阿姆斯特丹和比利时,最终经由法国巴黎、里昂抵达西班牙首都马德里。西3通道由乌鲁木齐向南延伸,经喀什口岸出境,向南经吉尔吉斯斯坦、乌兹别克斯坦、土库曼斯坦、伊朗、土耳其、保加利亚、罗马尼亚、匈牙利、斯洛伐克抵达捷克,在柏林与西1通道联通（境外段尚在规划中）。西2通道在西1通道的基础上，由哈萨克斯坦扎雷克向西南延伸，穿越里海，融入西3通道（境外段尚在规划中）。西部通道分支最多，长度最长，辐射范围最广，直接联系沿线国家（地区）和中国陕西、甘肃、新疆、内蒙古（中西部）、宁夏、青海、西藏、四川、重庆、云南、贵州等广大中西部地区，也借由国内交通系统辐射中东部地区。

表5-5 西北内陆四省区始发或途经的中欧班列

中欧班列	开行时间	运行区间	里程（km）	行程时间（天）	货源地	主要货物
蓉欧快铁（成都—罗兹）	2013年4月26日	由阿拉山口出境,途经哈萨克斯坦、俄罗斯、白俄罗斯,至波兰罗兹站	9965	14	西南、华南、华东等地区	机械产品、服装、汽配、家电等
渝新欧班列（重庆—杜伊斯堡）	2011年1月28日	从重庆出发,经阿拉山口出境,途经哈萨克斯坦、俄罗斯、白俄罗斯、波兰,最后抵达德国的杜伊斯堡	11179	15	上海、江西、浙江、广东、深圳等地	电子产品、汽车用品、家具、服装等
汉新欧班列（武汉—捷克、波兰）	2012年10月24日	从武汉始发,经阿拉山口出境,途经哈萨克斯坦、俄罗斯、白俄罗斯到达波兰、捷克等国家相关城市	10700	15	武汉及其周边地区	消费电子产品
苏满欧班列（苏州—华沙）	2013年9月29日	从苏州始发,由满洲里出境,途经俄罗斯、白俄罗斯至波兰华沙站	11200	15	苏州本地及周边地区	IT产品
郑欧班列（郑州—汉堡）	2013年7月18日	从郑州始发,由阿拉山口出境,途经哈萨克斯坦、俄罗斯、白俄罗斯、波兰至德国汉堡站	10245	15	河南、山东、浙江、福建等中东部省市	轮胎、高档服装、文体用品、工艺品等
合新欧班列（合肥—哈萨克斯坦）	2014年9月10日	从合肥始发,经阿拉山口直达哈萨克斯坦阿拉木图	4954	9	安徽、浙江、江苏等	家电、汽车装备等
合新欧班列（合肥—汉堡）	2014年6月26日	从合肥北站驶出,穿越欧亚腹地,直指德国汉堡	11000	15	安徽、浙江、江苏等	家电、汽车、装备制造等产品

续表

中欧班列	开行时间	运行区间	里程（km）	行程时间（天）	货源地	主要货物
哈欧班列（哈尔滨—汉堡）	2015年6月13日	从哈尔滨出发，经俄罗斯、波兰等国家和地区最终抵达德国汉堡	9820	15	哈尔滨	高新技术产品、服装、工艺品等
义新欧班列（义乌—马德里）	2014年11月18日	从中国义乌出发，经新疆阿拉山口口岸出境，途经哈萨克斯坦、俄罗斯、白俄罗斯、波兰、德国、法国，抵达马德里	13000	21	义乌	小商品
义新欧班列（义乌—德黑兰）	2015年1月28日	自义乌启程后，从新疆阿拉山口出境，途经哈萨克斯坦、土库曼斯坦，奔赴伊朗首都德黑兰	10399	14	义乌	小商品
义新欧班列（义乌—中亚等国）	2014年9月28日	从义乌西站出发，直达哈萨克斯坦的阿拉木图和乌兹别克斯坦的塔什干	—	7～8	义乌	小商品
沈满欧班列（沈阳—汉堡）	2015年10月30日	从沈阳东站始发，途经满洲里、俄罗斯、白俄罗斯、波兰，终到德国的汉堡	11000	13	沈阳	建筑材料、液晶显示屏、汽车配件、电路板等
湘欧班列（长沙—杜伊斯堡）	2012年10月30日	始发站在长沙霞凝货场，通过新疆阿拉山口出境，途经哈萨克斯坦、俄罗斯、白俄罗斯、波兰、德国	11808	18	湖南、广东、江苏、江西、浙江等省	高新技术产品、轻工业品等
长安号班列（西安—鹿特丹）	2013年11月28日	"一干两支"线路，其中"一干"：西安新筑站—阿拉山口—哈萨克斯坦—俄罗斯—白俄罗斯—波兰—德国—荷兰鹿特丹，联结7国；"两支"：西安至莫斯科、西安至阿拉木图	9850	18	甘肃、宁夏、山东、江苏、河北、上海、浙江等省区市	工业原材料、机械设备、零配件、建材、食品、轻工产品等
中欧班列（兰州—汉堡）	2015年8月21日	始发于兰州，经新疆阿拉山口出境，途经哈萨克斯坦、俄罗斯、白俄罗斯和波兰后到达德国汉堡	8027	15	兰州	数控车床、轮胎、电暖气等
中欧班列（兰州—明斯克）	2016年9月24日	兰州新区中川北站发出，经阿拉山口铁路口岸出境，"点对点"运抵白俄罗斯首都明斯克中白工业园区	7200	10	兰州及周边	空调、建筑石材、防水材料、玻璃幕墙等

续表

中欧班列	开行时间	运行区间	里程（km）	行程时间（天）	货源地	主要货物
天马号（武威—阿拉木图）	2014 年 12 月 12 日	武威南车站始发，在阿拉山口口岸换装出境，直达哈萨克斯坦阿拉木图	2646	5	武威	农产品、工程机械、建材等
中阿号（中宁—中亚、德黑兰）	2016 年 5 月 19 日	中宁陆路口岸—阿拉山口—塔什干，未来列车计划将运行线路扩展至伊朗首都德黑兰	5935	15	宁夏	农产品、工业品、包装物等
中欧班列（西宁—安特卫普）	2016 年 9 月 8 日	西宁市双寨铁路物流中心发出，前往位于比利时的安特卫普	9838	12	青海及周边	藏毯、枸杞等青海当地特色产品

资料来源：综合整理自世纪交通网、搜狐网、人民网、环球网等网站。

从表 5－5 可以看出，"一带一路"倡议为西北内陆增添了活力，向西开放不仅成为西北内陆区域的主要市场，国内的中部地区、沿海地区也成为向西开放的重要力量。由表可知，目前中国货物主要集中的通道为国内到达新疆的阿拉山口或霍尔果斯口岸到达中亚—欧洲等地，如"中阿号"货运班列，宁夏—霍尔果斯到中亚（土库曼斯坦，经乌兹别克斯坦和哈萨克斯坦）—伊朗。但线路还显得较为单一，仍需要通过多层多渠道的跨境陆路互联互通建设来推动西北内陆省区发展开放型经济，尤其是要开通西向经新疆至巴基斯坦、中亚、西亚、欧洲的国际货运班列，还推进建设北向与乌力吉、策克等边境口岸联通的国际货运通道。

构建"外煤进宁"能源经贸走廊。"外煤进宁"公路铁路通道为蒙古国煤炭—策克口岸—额济纳旗—查干德日斯—吉兰泰—阿拉善左旗—宁夏中卫。

将境外蒙古国南戈壁地区的煤炭，分别经过蒙古国的西伯库伦口岸和中国额济纳旗的策克口岸，通过铁路或公路运到宁夏中卫能源战略储备加工基地。目前已经能够通行的铁路运煤路线为蒙古国南戈壁地区—

策克口岸—赛汉陶来—清水—武威市—中卫市，但此条路线较长。内蒙古自治区已于 2012 年 12 月启动新建吉兰泰至查干德日斯铁路，全线长 94.7 公里。另外，计划新建铁路从阿拉善左旗至中卫市，如将这几段铁路与已建成的临策铁路连通，不仅会缩短运输里程、节约运输时间，而且可以减轻甘武铁路线运能压力。

今后的铁路运煤路线为策克口岸—额济纳旗—查干德日斯—吉兰泰—阿拉善左旗—中卫市。

第二节　空中丝绸之路互联互通建设

一　内陆省区民航建设现状分析

（一）内陆省区民航建设

目前，西北内陆四省区共有民航机场 21 座，其中陕西 4 座、甘肃 8 座、青海 6 座、宁夏 3 座，机场数量和级别、通航时间区域差异较为明显。西安咸阳国际机场、兰州中川国际机场、银川河东国际机场级别较高，具有辐射省区内乃至西北部分区域的能力，其他机场级别较低，辐射范围较小。通航时间方面，西安、兰州、西宁、银川等省会城市机场通航较早，延安、敦煌、庆阳等城市虽不是省会，但因其具有特殊的历史及文化意义、区位或产业优势，亦通航较早（见表 5－6）。

表 5－6　陕西、甘肃、青海、宁夏机场建设情况

代号	名称	省份	级别	通航年份
ENY	延安/二十里堡	陕西	4C	1980
HZG	汉中/城固	陕西	4C	2014
UYN	榆林/榆阳	陕西	4C	2008
XIY	西安/咸阳	陕西	4F	1991
DNH	敦煌	甘肃	4D	1982

续表

代号	名称	省份	级别	通航年份
GXH	甘南/夏河	甘肃	4C	2013
IQN	庆阳/西峰	甘肃	4C	1977
JGN	嘉峪关	甘肃	4C	2006
JIC	金昌/金川	甘肃	4C	2011
LHW	兰州/中川	甘肃	4E	1970
THQ	天水/麦积山	甘肃	4C	2008
YZY	张掖/甘州	甘肃	4C	2011
GMQ	果洛	青海	4C	2015
GOQ	格尔木	青海	4D	2000
HTT	海西/花土沟	青海	4C	2015
HXD	海西/德令哈	青海	4C	2014
XNN	西宁/曹家堡	青海	4C	1991
YUS	玉树/巴塘	青海	4C	2009
GYU	固原/六盘山	宁夏	4C	2010
INC	银川/河东	宁夏	4E	1997
ZHY	中卫/沙坡头	宁夏	4C	2008

注:部分机场通航较早,早期为军用机场或中途停航,表中"通航年份"指作为民用机场通航或复航的年份;数据根据"飞常准"(http://www.variflight.com/)网站资料整理,部分信息来源于百度百科。

表5-7 西北内陆四省区航空能力情况

项　　目		陕西	甘肃	青海	宁夏
民航机场数量(个)		4	8	6	3
起降架次 (架次)	本期完成	311002	129667	46041	102073
	上年同期	286817	97021	39165	123288
	增速(%)	8.432206	33.64839	17.55649	-17.2077
旅客吞吐量 (人次)	本期完成	38940386	12550872	5110821	6551671
	上年同期	34793815	9283595	4337119	5539631
	增速(%)	11.91755	35.19409	17.83908	18.26909
货邮吞吐量 (吨)	本期完成	238106.9	62229.8	25564.8	37203.9
	上年同期	215319.3	52707.91	23297.88	33397.57
	增速(%)	10.5832	18.06538	9.730151	11.39703

资料来源:中国民用航空局《2016年民航机场生产统计公报》。

从表 5 - 7 可以看出，陕西省的民航机场数量虽不是最多，但起降架次、旅客和货邮吞吐量均排名第一，且远远超过其他省区，可见陕西省航空基础设施建设较好，出入港航班数量多、客货运输量大，这说明陕西省民航飞机起降架次多、客货运输量规模较大，民航实力雄厚。另外，陕西省各项指标的增长率仅为 10% 左右，总体上远不及其他省区，这可能是由于巨大的民航存量规模带来的增速乏力，表明民航的进一步发展甚至转型需要新的动力。

甘肃省民航机场数量最多，各项指标与机场数量基本成正比，在西北内陆省区中具有较强的优势。甘肃省民航航班起降架次、旅客及货运吞吐量绝对值大致为陕西省 1/4 ~ 1/3 的水平，还有很大增长空间，同时各项指标的增长率均高于西北内陆其他省区，个别指标增速甚至超过30%，显示出了强劲的增长势头。受益于基础设施的超前建设，甘肃省民航事业将在未来一段时间内有较大发展。

青海省拥有 6 座民航机场，各项规模指标绝对值大致为陕西省的1/8 ~ 1/7，处于西北内陆最低水平，总体民航发展水平比较落后，这可能与区域人口数量、经济发展水平等因素有关。但与此同时，各项规模指标均在实现中高速增长，仍具有一定发展潜力。

宁夏面积最小，民用机场相应较少，但民航起降规模总体较大。2016 年宁夏各民航机场共完成飞机起降102073 架次，占陕西省的 1/3左右，约占甘肃的 80%。但起降架次同比下降 17.2077%，数据显示这是由固原机场和中卫机场起降架次大幅减少造成的（银川河东机场完成起降 53921 架次，同比增长 14.5841%，固原六盘山机场完成起降8106 架次，同比下降 54.6644%，中卫香山机场完成起降 40046 架次，同比下降 31.3693%）。宁夏民航旅客及货运吞吐量仍实现了中高速增长，具有一定增长潜力，尤其是宁夏已将河东国际机场定位为面向丝路沿线国家开放的战略门户机场，开通了银川—郑州—阿联酋国际航班，未来还将开通银川—多哈等国际航班，可以预见宁夏在国际空中航线方面将越来越具有国际化互联互通优势。

（二）对外航线发展分析

出港和入港的航班与航线能反映出跨国境开放的程度，也是内陆开放型经济的一个指标，当然西北内陆省区民航客运航线数和航班次数可以较为直观地反映出其各自开放程度的高低，这也显示出各省区之间在内陆开放拓展的空间方面还存在差距（见表5－8）。

表5－8 2017年8～10月西北内陆四省区民航机场客运航线、航班数量

省区	航线（条）	航线（出入港）			航班（班）	航班（出入港）		
		出港	入港	出入港差值		出港	入港	出入港差值
陕西	499	250	249	1	1285	635	650	－15
甘肃	339	174	165	9	803	421	382	39
青海	160	83	77	6	354	181	173	8
宁夏	205	103	102	1	467	242	225	17
合计	1203	610	593	17	2909	1479	1430	49

资料来源：根据"飞常准"（http：//www.variflight.com/）网站资料整理，2017年8～10月数据。

从表5－8可以看出，陕西省开通的航线及航班最多，达499条和1285班，占总航线数及总航班数的41.48%和44.17%，甘肃次之（28.18%和27.60%），宁夏较少（17.04%和16.05%），青海最少（13.30%和12.17%）。出入港航线及航班数差值可以在一定程度上反映区域民航对外联系的方向及规模，进一步透视区域开放程度的差异。数据显示，2017年8～10月，西北内陆各省区共有客运出入港航线610条和593条，出入港航班1479班和1430班，出港航线比入港航线多17条，出港航班比入港航班多49班，这反映出西北内陆旅客流出和流入能力的差异，一定程度上说明西北内陆民航总体联系属于"内向型"，即走出去的客源大于进来的客源，反映出内陆开放程度较低。同时，陕西省的情况不同于西北内陆其他三省区，其民航出入港航线数基本持平，且出港航班数与入港航班数差值为－15，直观反映出陕西省主要民

航客运联系为"外向型",即进来的客源大于走出去的客源,也说明陕西省具有较好的民航旅客吸引能力及运输(接待)能力。

进一步分析西北内陆民航机场出入港航线图,发现西北内陆民航对外联系还具有以下几个特点。

一是西北内陆民航通航地点的空间分布不均衡。从国际层面和范围看,与西北内陆发生民航联系的机场主要分布在亚洲、欧洲,澳洲次之,北美洲和非洲也有零星分布,同时航线及航班数量亦存在明显的空间分异。据此可以推断,地理空间上的邻近是影响西北内陆国际民航联系程度的重要因素之一。同时,"一带一路"沿线国家及地区与西北内陆的民航联系更加紧密。从国内层面看,与西北内陆发生民航联系的机场主要分布于华东、西北、中南地区,西南和华北地区较少,东北及港台地区仅有零星分布,同时航线及航班数量也存在类似的分布规律。而华东、中南和华北地区人口稠密,经济和社会发达,可以推断除地理邻近之外,经济和社会因素也会影响民航联系的多寡(本节所指的华北包括北京、天津、河北、山西、内蒙古;东北包括辽宁、吉林、黑龙江;华东包括上海、江苏、浙江、安徽、福建、江西、山东;中南包括河南、湖北、湖南、广东、广西、海南;西南包括重庆、四川、贵州、云南、西藏;西北包括陕西、甘肃、青海、宁夏、新疆;港台包括香港、台湾)。

二是西北内陆各省区对外民航发展不均衡。这体现在各省区间的对外民航联系规模及联系地点分布的明显差异上。一方面,出入港航线及航班数量存在明显的省区间差异,陕西最多,甘肃次之,宁夏较少,青海最少;另一方面,各省区对外联系的地点存在差异,陕西省的通航地点遍布全球五大洲(亚洲、欧洲、大洋洲、北美洲、非洲),国内主要联系区域为华东、中南、西南等较发达区域,其次为西北、华北地区。甘肃省、青海省则主要与西北及华东地区发生联系,与其他区域的联系相对较少。宁夏对外联系的航线数量较少,但分布范围较广,不仅遍布华东、中南、西南等区域,还与世界范围内的多个国家和地区有航空联系。但是,也应该看到,与宁夏发生联系的航班主要分布在西北及华东地区,而在其他国家或地区的分布较少,这也反映出宁夏对外航空"联系范围广但规模有待加强、区域有待均衡"的特征。由此可以推断,自然条件、省区规模、经济和社会发展水平对民航联系的规模及地点产生较大影响。

二 构建空中丝绸之路联程航班机制

陕西省要在现有基础之上增强西安咸阳国际机场门户枢纽功能,拓展加密国际航线,努力将其打造为内陆开放新高地。

甘肃省要加快丝绸之路经济带黄金段建设,完善对外开放区域布局,拓展省内通达国内、国际及地区航线网络,加快通用机场建设,加强与中西亚国家的对接合作,努力将甘肃打造成国家向西开放的重要门户和次区域合作战略基地。

青海省要加大对国际航线的建设力度,构建进入中亚、西亚、南亚及欧洲地中海国家的战略通道,夯实对外开放的互联互通基础,实施西宁曹家堡机场三期扩建工程,增开国际新航线;建设一批通用机场,不断扩大民航服务范围,形成较为完善的航空服务网络,构建"一主八辅"民航机场运营格局。

宁夏要以增开国内外航线为重点,打造成为向丝路沿线国家开放的门户。要在河东机场建成国际机场和获得第五航权的基础之上,逐步把银川建成面向西亚、中东地区、"一带一路"沿线各国的重要航空门户,真正发挥第五航权的作用。

同时,西北内陆省区要互帮互助、通力合作,尤其在航空建设方面要加强顶层设计,相互依托,相互借力,共同建设高效便捷的航空联程体系。要在现有四省区对外开放线路的基础上不断扩大、不断拓展,以各自的优势航线为基础,建立若干条航空联程线路。如向澳大利亚的航班航线，要以陕西省为换乘中心，构建（宁夏、甘肃、青海）—陕西—澳大利亚通路；向阿联酋的航班航线，要以宁夏为换乘中心，构建（甘肃、陕西、青海）—宁夏—阿联酋通路。

第三节　网络丝绸之路互联互通建设

一　网络丝绸之路发展现状与分析

2016年12月15日，国务院《"十三五"国家信息化规划》首次提出，将网上丝绸之路建设优先行动作为我国未来五年的优先战略重点行动。随后的《促进电子商务发展部际综合协调工作组工作制度及三年行动实施方案（2016—2018年）》和《关于促进移动互联网健康有序发展的意见》先后指出推进网上丝绸之路的国际合作与建设，促进跨境电子商务快速发展。网上丝绸之路，是由中国与"一带一路"沿线各国，加强网络互联、信息互通所形成的多领域、多层次基于"互联网+"的信息经济带。[①] 建设网上丝绸之路，有助于缩小不同国家、地区和人群间的数字鸿沟，释放数据红利，全面助力"一带一路"倡议实施。

根据阿里巴巴跨境电子商务大数据（包括跨境电商零售出口和跨境电商零售进口），阿里研究院构建了"一带一路"沿线国家ECI指数（E-Commerce Connectivity Index，跨境电商连接指数），旨在反映中国与"一带一路"沿线国家在跨境电商贸易方面的连接紧密程度。出口指数越高，表示该国购买中国制造的商品越多；进口指数越高，表示中国消费者购买该国商品越多。根据阿里研究院《eWTP助力"一带一路"建设——阿里巴巴经济体的实践》提供的ECI指数进行空间可视化以探

---

① 陈越：《产学研共绘互联网企业跨境新蓝图》，《浙江经济》2017年第18期。

讨跨境电商的空间现状。

"一带一路"沿线国家中，ECI 指数存在明显的空间分异特征。其中俄罗斯的 ECI 出口指数最高，并且纬度较高的部分东欧、西亚地区的 ECI 出口指数比东南亚地区相对较高，说明中国向俄罗斯跨境电商出口最多，中国向"丝绸之路经济带"沿线国家的跨境电商出口比"21 世纪海上丝绸之路"沿线国家多；泰国的 ECI 进口指数最高，并且纬度较低的部分东南亚地区的 ECI 进口指数相对中亚、西亚地区较高，说明中国从泰国跨境电商进口最多，中国从"21 世纪海上丝绸之路"沿线国家跨境电商进口比"丝绸之路经济带"沿线国家的多；ECI 总指数除中亚地区、蒙古等国相对较低外，纬度较高的东欧、西亚、俄罗斯和纬度较低的东南亚地区都相对较低。

二　互联网络与电子商务发展现状与分析

（一）西北内陆省区互联网络发展状况

《中国互联网络发展状况统计报告（2019 年）》显示，截至 2018 年 12 月，我国网民规模为 8.29 亿人，全年新增网民 5653 万人，互联网普及率达 59.6%，较 2017 年底提升 3.8 个百分点。我国手机网民规模达 8.17 亿人，全年新增手机网民 6433 万人；网民中使用手机上网的比例由 2017 年底的 97.5% 提升至 2018 年底的 98.6%，手机上网已成为网民最常用的上网渠道之一。我国农村网民规模为 2.22 亿人，占整体网民的 26.7%，较 2017 年底增加 1291 万人，年增长率为 6.2%；城镇网民规模为 6.07 亿人，占比达 73.3%，较 2017 年底增加 4362 万人，年增长率为 7.7%。可见，中国互联网络（包括移动互联网）呈快速发展趋势，这也为中国电子商务的快速发展提供了基础条件。

西北四省区（陕西、甘肃、青海和宁夏）互联网普及率见图 5-1。随时间变化，陕西省、青海省、宁夏回族自治区和甘肃省的互联网普及率整体上都呈上升的态势，其中陕西和青海的互联网普及率整体相对较

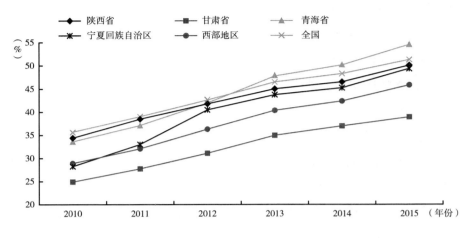

图 5 - 1　西北内陆四省区互联网普及率

资料来源：中华人民共和国国家统计局网站（http：//www.stats.gov.cn/）。

高，宁夏次之，甘肃最低。2010 年，宁夏和甘肃的互联网普及率都低于西部地区的平均水平，而 2011 年以后仅甘肃低于西部地区的平均水平；2010～2012 年，西北 4 个省区的互联网普及率均低于全国平均水平，2012 年以后，随着基础设施的不断完善和发展，青海省的互联网普及率超过全国平均水平，青海省和宁夏回族自治区的增长速度相对较快，而甘肃省的整体普及率最低。

　　2010～2014 年，西北四省区的移动电话普及率整体上呈快速增长趋势，宁夏整体发展水平较高，而甘肃省的整体普及率最低。2012～2015 年，四省区的移动电话普及率整体上呈平稳发展趋势，但也有波动，其中青海省甚至出现移动电话普及率下降的趋势；同时可以发现 2010～2015 年，陕西省、青海省、宁夏回族自治区的移动电话普及率都高于西部地区的平均水平，甘肃省的移动电话普及率最低，且都低于西部平均水平。此外，宁夏回族自治区的移动电话普及率整体上都高于全国平均水平；而青海省 2010～2013 年高于全国平均水平，2013 年之后则低于全国平均水平；陕西省与全国水平相差不多（见图 5 - 2）。

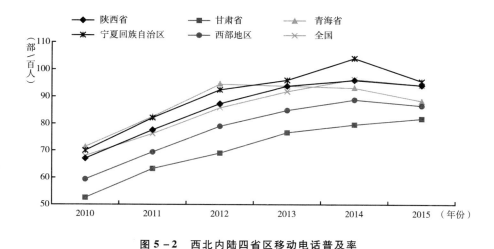

图 5 - 2 西北内陆四省区移动电话普及率

资料来源：中华人民共和国国家统计局网站（http：//www.stats.gov.cn/）。

西北内陆四省区的互联网普及率和移动电话普及率总体发展水平呈现增长趋势，但相对于全国发展水平较弱。其中青海省和宁夏回族自治区的互联网普及率增长速度相对较快，宁夏的移动电话普及率整体发展水平较高，而甘肃省的整体普及率都最低。

（二）西北内陆省区电子商务发展状况

截至 2018 年，我国网络购物用户规模达 6.10 亿人，占网民整体比例达 73.6%。网络支付用户规模达 6.00 亿人，使用比例由 68.8% 提升至 72.5%。在新兴技术方面，5G 技术、云计算、大数据等第一次写入政府工作报告，在政府政策的支持下，新技术得到迅速发展。其中，我国 5G 发展进入全面深入落实阶段，5G 核心技术研发和标准制定取得突破，5G 产业化取得初步成果。我国云计算技术、大数据领域也呈现良好发展态势。我国大型云服务商已经跻身全球市场前列，阿里 2018 年云计算收入同比增长超 90%。在政策的指导下，我国大数据产业不断成熟，持续向经济运行、社会生活等各应用领域渗透。随着中国网民（包括手机网民）规模的快速增长，网络购物得到了快速发展，也为

"一带一路"沿线国家的网络购物发展提供了机遇。

由清华大学电子商务交易技术国家工程实验室等多家单位联合发布的《中国电子商务发展指数报告（2014～2015）》中构建的电子商务发展指数包括规模指数、成长指数、渗透指数及支撑指数4个方面，以此全面评价各省区市电子商务发展情况。本书也依据电子商务发展指数及其4个分指标，采用自然断点法划分5个等级，进行空间可视化分析。

从电子商务发展指数方面看，东南沿海省市的整体发展水平较高，北京、"长三角"及"珠三角"地区发展指数等级最高，陕西、四川处于第二等级，整体上形成了明显的"东强西弱"的空间格局；内陆四省区中的甘肃、宁夏及青海的电子商务发展指数处于最低水平，说明除陕西外四省区的电子商务相对全国整体发展水平较弱。从规模指数方面看，"东中西"阶梯等级特点更为明显，规模指数最高的区域集中在"长三角""珠三角"地区；西北内陆的甘肃、宁夏及青海的规模指数整体都处于相对较低等级。从电子商务的成长指数方面看，其与发展指数存在明显的差异，北京、上海、陕西以及贵州的成长指数处于最高等级，其次为中部地区及四川、黑龙江等地。其中，甘肃、宁夏的成长指数处于最低等级，青海处于中间等级。从电子商务的支撑指数方面看，同样呈现"东中西"的阶梯等级特点，东南沿海的支撑指数最高，集中在北京、"长三角"和"珠三角"，东北及中部地区次之，西部地区整体最低；陕西、甘肃、宁夏及青海的支撑指数整体都处于相对较低等级，说明四省区电子商务的发展环境整体较差，电子商务的发展环境有待改善。从电子商务的渗透指数方面看，整体呈现"南强北弱"的空间格局，北京、上海、浙江、广东、海南渗透指数排在全国前五位，河南、黑龙江、吉林、内蒙古、新疆等五省区排在最后五位；在西北内陆四省区中陕西相对其他三省区渗透指数最高，甘肃、宁夏次之，而青海的渗透指数相对较低，说明四省区中陕西的经济活动中电子商务渗透程度最高，电子商务对传统产业的影响最大，甘肃、宁夏次之，而青海的影响相对较低。从电子商务发展的区域结构方面看，在全国 31 个省（区、市）中，依据划分原则分为先导省份、中坚省份和潜力身份，在西北内陆四省区中陕西属于中坚身份，甘肃、宁夏、青海都属于潜力省区。潜力省份的电子商务发展主要特点为：发展环境较差，基础设施不健全，没有为电子商务发展提供良好的环境。

三　网络丝绸之路互联互通机制构建

建设网上丝绸之路是支撑"一带一路"倡议的优先方向。《推动共建丝绸之路经济带和 21 世纪海上丝绸之路的愿景与行动》指出："共同推进跨境光缆等通信干线网络建设，提高国际通信互联互通水平，畅通'网上丝绸之路'。"建设"网上丝绸之路"，关键是推进沿线各省（区、市）、各国信息网络设施的互联互通，这已成为"一带一路"设施互通的核心要义，也是推进各国各领域务实合作与共同繁荣的基础，更是推进我国"一带一路"倡议的优先建设方向。

"网上丝绸之路"建设就是以信息流带动技术流、资金流、人才流、物资流，破除各省（区、市）、各国信息壁垒，推进优质信息资源有序流动、优质信息服务共享共用，与数字全球化的大趋势高度契合。

（一）加快各省区内信息网络基础设施建设

作为内陆地区的西北四省区，应在积极承担国家层面"一带一路"信息基础设施建设的同时，对接省内网络建设，提高互联网和移动电话普及率，拓展电子商务市场。根据各省"十三五"规划纲要，陕西省完善新一代信息基础设施，实行无线城市全覆盖，推进西安、咸阳、渭南等智慧城市建设。甘肃省实施网络强省战略，加快构建高速、移动、安全、泛在的新一代信息基础设施。推进"大数据"、"云计算"、物联网和工业互联网发展，争取布局设立国家级互联网骨干直联点，规划建设"云计算"数据中心。优化骨干网络架构，提高网络容量和传输能力，创建"宽带中国"示范城市和信息惠民试点城市，组织实施"宽带乡村"和中小城市基础网络完善工程，推动电信、广播电视和互联网融合发展。宁夏推动建设国际互联网交换骨干节点，打通出境网络通道，打造"网上丝绸之路"宁夏枢纽工程。同时建设智慧宁夏，构建高速、移动、安全、泛在新一代信息基础设施，推进全光网省区建设，实现4G网络城乡全覆盖和公众场所无线网络全覆盖，积极建设以5G为重点的新一代移动通信网络，建成"八朵云"，深化政务民生信息化。加强农村通信基础设施规划建设，实施信息惠民工程，推进三网融合应用和宽带网络提速降费。青海拓宽信息基础设施保障领域，推进大数据应用工程，实施"宽带乡村""城镇基础网络完善"工程，促进互联互通，构建高速、移动、安全、泛在的信息基础设施。

（二）加强"一带一路"沿线国家网络基础设施互联互通建设

以共商、共建、共享为原则，与"一带一路"沿线国家携手加强国际网络基础设施互联互通建设，为广泛开展信息经济合作提供基础保障。一是要建设网上丝绸之路经济合作试验区，加快推进中国—东盟信息港、中国—丝路沿线国家网上丝绸之路等先导性试验区建设，鼓励国内城市积极参与"一带一路"重要节点城市的结对合作，加强双方在基础设施、智慧城市、电子商务、远程医疗等方面的深度合作。二是畅通"一带一路"信息通道，在陆地信息通道建设方面，要连接经巴基斯坦、缅甸等国到印度洋，经俄罗斯到中东欧国家的信息网络基础设施建设。在海上信息通道建设方面，要推动面向美洲、欧洲、东南亚和非洲方向海底光缆的信息网络基础设施建设。

（三）积极发展国际电子商务拓展工程

西北内陆四省区，基于网络基础设施和电子商务发展现状，应积极参与电子商务国际合作平台构建，积极发展跨境电子商务，服务"网络丝绸之路"。宁夏需构建电子商务服务体系、物流配送体系、支付结算体系，支持电子商务示范城市、创业创新孵化基地建设，推进跨境电子商务综合试验区建设，支持建立一批"海外仓"和展示中心，壮大电商经济。青海应鼓励扶持出口创汇企业，实施千万美元潜力培育和出口自主品牌培育计划，打造一批行业性国际品牌。鼓励发展跨境电子商务、市场采购贸易等新型贸易方式。加快建设"一带一路"沿线国家和地区青海特色商品国际营销网络。同时，大力发展涉农电子商务、旅游电子商务和能源电子商务，加大信息基础设施、物流体系建设和电子商务人才培养培训力度，积极培育面向本地优势产业和特色商品的电子商务服务企业。

（四）构建电子商务国际合作平台与国际合作体系

信息基础设施建设是发展电子商务的基础，而电子贸易平台是发展网上丝绸之路的必要条件，因此，需要尽快构建电子商务国际合作平台。

国家出台了《促进电子商务发展三年行动实施方案（2016～2018年）》和《关于促进移动互联网健康有序发展的意见》，指出要围绕"一带一路"倡议，促进电子商务国际合作平台建设，促进移动互联网基础设施互联互通，大力发展跨境移动电子商务，推进网上丝绸之路国际合作。一是鼓励企业在"一带一路"沿线节点城市部署数据中心、云计算平台等应用设施。二是鼓励电子商务企业以共建跨境电子商务交易平台、开展海外物流仓储设施建设及服务，利用现有的跨境支付渠道，以及建设电子商务支撑服务平台等多种形式，构建新型的电子商务国际合作平台。三是鼓励通过多种方式开拓国际市场，支持移动互联网企业"走出去"，加大移动互联网应用、产品、服务海外推广力度，构建完善的跨境产业链体系，不断拓展海外发展空间。四是构建国际化产业联盟，支持我国大型互联网企业和知名科研机构与国外互联网企业及相关机构共同发起国际产业联盟，提升网上丝绸之路建设的软实力。

第四节　对内对外管道互联互通建设

一　西北内陆省区及国内管道建设现状

一般认为，中国的管道建设经历了 4 次建设高潮。1970～1975 年为第一次管道建设高潮。1970 年 8 月 3 日，东北"八三工程"会战开启，大庆至抚顺输油管道开工，掀起中国第一次油气管道建设高潮。至 1975 年 9 月，"八三工程"共铺设原油管道 2471 公里，率先在东北地区建成输油管网。1976～1986 年为第二次管道建设高潮。1976 年，胜利油田、辽河油田、华北油田、中原油田相继进入快速开发期，到 1986 年，先后建成 12 条油气管道，总长度 3400 公里，形成中国东部油气管网。[①] 1987～2006 年为第三次管道建设高潮。1987 年，塔里木盆地、陕甘宁盆地、四川盆地、柴达木盆地和沿海石油勘探获重大突破，中国石油工业按照"稳定东部、发展西部"的方针，掀起第三次管道建设高潮。至 2006 年，共建成油气管道 4.8 万公里，形成中国西部和南部油气管网。2007 年至今为第四次管道建设高潮。2007 年 8 月，以兰郑长成品油管道开工建设为标志，我国迎来第四次油气管道建设高潮。经过多年建设，中国已建成初具规模的跨国、跨区域油气管网，中国管道工业的发展速度和技术水平跨入世界先进行列。

2016 年底，中国油气长输管道总里程累计约为 12.6 万千米，其中天然气管道约 7.43 万千米（已扣减退役封存管道），原油管道约 2.62 万千米，成品油管道约 2.55 万千米。1989～2015 年，中国管道输油（气）里程和管道货物运输平均运距都呈现不断增长趋势（见图 5 - 3）。2006 年

---

①　王年祥：《管道工程项目钢管采购配送全过程优化研究》，中国石油大学（北京）硕士学位论文，2016。

至今，平均运距和货物运输量都呈现增长趋势，说明随着中国管道工业的发展建设，中国的管道基础设施不断完善，管道运输能力不断增强。

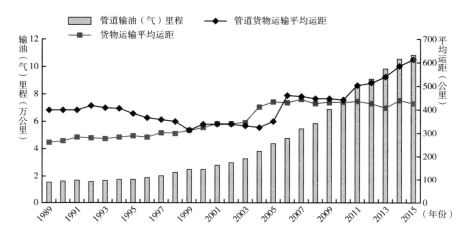

图 5-3 1989~2015 年中国管道运输里程及平均运距

资料来源：中华人民共和国国家统计局网站（http://www.stats.gov.cn/）。

中国目前的油气管网进口通道主要有西北油气进口通道、东北油气进口通道、西南油气进口通道以及海上油气进口通道等，中国海上油气进口通道主要有印度洋—马六甲海峡—南海通道和太平洋通道，陆路的油气通道分别为西北油气进口通道的中哈原油管道、东北油气进口通道的中俄原油管道以及西南油气进口通道的中缅原油通道。

根据 2017 年 5 月由国家发改委和国家能源局联合发布的《中长期油气管网规划》以及网络资料，经过西北内陆四省区的主要原油管道有：花格线（花土沟油砂山—格尔木市南郊）、惠宁线（惠安堡—中宁）、中银线（中宁—银川）、西部管道（乌鲁木齐—鄯善—兰州）、漠大线（漠河—大庆）、石兰线（石空—兰州）。

同时，经过西北内陆四省区的天然气管道主要有：西气东输一线（规模：170 亿立方米/年）、西气东输二线（规模：300 亿立方米/年）、西气东输三线（规模：300 亿立方米/年）、涩宁兰管道（规模：20 亿立方米/年）、陕京一线（规模：303 亿立方米/年）、陕京二线（规模：120 亿立方米/年）、榆林—济南管道（规模：33 亿立方米/年）（见表5-9）。

表 5-9 经过四省区部分天然气管道

管线名称	输气量（亿立方米/年）	管线长度（公里）	建成通气时间	途经省区市	备注
西气东输一线	170	4859	2004 年 10 月	新疆、甘肃、宁夏、陕西、山西、河南、安徽、江苏、上海	建成
西气东输二线	300	9000	2012 年 12 月	新疆、甘肃、宁夏、陕西、河南、湖北、江西、广东	建成
西气东输三线	300	7378	2014 年 8 月	新疆、甘肃、宁夏、陕西、河南、湖北、湖南、江西、福建、广东	建成
西气东输四线	300	2454		新疆、甘肃、宁夏	在建
涩宁兰线	20	953	2015 年 11 月	青海、甘肃	建成
涩宁兰复线	33	921	2016 年 11 月	青海、甘肃	建成
陕京一线	303	1098	1997 年 10 月	陕西、山西、河北、北京、天津	建成
陕京二线	120	935	2005 年 7 月	陕西、内蒙古、山西、河北、北京	建成
陕京三线	150	896	2011 年 1 月	陕西、山西、河北、北京	建成
陕京四线	300	1120	2017 年	陕西、内蒙古、河北、北京	在建
榆济线	33	1045	2010 年 9 月	陕西、山东	建成

二 "一带一路"倡议中油气管道开放合作与构建

"一带一路"倡议不仅为中国能源进口的多元发展和稳定供给创造了机遇，提供了发展思路，也为西北内陆地区参与油气管道建设与中亚国家开展油气合作带来了机遇。

"一带一路"贯穿亚欧非三大洲，目前已覆盖了 65 个国家，包括东北亚的蒙古和中亚 5 国、东南亚 10 国、南亚 8 国、独联体 7 国、西亚北非 17 国和中东欧 17 国。从世界油气资源的空间分布来看，从马格里布以东到波斯湾、里海、西伯利亚，直至俄罗斯的远东地区，是目前世界上最主要的石油、天然气资源密集区。"一带一路"沿线国家已发现的石油储量占全球总储量的66%，天然气储量也占到了全球总储量的65%以上，待发现可开采资源量也在全球占到相当大的比重（见表5-10）。[①]

表5-10 "一带一路"区域内天然气及石油资源量

国家与区域	已发现天然气可采储量		待发现天然气可采资源量		已发现石油可采储量		待发现石油可采资源量	
	亿万立方米	占比（%）	亿立方米	占比（%）	亿吨	占比（%）	亿吨	占比（%）
中东	91.7	44.9	16.1	19.9	1407.1	69.1	150.7	42.7
俄罗斯	64.9	31.8	36.1	44.5	376.2	18.5	94.5	26.8
中亚	23.5	11.5	8.6	10.6	113.4	5.6	43.1	12.2
东南亚	13.1	6.4	9.1	11.2	78.3	3.8	41.2	11.7
南亚	4.8	2.3	4.3	5.3	18.8	0.9	8.6	2.4
欧洲	3.6	1.8	0.5	0.7	21.4	1.0	3.4	1.0
其他	2.7	1.3	6.3	7.8	21.2	1.0	11.5	3.3
"一带一路"合计	204.2	100	81.0	100	2036.3	100	353.0	100
占全球份额	65.5%		46.7%		66%		32%	

"一带一路"倡议的实施，不仅巩固了中国在中东传统原油的进口渠道，而且推进了与沿线其他地区特别是俄罗斯、中亚以及东南亚的油气资源合作，使中国的油气资源进口渠道更加多样、风险更为分散，促进了中国油气供给的稳定发展，缓解了中国油气进口的"波斯湾困境"[②]。

中国已基本建成了以中国—中亚油气管道、中俄油气管道和中缅油气管道为主的跨国陆路管道架构，总里程达12万公里。随着中国—中

---

① 王晨光：《"一带一路"视角下的中国油气安全建设》，《江南社会学院学报》2017年第1期。

② 徐小杰：《新世纪的油气地缘政治》，社会科学文献出版社，1998。

亚油气管道 D 线的建设和中俄天然气管道西线的商谈，北上俄罗斯和西进中亚的陆路能源进口通道将更加完善。另外，作为北接"丝绸之路经济带"、南连"21 世纪海上丝绸之路"的关键枢纽，中巴经济走廊的建设将使中国的油气管道与中东地区的油气管网实现连接，从而可以直接获取中东的油气资源。

对西北内陆四省区而言，总共有 7 条跨区域油气管道从此经过。应当抓住机遇，加强与"一带一路"沿线国家在油气管道领域的合作。

随着经济发展和人口的增长，石油价格逐步走高，全球范围内对于能源资源的控制和争夺也将日趋激烈。中国作为世界第一大能源消费国和自身能源供应短缺的国家，能源安全正面临严峻的挑战。2015 年我国 60% 的石油和 20% 的天然气从国外进口，中国的石油储备仅有 1200 万吨，危机时仅能维持 10 ~ 15 天，若按国际标准需维持 3 个月期限，中国目前只达 20% 。为应对未来的挑战，我们必须采取积极的行动，加强与"一带一路"沿线国家在油气管道方面的合作。

（一）构建国家能源生产储备加工战略基地

西北内陆省区要积极利用自身优势与中亚、中东产油国达成石油、天然气合作计划，利用已有的石油加工技术、地缘空间等优势，在甘肃、青海、陕西、宁夏以及白银、宁东、太阳山、榆林等能源基地已聚集大量实力雄厚能源化工企业和研发中心的基础上，在中卫市以北的半荒漠地区布点建立国家级的能源储备加工战略基地。尤其是宁夏的中卫市是连接西北与华北的第三大铁路交通枢纽，也是欧亚大通道"东进西出"的必经之地，国家"西气东输"横穿全境。争取在中卫市以北的沙漠边缘构建我国国家级的能源战略储备加工基地、能源应急中心和能源生产加工技术研发中心。尝试将中亚、中东石油输入中卫市并建立承接中东石油投资基地，同时鼓励和培育本土能源化工企业在新疆建立"飞地工业园区"或者"走出去"在中东从事石油加工等项目。

（二）设想构建能源干线通道

"新甘宁亚伊"是指从新疆—甘肃—宁夏到中亚再到伊朗的油气管道干线，这样的设想就是在已经通天然气的"中国—中亚天然气管道"的基础上将其延伸至伊朗境内即可。2009年12月14日，中国—中亚天然气管道建成并开始通气。中国—中亚天然气管道始于阿姆河右岸的土库曼斯坦和乌兹别克斯坦边境，经乌兹别克斯坦中部和哈萨克斯坦南部，从阿拉山口进入中国霍尔果斯后，通过西气东输二线，途中惠及中西部、长三角、珠三角共14个省市，南端最终送达香港。据报道早在2011年，土库曼斯坦已向伊朗出口天然气，伊朗每年从中亚国家进口天然气140亿立方米，而伊朗也向土库曼斯坦出口石油和石油制品。

现在需要内陆相关省区同伊朗方面达成协议，将该国的石油通过铁路或管道输送至中方。从商业角度看，这条路线比进巴基斯坦要优越得多，因沿线国家全部是资源丰富的富裕国家，哈萨克斯坦和土库曼斯坦都盛产石油和天然气，伊朗的石油也极其富裕。这样一方面可以通过铁路实现经贸合作，另一方面也可通过能源管道实现输送。

第六章　内陆开放型经济 "大平台" 与 "大通关" 机制构建

2013 年 11 月，党的十八届中央委员会第三次全体会议通过了《中共中央关于全面深化改革若干重大问题的决定》，提出为适应经济全球化新形势，要构建开放型经济新体制，首先在金融、商贸、物流等领域放宽外资投资准入限制，改善外资审批体制；其次要加快海关特殊监管区域整合优化，加快自由贸易园（港）区的建设；最后要扩大内陆沿边开放，构建平台、口岸、通道协同发展，与沿边沿海形成全方位开放新格局。这为积极构建对外开放新平台提供了强有力的支撑，也为内陆开放型经济开放平台机制构建提供了制度保障与依据。

本章重点研究内陆开放型经济 "大平台" 与 "大通关" 机制构建，其他 "大通道" "大格局" "大产业集群" "大环境" 机制构建在相关章节中有单独研究。

第一节　西北内陆省区开放平台建设与机制构建

一　西北内陆省区开放平台建设

内陆地区常常因开放平台、交通、经济密度、资金等因素的有限性，开放型经济建设一般滞后于沿海沿江沿边区域，为了能够补齐内陆地区开放的短板，就需要增加更多更有效的内陆开放平台建设，以规避内陆地区不沿边不靠海的区域弱势。通过搭建内陆开放型经济新平台，积极参与到"一带一路"开放进程中，将更加有效地增强内陆开放的机遇、释放内陆开放的活力。

（一）陕西省内陆开放型经济开放平台建设

陕西省政府为了加强开放平台建设，在其印发的《陕西省国民经济和社会发展第十二个五年规划纲要》《陕西省"十三五"建设内陆改革开放新高地规划》《陕西省国民经济和社会发展第十三个五年规划纲要》中均提出了开放平台建设，尤其在陕西省"十三五"规划和《推动共建丝绸之路经济带和21世纪海上丝绸之路的愿景与行动》中明确提出了建设内陆改革开放新高地的战略定位，并通过打造高水平中国（陕西）自贸试验区平台、空港陆港平台、国际合作平台来促进陕西省作为"一带一路"核心区的内陆开放平台建设（见表6-1）。

表6-1　陕西省内陆开放型经济开放平台建设

平台名称	开放平台与定位	平台级别
中国（陕西）自由贸易试验区	2016年8月,陕西自贸区获批。陕西自贸区三大战略定位:建设成为"内陆改革创新试验田"、全国"双向开放示范区""'一带一路'开放合作新高地"。自贸试验区的实施范围119.95平方公里,涵盖三个片区:中心片区87.76平方公里[含陕西西安出口加工区A区0.75平方公里、B区0.79平方公里,西安高新综合保税区3.64平方公里和陕西西咸保税物流中心(B型)0.36平方公里],西安国际港务区片区26.43平方公里(含西安综合保税区6.17平方公里),杨凌示范区片区5.76平方公里	国家级
西安咸阳国际机场	西安咸阳国际机场,位于中国陕西省西安市西北方向的咸阳市渭城区,距西安市区25公里,为4F级民用国际机场,是我国八大枢纽机场之一、国际定期航班机场、世界前百位主要机场。1991年9月1日正式建成通航,可保障高峰小时旅客吞吐量1万人次、年旅客吞吐量5000万人次、货邮吞吐量40万吨的运行需要;咸阳机场与国内外62家航空公司建立了航空业务往来,通航城市达171个,开通国内外航线313条。2014年6月成为西北第一个、中国第八个实行72小时过境免签政策的航空口岸。2016年,西安咸阳国际机场旅客吞吐量3699.45万人次,货邮吞吐量23.37万吨,起降架次29.1万架次,分别居中国第8、第14、第7位	区域性

平台名称	开放平台与定位	平台级别
西安国际港务区	西安国际港务区是陕西、西安建设丝绸之路经济带新起点的重要抓手,是连接"一带一路"倡议的重要平台,是内陆地区开发开放的新引擎。西安国际港务区位于西安主城区东北部灞河与渭河三角洲。以建设"丝绸之路经济带"上最大的国际中转枢纽港和商贸物流集散地为中心,形成了以中亚班列"长安号""西安港"一类陆路开放口岸、跨境电子商务产业园为基础的对外开放基础格局,通过海铁联运快捷体系、与国际国内港口搭建的无缝衔接的运输走廊、现代电子信息网络,为"现代互联互通"提供了坚实保障	区域性
西安综合保税区	2011年2月,国务院下发了《关于同意设立西安综合保税区的批复》,西安综合保税区规划面积为6.17平方公里,位于西安国际港务区核心位置。2013年12月实现封关运营,成为西北地区第一个封关运营的综合保税区。已进驻企业有英国塔塔钢铁(世界500强)、日本通运株式会社(世界500强)、西安民希产业园运营有限公司(东盟国民国际产业园)、台湾大统生技药业集团(台湾MIT科学园)、华晶电子(太阳能光伏项目)等	区域性
西安铁路集装箱中心站	西安铁路集装箱中心站是中外合资企业——中铁联合国际集装箱有限公司(简称中铁联集),是全国布局的18个铁路集装箱中心站之一,是陕西省、西安市发展现代物流产业和"西安港"的重要支撑平台,是丝绸之路经济带上国内段和全国唯一内设国际货运查验区的中心站,是"长安号"国际货运班列的始发站。站内设立独立封闭的海关监管场所,专用的储存、堆放、装卸海关监管货物的仓库、场地。2015年11月,集装箱到发量突破10万标箱	区域性
西安高新综合保税区	西安高新综合保税区于2012年9月22日获得国务院批复,保税区规划面积3.64平方公里。是承载陕西电子信息产业以及三星电子存储芯片项目及其配套企业建设基地,是统筹科技资源改革示范基地和先进制造业的重要基地;是提升陕西电子信息产业国际化水平、促进外向型经济发展的重要平台。西安高新综合保税区整合了海关所有特殊监管区域的功能政策,集保税区、出口加工区、保税物流园区功能于一身,具有口岸、物流、加工三大功能	区域性
宝鸡综合保税区	宝鸡综合保税区位于宝鸡高新区科技新城东片区,北临渭河,南临高新大道,是设立在陕西省宝鸡市国家级高新技术产业开发区内的具有保税港区功能的海关特殊监管区域,总规划面积3.34平方公里。2016年11月设立宝鸡综合保税区。保税区管理执行保税港区的税收和外汇政策,集保税区、出口加工区、保税物流区、港口等功能于一身,可以发展国际中转、配送、采购、转口贸易和出口加工等业务	区域性
欧亚经济论坛	欧亚经济论坛是上合组织框架下的经济合作机制,每两年举办一次,以上海合作组织国家为主体,面向广大欧亚地区的高层次、开放性国际会议,主要通过政商学界的广泛对话,发掘欧亚地区市场潜力,增进沿线各国的人文交流与文明互鉴。论坛自2005年创办以来,已成功举办六届,对增进欧亚各国相互了解、加快内陆地区"向西开放"进程,提升陕西外向型经济发展水平发挥了重要推动作用。陕西西安被定为欧亚经济论坛的永久性会址。2017年9月21~23日,2017欧亚经济论坛在西安举行	国际性国家级

平台名称	开放平台与定位	平台级别
西洽会	中国东西部合作与投资贸易洽谈会(简称西洽会)是东中西部各省区市在贯彻国家区域发展总体战略的实践中,共同创造培育的全国性经贸盛会。1997年创办这个展会,2017年已成功举办了第21届东西部合作与投资贸易洽谈会。2017年西洽会有来自全球70多个国家和地区60多位政要、2000余名境外客商参加,会期共举办了塞尔维亚—中国(陕西)投资贸易及旅游合作洽谈会等38场国际会议和论坛	区域性
杨凌自贸片区	中国(陕西)自由贸易试验区杨凌片区是全国唯一以农业发展为主要特色的自由贸易区,位于我国最早建立的国家杨凌农业高新技术产业示范区。杨凌自贸片区规划建设"四区一基地",即国际农业商务区、农产品加工贸易区、金融创新区、综合保税区和国际农业科技合作交流基地	区域性

资料来源:分别来自中国(陕西)自由贸易试验区、西安咸阳国际机场、西安国际港务区、西安综合保税区、西安铁路集装箱中心站、西安高新综合保税区、宝鸡高新区综合保税区、欧亚经济论坛、西洽会、中国(陕西)自由贸易试验区杨凌片区等相关门户网站。

(二)甘肃省内陆开放型经济开放平台建设

甘肃省政府为了加强开放平台建设,在其印发的《甘肃省国民经济和社会发展第十二个五年规划纲要》和《甘肃省国民经济和社会发展第十三个五年规划纲要》中均提出了开放平台建设。尤其在甘肃省"十三五"规划和《推动共建丝绸之路经济带和21世纪海上丝绸之路的愿景与行动》中明确提出要深入实施"13685"战略,发挥千里河西走廊的战略通道优势、坐中联六的区位优势,构建以兰州新区为重点的向西开放经济战略平台,以华夏文明传承创新区和丝绸之路(敦煌)国际文化博览会为重点的文化交流合作战略平台,努力将甘肃打造成国家向西开放的重要门户和次区域合作战略基地(见表6-2)。

表6-2　甘肃省内陆开放型经济开放平台建设

平台名称	开放平台与定位	平台级别
兰洽会	"兰洽会"全称中国兰州投资贸易洽谈会,是中国西部地区主要的投资贸易洽谈会之一,已发展成为西部地区国际化和专业化的大型展会。2012年6月,商务部联合主办第十八届兰洽会,兰洽会正式升格为国家级。自1993年举办以来,兰洽会已经连续成功举办23届,兰洽会已经成为甘肃招商引资的重要载体和对外开放的窗口	国际性国家级

续表

平台名称	开放平台与定位	平台级别
丝绸之路（敦煌）国际文博会	简称敦煌文博会，以"推动文化交流、共谋合作发展"为宗旨，以丝绸之路精神为纽带，以文明互鉴与文化交流合作为主题，以实现民心相通为目标，着力打造国际化、高端化、专业化的国家级文化博览会，是"一带一路"建设的重要载体，是丝绸之路沿线国家人文交流合作的战略平台。从 2016 年 9 月举办首届起，每年在甘肃省举办一次	国际性
兰州新区	2012 年 8 月 20 日，兰州新区正式升格为全国第五个国家级新区，也是西北地区第一个国家级新区，是国家重要的产业基地、向西开放的重要战略平台、承接产业转移示范区	国家级
兰州中川国际机场	位于中国兰州新区中川镇，距市区 75 公里，为 4E 级机场，是甘肃省省会兰州市的空中门户、西北地区的重要航空港、国际备降机场。1970 年 7 月正式建成通航，2013 年正式提升为国际航空口岸，更名为兰州中川国际机场，现已开通前往国内外共 85 个城市的 149 条航线，其中国内城市 66 个，航线 128 条；国际及地区城市 19 个，航线 21 条。2016 年，兰州中川国际机场旅客吞吐量 1089.79 万人次，货邮吞吐量 5.94 万吨，起降 9.10 万架次，分别居中国第 28、第 32、第 31 位	区域性
敦煌国际机场	位于甘肃省敦煌市莫高镇。敦煌机场始建于 1982 年 2 月，为 3C 级，2007 年开通国际航空临时口岸。2015 年 3 月，敦煌航空口岸对外开放获得国务院批准，成为继兰州中川国际机场后甘肃第二个国际航空口岸。2015 年敦煌机场的旅客吞吐量为 390163 人次	区域性
兰州新区综合保税区	位于兰州新区机场东部物流产业组团，总规划面积 3.39 平方公里。有"进口保税、出口退税、区内货物自由流动"的"自由港"特点。兰州新区综合保税区 2014 年 7 月获国务院批复，2015 年 8 月封关运行	区域性
兰州国际港务区	位于兰州市西固区，总规划面积 73 平方公里，以兰州东川铁路货运中心站、兰州铁路集装箱中心站、兰州公路集装箱中心站和兰州保税物流中心（B 型）为主体，为具有多式联运方式港口功能的国际港务区，是"丝绸之路经济带"上国际贸易的枢纽港，"外引内联、东联西出、西来东去"的开放合作平台	区域性
武威保税物流中心	是国家在甘肃省批准设立的第一个海关特殊监管区域。2014 年 8 月底建成，10 月正式封关运营。2014 年 12 月 12 日，甘肃省首列中欧班列"天马号"（武威—阿拉木图）在武威保税物流中心首发。2015 年 3 月，国家质检总局批准同意在武威保税物流中心开展进境俄罗斯板材检验检疫监管工作，标志着甘肃武威继江西赣州之后，获批筹建我国第二个内陆进境木材监管区	区域性

资料来源：兰州新区、兰州中川国际机场、敦煌国际机场、兰州新区综合保税区、兰州国际港务区相关门户网站。

（三）宁夏内陆开放型经济开放平台建设

宁夏回族自治区政府为了加强开放平台建设，在其印发的《宁夏回族自治区国民经济和社会发展第十二个五年规划纲要》《宁夏内陆开放型经济试验区规划》《自治区党委关于融入"一带一路"加快开放宁夏建设的意见》《宁夏回族自治区国民经济和社会发展第十三个五年规划纲要》中均提出了开放平台建设，尤其在《宁夏内陆开放型经济试验区规划》、宁夏"十三五"规划和宁夏回族自治区第十二次代表大会上的报告《振奋精神实干兴宁为实现经济繁荣民族团结环境优美人民富裕与全国同步建成全面小康社会目标而奋斗》中明确提出要加快推进内陆开放型经济试验区建设，着力打造内陆开放示范区、中阿合作先行区和丝绸之路经济带战略支点。充分发挥中阿博览会的平台作用，把博览会办成中阿高层对话、政策沟通、经贸合作、文化交流的重要窗口和共建"一带一路"的重要机制性平台（见表6-3）。

表6-3 宁夏内陆开放型经济平台建设

平台名称	开放平台与定位	平台级别
中阿博览会	中国—阿拉伯国家博览会是经中国国务院批准，由中国商务部、中国国际贸易促进委员会、宁夏回族自治区人民政府共同主办的国家级、国际性综合博览会。自2010年以来，在宁夏已成功举办了三届中阿经贸论坛和三届中国—阿拉伯国家博览会，在国际上产生了广泛而深刻的影响，得到了"一带一路"沿线国家的广泛认同。通过举办中国—阿拉伯国家博览会，国家有关部委与阿拉伯国家相关政府部门签署了多项合作协议，有力地拓宽了合作的渠道。技术转移中心、农业技术转移中心、医疗健康合作发展联盟等一批多双边合作机构落地宁夏，中国—阿拉伯国家博览会已成为中阿共建"一带一路"的重要平台	国际性国家级
宁夏内陆开放型经济试验区	2012年9月，国务院批准设立宁夏内陆开放型经济试验区，是我国首个内陆开放型经济试验区。宁夏内陆开放型经济试验区战略定位：国家向西开放的战略高地，充分发挥中阿博览会平台作用，创新体制机制，鼓励先行先试，实行灵活的开放政策，构建西部地区更加开放的经贸合作区域。建设国家大型综合能源化工生产基地，以及能源化工、新能源开发区域性研发创新平台。承接产业转移的示范区，依托现有各类产业园区，建设全国承接产业转移示范区	国家级

平台名称	开放平台与定位	平台级别
银川综合保税区	位于宁夏灵武临空经济区内,由"综合综保区、现代化国际商贸区及战略性新兴产业区"组成,总规划面积约159平方公里。2012年9月10日经国务院批准设立,2013年12月29日实现封关运行	区域性
银川河东国际机场	为4E级机场,可满足B747-400及以下机型的起降要求,属国内干线机场,现已成为宁夏回族自治区改革开放的重要窗口。1997年9月6日正式通航,同日零时,银川西花园机场关闭。2013年7月17日,银川河东机场正式更名为银川河东国际机场。2016年机场公司全年实现运输起降5.39万架次、旅客吞吐量634.15万人次、货邮吞吐量3.71万吨,同比分别增长14.6%、17.7%和11.3%,名次分别为第45、第39和第40名	区域性
惠农陆路口岸	2010年5月,经宁夏回族自治区政府批准,以惠农路口岸为核心,以石嘴山工业园区为基础整合组建的石嘴山惠农陆港经济区挂牌成立。2011年4月成功升级为国家级经济技术开发区。口岸具备了通关、国际货物代理、船舶代理、国际集装箱运输、堆存、仓储等多项口岸功能,实现了"属地申报,口岸验放"的内陆通关模式,成为天津市重点扶持的西部地区规模最大、功能最全、建设标准最高,具备标杆示范作用的内陆无水港	区域性
中宁陆路口岸	是宁夏回族自治区政府于2012年4月批准设立的二类口岸,享有出口报检、报关一站式服务。2016年5月18日,"中阿号"中亚国际班列满载50个车皮货物,正式从中宁陆路口岸出发,直奔目的地——乌兹别克斯坦塔什干车站。"中阿号"中亚国际班列的运行路线为:中宁陆路口岸—阿拉山口—塔什干,未来列车计划将运行线路扩展至伊朗首都德黑兰	区域性

资料来源:银川综合保税区、银川河东国际机场、中阿博览会、宁夏内陆开放型经济试验区、惠农陆路口岸等相关门户网站。

(四)青海省内陆开放型经济开放平台建设

青海省政府为了加强开放平台建设,在其印发的《青海省国民经济和社会发展第十二个五年规划纲要》和《青海省国民经济和社会发展第十三个五年规划纲要》中均提出了开放平台建设,重点以西宁、海东和格尔木三个城市建设来提升全省的对外开放水平,同时也提出以西宁曹家堡机场、曹家堡保税物流中心、青洽会、青海藏毯国际展览会等来打造内陆开放型经济平台,构建全方位、多层次、高水平对外开放新格局(见表6-4)。

表 6 – 4　青海省内陆开放型经济平台建设

平台名称	开放平台与定位	平台级别
青海藏毯国际展览会	2004 年 7 月举办了首届青海藏毯国际展览会。展览会以扩大对外开放、创建特色经济、宣传地毯名优产品、树立企业形象、加强国际交流、促进地毯产业的发展为目的,充分发挥青海的资源优势和产业发展基础优势,以藏毯产业的投资合作、开放发展为重点,打造世界地毯业技术交流、贸易往来的国际化平台,进一步推进藏毯在"一带一路"建设中发挥积极作用	国际性
西宁曹家堡机场	建于 1931 年,位于青海省互助县高寨乡境内,为国内 4E 级干线机场,是青藏高原重要交通枢纽和青海省主要对外口岸。2009 年至 2013 年,西宁机场每年保持 20% 以上的旅客增长率,2016 旅客吞吐量 468 万人次	区域性
曹家堡保税物流中心(B 型)	2015 年 12 月,批准设立的青海首个保税物流中心(B 型)为口岸,标志着青海省首个海关保税监管场所正式设立。该保税物流中心建成后,将依托青海省特有的资源和产业基础,重点开展保税仓储、国际中转、国际配送、国际采购、增值加工、商品展示、出口退税等功能,服务青海承接国内外产业转移,聚集特色优势产业和战略性新兴产业,引领、带动、辐射和服务全省及周边区域的外向型经济发展	区域性
青洽会	青洽会,全称为中国青海结构调整暨投资贸易洽谈会。自 2000 年起已成功举办了 16 届。会议举办对于加快西部省区特别是青海对外开放的步伐,广泛开展东西部合作,吸引东部企业参与西部经济结构调整和特色经济构建,实现国有经济战略性重组,加快生态环境保护、基础设施建设、优势资源开发,扩大对外宣传,实现招商引资目标,推动西部大开发战略的实施等方面起到重要促进作用	区域性

资料来源:西宁曹家堡机场、曹家堡保税物流中心、中国青海结构调整暨投资贸易洽谈会等相关门户网站。

二　内陆开放型经济发展的关键因素

党的十八届三中全会从"放宽投资准入""加快自由贸易区建设""扩大内陆沿边开放"三个方面提出了一系列重大创新举措。特别是,全会提出扩大内陆开放,明确了重点任务、基本路径、重要举措,充分体现了我们党对开放规律的认识更加深刻、把握更加准确。

党的十九大报告在关于开放方面提出要"推动形成全面开放新格局,要以'一带一路'建设为重点,坚持引进来和走出去并重,形成陆海内外联动、东西双向互济的开放格局。优化区域开放布局,加大西部开放力度。赋予自由贸易试验区更大改革自主权，探索建设自由贸易港"。

在我国改革开放初期，沿海和内陆的经济发展水平差别不算很大。但是现在，沿海 11 省市却拥有了全国 87% 的进出口、83% 的实际利用外资、78% 的对外投资。从数据上看很多人误认为开放就是由地理区位决定的，内陆注定不如沿海开放，只能跟着沿海梯度开放。这是过度强调先天条件，忽略了后天努力，或者说是用静止的眼光看变化的误解。随着航空、铁路、公路、油气管道等设施的完善和运输技术的进步，内陆的区位条件早已不再停留在传统概念的封闭状态之下。当今，高铁、航空和互联网，再加上特别的顶层设计，随时都会带来区位的大调整、大整合，当中国"一带一路"倡议提出后，大通道的调整就带来了区位大格局的改变，而且就面向亚欧大陆的开放而言，西北内陆区域就有"近水楼台"的优势，西部又成为真正的开放前沿。

开放本质上是一个市场经济命题。它的内涵就是一个国家或地区参与国际国内"两个市场"，配置"两种资源"，推动本国或本地生产发展、贸易扩大、人民生活改善。这既需要"硬件"设施互联互通，也需要"软件"的制度安排来协调国家之间千差万别的文化、规则、法制。从这个意义上讲，开放既受不断变化的区位条件的影响，更受制度安排和基础设施的影响。

（一）制度安排是决定开放的关键因素

从经济学逻辑看，之所以沿海处于开放的前沿，是因为沿海的体制机制搞得活，深度参与了国际国内"两个市场"，有效配置了"两种资源"；或者可以说是当时制度的安排，使资金、技术、人才、物流、政策等众多积极因素和众多利好都集聚到了沿海区域，为沿海地区的发展带来了难得的机遇，加之本来就有的出海便利条件和区位优势，自然使沿海地区发展快于内陆地区。再如，近些年各个省（区、市）更加注重人才的培养与使用，特别是欠发达地区为了能够招聘到人才和留住人才，通过制度的安排，出台了一系列措施，如博士毕业生到用人单位可以当年评聘副高，这样的制度安排要比硕士评副高快了 6~7 年，这从时间成本和机遇成本上就已经快了许多，也拉开了距离并占据了优势。从国际经验看，有相当一些内陆国家因制度的安排，其发展远远优于沿海地区。如德国地处欧洲大陆，因制度的安排其开放水平远高于沿海国家西班牙、葡萄牙等，且其内陆城市如柏林、法兰克福、慕尼黑等都是著名的国际经济、金融或科教中心。

（二）互联互通的基础设施是支撑开放的重要基础

区位条件是相对的、变化的。在大航海时代前，由于没有航海通道，沿海也不意味着拥有开放的区位优势。相反，历史上中原大地货畅其流、客商云集，开放程度比沿海高得多。当代，在航空、铁路技术快速发展的催生下，陆地和空中交通越来越便捷，国际大通道迅速改变了内陆的区位条件。因此，只要体制机制搞得活，与国际互联互通的各种基础设施逐步得到完善，内陆完全可以与沿海同步、同等开放。[1]

（三）完善"六大机制"是构建内陆开放型经济的重要补充

目前，我国的内陆和沿海发展水平差距仍然很大，开放的确还存在不协调、不均衡的情况。针对这个问题，无论是党的十八届三中全会提出的扩大内陆沿边开放，还是党的十九大报告提出"要推动形成全面开放新格局"，都对内陆开放做出了顶层设计和系统安排。通过梳理可以用"六个大"来概括。

一是构建开放型经济"大格局"。党的十九大报告提出"要推动形成全面开放新格局，要以'一带一路'建设为重点，坚持引进来和走出去并重，形成陆海内外联动、东西双向互济的开放格局。优化区域开放布局，加大西部开放力度"。

二是打通"大通道"。党的十八届三中全会提出了"支持内陆城市

---

[1]　黄奇帆：《以改革创新促内陆开放》，凤凰资讯，2014 年 1 月 27 日，http：//news. ifeng. com/shendu/xxsb/20140127. shtml。

增开国际客货运航线、发展多式联运，形成横贯东中西、联结南北方对外经济走廊"，"加快同周边国家和区域基础设施互联互通建设，推进丝绸之路经济带、海上丝绸之路建设"。

三是实施"大通关"。党的十八届三中全会提出，改革"海关监管、检验检疫等管理体制"，"推动内陆同沿海沿边通关协作，实现口岸管理相关部门信息互换、监管互认、执法互助"。

四是构筑"大平台"。党的十八届三中全会提出了"加快海关特殊监管区域整合优化"，"在具备条件地方发展若干自由贸易园（港）区"；党的十九大报告"赋予自由贸易试验区更大改革自主权，探索建设自由贸易港"。

五是培育开放的产业"大集群"。党的十八届三中全会提出了"抓住全球产业重新布局机遇，推动内陆贸易、投资、技术创新协调发展"，"创新加工贸易模式，形成有利于推动内陆产业集群发展的体制机制"。党的十九大报告提出要"拓展对外贸易，培育贸易新业态新模式，推进贸易强国建设，创新对外投资方式，促进国际产能合作，形成面向全球的贸易、投融资、生产、服务网络，加快培育国际经济合作和竞争新优势"。

六是营造投资便利化的"大环境"。党的十八届三中全会提出了"探索对外商投资实行准入前国民待遇加负面清单的管理模式"，党的十九大报告提出"实行高水平的贸易和投资自由化便利化政策，全面实行准入前国民待遇加负面清单管理制度，大幅度放宽市场准入，扩大服务业对外开放，保护外商投资合法权益。凡是在我国境内注册的企业，都要一视同仁、平等对待"。支持服务业、制造业多个领域向外资进一步放宽准入限制、扩大开放。[①]

[①] 汪彦：《黄奇帆解读三中全会〈决定〉：内陆可与沿海同步同等开放》，《学习时报》2014年1月27日。

这"六个大",既是对过去开放型经济"摸着石头过河"搞开放的经验总结,也是对未来内陆开放型经济及开放型经济做出的顶层设计和系统安排,为我国发展开放型经济指明了路径。

三　内陆开放经济"大平台"机制构建

(一)开放平台的重要性与集聚效应

西北内陆地区要抓住经济全球化机遇,主动融入国家"一带一路"倡议和内陆开放型经济发展,推动形成航空港务、铁路高铁港务、内陆无水港交通枢纽;形成多个国家级、区域性开放口岸;形成多个保税监管区、保税物流仓储加工、博览会等构建而成的大平台、大通道、大通关、大产业、大集群、大环境开放要件,从而形成大开放格局和开放机制。

内陆开放平台主要包括自由贸易区,综合保税区,国际性的博览会,区域性、连续性的会展,国际航空港口与机场,内陆无水港口,内陆新区,各类试验区与示范区等。为了更加有效地扩大和拓展内陆开放平台建设,就需要在内陆各省(区、市)原有开放平台基础之上通过整合平台资源与增加新的开放平台,如自由贸易区、新区、金融试验区等来助推扩大内陆开放平台建设,以构建开放平台长效机制,增强内陆开放的活力与动力。

1. 开放平台的重要性

当今是"互联网+"的时代,对于"平台"这个词大家并不陌生,很快就联想到众多与平台相关的词语,如互联网平台、开放平台、电商平台、交易平台、数据平台、营销平台……

迈克尔·哈耶特在《平台:自媒体时代用影响力赢取惊人财富》一书中表示,在当今市场要想获得成功,必须拥有两个战略资产:让人欲罢不能的产品和有效的平台。这里的平台大部分情况下指的是区分线上和线下的一种商业运营模式,比如对于普通商户而言,原来卖大闸蟹只能起早去菜场面对面地卖给客户，而现在各类生鲜电商都会提供平台给商户，供他们出售大闸蟹；以前想买理财产品，更是得去银行排队，或者由基金经理电话销售，而现在各个互联网金融平台的出现，让理财产品只需要在网站上点击几下就可以完成购买，这就是平台的聚集力与平台的效应。[①] 它不单可以收集客户的资料，具有最普通的数据收集功能，还可以达到精准营销和推送的目的。同时，根据数据的沉淀与积累，就能营造出一个平台生态系统或者说是平台生态。这些平台将会成为创业者、企业、商家、投资者、部门、政府、行业等多个领域相互依托、相互共享、共同青睐的对象。当然，也充分彰显了平台的重要性、功能性和影响力。

对于内陆开放型经济来讲，平台具有重要作用和功能，因此开放平台建设就显得尤为重要，需要加强顶层设计，做好规划，优化布局，依托不同级别的开放平台，如国际性国家级的、区域性的、联合性的、功能类的、工具型的、产业型的等，必须充分发挥这些平台在聚集、带动方面的作用，以推动内陆开放型经济实现更高质量发展。

2. 发挥好平台集聚作用，构建内陆开放新活力

当前，我国经济发展已进入新常态，经济增速从高速转向中高速，增长结构由中低端转向中高端，发展动力从传统增长点转向新增长点。就需要充分发挥政府和市场作用，以创新、改革、开放为动力，以科学整合资源要素为手段，依靠政策导向引导市场行为、依靠集聚集群提高资源配置效率，以综合保税区、出口加工区、工业园区等区域性发展平台，来引爆项目的"主战场"、产业升级的"发动机"，推动实现更高质量、更有效率、更加公平、更可持续的发展。

要想发挥好平台的集聚作用，就要科学规划、培育特色。强化平台的集聚作用，离不开统筹谋划、科学布局。近年来，西北内陆区域性发

---

① 潘朝辉：《所谓"平台"在行业生态中的重要意义》，《恒生世界》2016 年第 4 期。

展平台在推进产业集群发展、促进科技创新、扩大开放等方面发挥了重要作用，但一些平台还存在产业集聚度不高、协作配套程度低、优势特色不明显等问题。解决这些问题，需要我们站在全国或全球的高度进行顶层设计。要大胆探索、先行先试，增强综合保税区、出口加工区等的内生动力，着力解决平台内企业生产、技术、管理、信息等实际问题，不断优化发展环境，切实推进简政放权，转变政府职能，规范行政收费行为，为平台内企业发展创造良好环境，更好地为做大做强区域发展平台提供服务。发挥好平台的集聚作用、辐射作用，带动周边地区经济发展，进一步提升平台的吸引力和竞争力。

（二）优化内陆开放平台载体，扩大开放型经济发展空间

对外开放平台不仅是对外交往的有效载体，还是产业发展、经济发展的重要支撑，更是对外开放的有力抓手，对于提升内陆地区国内外影响力和发展水平，吸引资金、技术、项目、人才等起着十分关键的作用。因此，要抓好开放平台建设，使其成为进一步拓展内陆地区对外开放的新空间、增创产业发展的新优势、增添经济发展的新动力。

加快内陆地区开放平台建设，就是内陆地区的省区市要按照各自的区域优势打造特色鲜明的开放平台，按照"一带一路"重要节点来定位各省区市对外开放平台建设。如宁夏依托"中阿博览会"重点打造国家级、国际性，面向丝路沿线国家开放的战略平台；陕西依托"丝绸之路博览会"打造面向中亚、欧洲国家开放的战略平台；甘肃依托"兰洽会"、丝绸之路（敦煌）国际文化博览会打造面向亚欧开放的战略平台；青海依托"青洽会、藏毯展"打造面向中亚开放的战略平台；新疆依托"亚欧博览会"打造面向中亚国家的开放战略平台。要在发挥各自开放平台功能的同时还要将各自已有的自贸区、保税区、口岸、内陆无水港、内陆开放型经济试验区、物流中心等平台整合，构建起内陆区域相互协作、互为平台、互为衔接、互为补充、共建共享、包容开放、联合"走西口"的协作机制与协作平台，使其成为扩大对外开放

和推动丝绸之路经济带建设的重要载体。

（三）"十三五"期间西北内陆省区开放平台定位与构建

开放平台、交通、经济密度、资金等因素的有限性使内陆地区开放型经济建设滞后于沿海沿江沿边区域，为了补齐开放的短板，就需要增加更多更有效的内陆开放平台建设，以规避内陆地区不沿边不靠海的区域弱势。通过搭建内陆开放型经济新平台，积极参与到"一带一路"开放进程中，能更加有效地增强内陆开放的机遇、释放内陆开放的活力。

"十三五"期间西北内陆四省区都围绕"一带一路"倡议布局，根据各自的发展现状与区位相对优势，主动作为，加快建立开放型市场经济新体制，制定了各自开放平台建设目标与定位。

陕西通过推广复制上海自由贸易区经验，推进贸易通关便利化，建设西安自由贸易区。在重点巩固用好已有平台的基础上，积极搭建新的平台，以西洽会暨丝博会、丝绸之路国际艺术节、杨凌农高会、中国西部跨国采购洽谈会等平台，并以建设浐灞国际使领馆区，新增若干个外国领馆等平台建设来释放合作潜力，扩大陕西的国际合作平台影响力。

甘肃省通过深入实施"13685"战略，发挥千里河西走廊的战略通道优势、坐中联六的区位优势，构建以兰州新区为重点的向西开放经济战略平台，以华夏文明传承创新区和丝绸之路（敦煌）国际文化博览会为重点的文化交流合作战略平台，以中国兰州投资贸易洽谈会为重点的经济贸易合作战略平台，着力建设丝绸之路经济带黄金段整体平台，努力将甘肃打造成国家向西开放的重要门户和次区域合作战略基地。

宁夏主动融入和服务国家发展战略，积极参与"一带一路"建设，实施了开放引领发展战略。依据《宁夏内陆开放型经济试验区规划》，以先行先试的政策优势，大胆探索，积极借鉴复制自由贸易试验区改革经验，以政策创新、制度创新为突破口，充分发挥中阿博览会的平台带动作用，打造以中阿合作为特色的国际会展经济高地，使中阿博览会成为中阿高层对话、政策沟通、经贸合作的重要窗口和共建"一带一路"的重要机制性平台。

青海省紧抓国家"一带一路"倡议机遇，以西宁、海东、格尔木等城市建设和功能提升，来构建开放型节点城市，并与"一带一路"沿线国家和地区缔结友好城市，加强城市间经贸合作、人文交往、产业合作，来进一步拓展青海省对外开放的广度和深度，构建全方位、多层次、高水平对外开放新格局。

表6–5 "十三五"期间西北内陆四省区开放平台定位与目标

省区	战略定位	关键词	开放平台建设目标
陕西	内陆改革开放新高地、丝绸之路经济带新起点和重要战略节点	一高地四基地；科技创新；人才强省	扩大西洽会暨丝博会、丝绸之路国际艺术节等的影响力，创新欧亚经济论坛形式，继续办好杨凌农高会、中国西部跨国采购洽谈会等，加快建设浐灞国际使领馆区，新增若干个外国领馆。在中亚和非洲布局陕西产业园区建设。建设"中国—中亚经济合作园区"、陕韩产业合作园区、中俄丝绸之路高科技产业园区。努力打造内陆改革开放新高地
甘肃	向西开放重要门户和次区域合作战略基地	"13685"开放战略、"6873"交通突破行动	深入实施"13685"战略，构建以兰州新区为重点的向西开放经济战略平台，以华夏文明传承创新区和丝绸之路（敦煌）国际文化博览会为重点的文化交流合作战略平台，以中国兰州投资贸易洽谈会为重点的经济贸易合作战略平台。建立以面向六大国际经济走廊为重点的对外交流合作窗口，努力将甘肃打造成国家向西开放的重要门户和次区域合作战略基地
宁夏	内陆开放示范区和丝绸之路经济带战略支点	内陆开放型经济；开放型经济	内陆开放型经济试验区建设取得重大进展，开放型经济体系基本建立，中阿博览会品牌影响力大幅提升。提升中阿博览会的平台带动作用，承接中阿合作论坛项下的会议和活动，把博览会办成中阿高层对话、政策沟通、经贸合作的重要窗口和共建"一带一路"的重要机制性平台。打造以中阿合作为特色的国际会展经济高地
青海	生态环境保护优先区、循环经济发展先行区、丝绸之路经济带的重要节点	把青海建设成为丝绸之路经济带的重要节点	加强与丝绸之路经济带沿线国家和地区的交流合作，把青海建设成为丝绸之路经济带的重要节点。着眼西宁、海东和格尔木城市建设和功能提升，积极在沿线国家和地区缔结友好城市，加强经贸合作，打造对外开放的三个节点城市

（四）增强综合保税区发动机作用，助力内陆开放平台建设

1. 保税区平台的功能与效应

保税区具有"保税仓储、出口加工、转口贸易"三大功能。享有"免证、免税、保税"政策，实行"境内关外"运作方式，是中国对外开放程度最高、运作机制最便捷、政策最优惠的经济区域之一（见表6-6）。保税区能便利转口贸易，增加有关费用的收入。运入保税区的货物可以进行储存、改装、分类、混合、展览，以及加工制造，但必须处于海关监管范围内。外国商品存入保税区不必缴纳进口关税，尚可自由进出，只需交纳存储费和少量费用，但如果要进入关境则需交纳关税。

表6-6 综合保税区享受优惠政策简述

政策	内容
保税加工政策	1）免税：从境外进区的设备、原材料、基建物资和自用合理数量的办公用品免征进口关税；制成品及边角料、残次品、余料、废料销往境外免征出口关税；企业出口加工产品不征收增值税、消费税。 2）保税：为加工出口产品所需进境的原材料、包装物件及消耗材料，予以全额保税。 退税：从区外进入综合保税区的货物视同出口，可办理出口退税；区内企业使用水、电、气实行退税政策。 3）免证：货物可以在综合保税区和其他国家之间自由进出，除国家另有规定外，不需配额和许可证；海关不实行《登记手册》管理；开展加工贸易业务不实行加工贸易银行保证金台账制度；不实行合同核销，不实行单耗管理
保税物流仓储及进出口贸易政策	1）区内存储货物的品种和仓储时间不受限制，可在不改变物权情况下，根据物权单位的指令，将仓储于保税仓库内的货物直接或进行简单加工后自由配送；销往区内、国内其他特殊监管区或境外，不征收增值税、消费税。 2）区外企业可将多种商品入区获得退税后，根据客户指令集运出口。 3）国内外采购商从境外采购货物，进入综合保税区，按照区外企业需要，分批次办理出库供货。 4）加工贸易企业将采购的国产中间产品出口到综合保税区（国内货物进区可视同出口），再由下游加工贸易企业办理进口手续，以达到出口退税的目的。 5）区内企业可开展研发业务，所用境外和国内的仪器、设备、材料等不受产业限制一律享受免税、保税和退税政策；境外和区外进出的检测货物，享受保税政策；国产出口设备等货物可进入区内保税维修并复运出境。 6）区内与境外间进出的货物，海关实行备案制，不实行进出口配额、许可证管理

续表

政策	内容
海关监管政策	1）海关对综合保税区与境外之间进出口货物实行备案制管理。 2）综合保税区内企业可向海关集中申报手续。 3）经海关批准，区内企业可将其进口料件和生产的半成品委托区外企业加工，经加工后返回综合保税区。区外企业也可委托区内企业加工，加工后返回区外。 4）海关对于综合保税区与其他海关特殊监管区或者保税区监管场所之间往来的货物，实行保税监管。 5）综合保税区货物不设存储期限
检验检疫政策	1）区内企业从境外入区的仓储物流货物以及自用的办公用品、出口加工所需原材料、零部件免予强制性产品认证。 2）从非保税区进入综合保税区的货物，又输往非保税区的，不实施检验。 3）经综合保税区转口的应检物，在区内短暂仓储，原包装转口出境并且包装密封状况良好，无破损、撒漏的，入境时仅实施外包装检疫。 4）对入区后又复出区进入国内市场的货物，在检验检疫有效期内免予实施检疫。 5）转口应检物出境时，除法律法规另有规定和输入国家或地区政府要求入境时出具我国检验检疫机构签发的检疫证书或检疫处理证书的以外，一般不再实施检验和检疫处理。 6）区内企业之间销售、转移进出口应检物，免予实施检验检疫
外汇管理政策	1）企业可开设经常项目外汇账户及资本项目外汇专用账户，经常项目外汇账户限额需核定。 2）进出综合保税区的免税、保税货物，以外币计价结算，其他物品进出综合保税区可以外币计价结算，也可以人民币计价结算。 3）企业不实行合同核销制度，与境外之间的进出境贸易项下的外汇收支，无须向外汇管理局办理收付汇的核销手续，外汇凭相关单证从银行支付。 4）企业有条件购汇，允许人民币资金注册企业，以不超过其注册资本中实际到位的人民币部分购汇。 5）中外资企业均可开立外汇现汇账户，企业经营所得外汇实行意愿结汇，外汇收入可以全额留存
其他方面政策	1）启运港退税：从国内其他港口启运经潍坊综合保税区中转的货物，在离开启运地时即可办理出口退税。 2）离岸账户：综合保税区内允许开设离岸账户，为企业开展境外业务提供资金结算便利，跨国公司可在区内设立财务中心和结算中心。 3）自由流转：综合保税区内货物可以在区内企业之间自由流转。区内企业之间在转让货物时，只需向海关报送货物品名、数量、金额等电子数据信息，不需要报关办进出区手续。

早期，我国对海关特殊监管区域实行靠近或邻近港口的称为"保税港区"，设立在内陆的称为"综合保税区"，都是目前我国开放层次最高、政策最优惠、功能最齐全的海关特殊监管区域，是国家开放金融、贸易、投资、服务、运输等领域的试验区和先行区。其功能和税收、外汇政策按照《国务院关于设立洋山保税港区的批复》的有关规定执行。即国外货物入区保税，货物出区进入国内销售按货物进口的有关规定办理报关手续，并按货物实际状态征税；国内货物入区视同出口，实行退税；保税区内企业之间的货物交易不征增值税和消费税。该区以国际中转、国际采购、国际配送、国际转口贸易和保税加工等功能为主，以商品服务交易、投资融资保险等功能为辅，以法律政务、进出口展示等服务功能为配套，具备生产要素聚散、重要物资中转等功能。

1990 年，我国在上海外高桥设立了首个保税区并投入运营，国务院先后批准设立了保税区、出口加工区、保税物流园区、跨境工业园区、保税港区、综合保税区等 6 种类型的海关特殊监管区域。后因这些区域功能不一致、政策不协调等问题，国务院办公厅于 2015 年 9 月印发了《加快海关特殊监管区域整合优化方案》，决定对这 6 类区域进行整合，配置统一政策、功能，执行统一管理制度和监管模式，将其逐步整合转型为保税港区或综合保税区。

2006 年，我国在江苏苏州太仓港设立了首个综合保税区，进行前期的先行先试（早期的综合保税区都布局在沿海沿边，内陆一个都没有）。后来，中央扩大了综合保税区的覆盖面，2010 年在内陆的重庆市设立首个"内陆地区综合保税区"，之后不断扩大覆盖区域，又在内陆的众多省区市设立了若干个综合保税区，截至 2016 年，我国共设立了 68 个综合保税区（见表 6 - 7）。

2. 利用好综合保税区开放平台，拓展综合保税区服务功能

党的十八届三中全会提出要"加快海关特殊监管区域整合优化"，就是对内陆地区建设好、利用好保税平台指明了路径，需要在保税

（港）区功能上做好文章。正如黄奇帆所讲："内陆发展进出口贸易要有开放平台，狭义上的开放平台就是保税区。保税（港）区是在境内关外的非关税区，其实比特区还'特'，它是促进开放的强劲发动机。"他举例说明重庆通过 2010 年建立西永微电园保税区和寸滩保税区，其进出口额从几年前的 70 亿美元达到现在的 660 亿美元，增长了近十倍，它们有力地带动了重庆市进出口总额的快速增长。

表 6 - 7　中国已经建成的综合保税区

序号	名称	批准日期	面积（km²）	运行情况	城市与个数（个）	省份与个数（个）
1	苏州太仓港综合保税区	2006 年 12 月 17 日	5.28	封关运行	苏州 7	江苏 17
2	昆山综合保税区	2009 年 12 月 20 日	5.86	封关运行		
3	苏州高新区综合保税区	2010 年 9 月 10 日	3.51	封关运行		
4	苏州太仓综合保税区	2013 年 5 月 30 日	2.07	封关运行		
5	吴中综合保税区	2015 年 2 月	1.38	通过验收		
6	吴江综合保税区	2015 年 2 月	1.00	通过验收		
7	常熟综合保税区	2015 年 2 月	1.27	通过验收		
8	无锡高新区综合保税区	2012 年 5 月 10 日	3.50	封关运行	无锡 2	
9	江阴综合保税区	2016 年 1 月	3.60	建设中		
10	盐城综合保税区	2012 年 6 月 18 日	2.28	封关运行	盐城 1	
11	淮安综合保税区	2012 年 7 月 19 日	4.92	封关运行	淮安 1	
12	南京综合保税区	2012 年 9 月 17 日	5.03	封关运行	南京 1	
13	南通综合保税区	2013 年 1 月 3 日	5.29	封关运行	南通 1	
14	常州综合保税区	2015 年 2 月	1.66	通过验收	常州 2	
15	武进综合保税区	2015 年 2 月	1.08	通过验收		
16	镇江综合保税区	2015 年 2 月	2.53	通过验收	镇江 1	
17	扬州综合保税区	2016 年 2 月	2.20	建设中	扬州 1	
18	滨海新区综合保税区	2008 年 3 月 10 日	1.95	封关运行	天津 1	天津 1
19	北京天竺综合保税区	2008 年 7 月 23 日	5.94	封关运行	北京 1	北京 1
20	海南海口综合保税区	2008 年 12 月 22 日	1.93	封关运行	海南 1	海南 1
21	浦东机场综合保税区	2009 年 7 月 3 日	3.59	封关运行	上海 2	上海 2
22	上海外高桥综合保税区	1990 年 6 月	8.05	封关运行		
23	白云机场综合保税区	2010 年 7 月 26 日	7.19	封关运行	广州 1	广东 2
24	深圳盐田综合保税区	2014 年 1 月	2.17	封关运行	深圳 1	

序号	名称	批准日期	面积（km²）	运行情况	城市与个数（个）	省份与个数（个）
25	潍坊综合保税区	2011年1月25日	5.17	封关运行	潍坊1	山东4
26	济南综合保税区	2012年5月29日	5.22	封关运行	济南1	
27	临沂综合保税区	2014年8月8日	3.70	封关运行	临沂1	
28	东营综合保税区	2015年5月	3.10	建设中	东营1	
29	唐山曹妃甸综合保税区	2012年7月30日	4.59	封关运行	唐山1	河北2
30	石家庄综合保税区	2014年10月	2.86	封关运行	石家庄1	
31	舟山港综合保税区	2012年9月29日	5.85	封关运行	舟山1	浙江3
32	嘉兴综合保税区	2015年2月	2.98	通过验收	嘉兴1	
33	金华金义综合保税区	2015年10月	1.79	建设中	金华1	
34	泉州综合保税区	2016年1月	2.05	建设中	泉州1	福建1
35	广西凭祥综合保税区	2008年12月19日	8.50	封关运行	崇左1	广西2
36	南宁综合保税区	2015年11月	2.73	建设中	南宁1	
37	重庆西永综合保税区	2010年2月15日	10.3	封关运行	重庆2	重庆2
38	重庆两路寸滩保税港区	2008年11月12日	8.37	封关运行		
39	成都综合保税区	2010年10月18日	4.68	封关运行	成都1	四川1
40	西安综合保税区	2011年2月14日	6.17	封关运行	西安2	陕西3
41	西安高新综合保税区	2012年9月22日	3.64	封关运行		
42	宝鸡综合保税区	2016年12月	3.34	建设中	宝鸡1	
43	阿拉山口综合保税区	2011年5月30日	5.60	封关运行	阿拉山口1	新疆3
44	喀什综合保税区	2014年9月2日	3.56	封关运行	喀什1	
45	乌鲁木齐综合保税区	2015年8月	2.41	建设中	乌鲁木齐1	
46	银川综合保税区	2012年9月10日	4.00	封关运行	银川1	宁夏1
47	贵阳综合保税区	2013年9月25日	3.01	封关运行	贵阳2	贵州2
48	贵安综合保税区	2015年1月	2.20	封关运行		
49	红河综合保税区	2013年12月	3.29	封关运行	红河州1	云南2
50	昆明综合保税区	2016年2月	2.00	建设中	昆明1	
51	兰州新区综合保税区	2014年7月15日	3.39	封关运行	兰州1	甘肃1
52	满洲里综合保税区	2015年3月	1.44	建设中	呼伦贝尔1	内蒙古1
53	新郑综合保税区	2010年10月24日	5.07	封关运行	郑州1	河南2
54	南阳卧龙综合保税区	2014年11月16日	3.03	通过验收	南阳1	
55	武汉东湖综合保税区	2011年8月29日	5.41	封关运行	武汉2	湖北2
56	武汉新空港综合保税区	2016年3月	4.05	建设中		
57	太原武宿综合保税区	2012年9月4日	2.94	封关运行	太原1	山西1

续表

序号	名称	批准日期	面积（km²）	运行情况	城市与个数（个）	省份与个数（个）
58	衡阳综合保税区	2012 年 10 月 25 日	2.57	封关运行	衡阳 1	湖南 3
59	湘潭综合保税区	2013 年 9 月 9 日	3.14	封关运行	湘潭 1	
60	岳阳城陵矶综合保税区	2014 年 7 月	2.98	封关运行	岳阳 1	
61	赣州综合保税区	2014 年 1 月	4.00	封关运行	赣州 1	江西 2
62	南昌综合保税区	2016 年 2 月	2.00	建设中	南昌 1	
63	合肥综合保税区	2014 年 3 月	2.60	封关运行	合肥 1	安徽 2
64	芜湖综合保税区	2015 年 9 月	2.17	通过验收	芜湖 1	
65	绥芬河综合保税区	2009 年 4 月 21 日	1.80	封关运行	牡丹江 1	黑龙江 2
66	哈尔滨综合保税区	2016 年 3 月	3.29	建设中	哈尔滨 1	
67	沈阳综合保税区	2011 年 9 月 7 日	7.19	封关运行	沈阳 1	辽宁 1
68	长春兴隆综合保税区	2011 年 12 月 16 日	4.89	封关运行	长春 1	吉林 1

资料来源：各个综合保税区相关门户网站。

一是要体现保税区集聚和辐射功能，用足、用好、用活保税区加工贸易的政策。比如，开展"委内加工"，推动区内代工企业承接区外品牌商订单；试点"区中园"，推动加工贸易企业、跨境电商企业等在区内开展一般贸易和保税贸易，促进形成特殊的产业链和集群；试行选择性征税，针对内陆保税区加工产品内销较多、零部件本地配套等特点，改变沿海做法，对保税区加工内销产品，实行入区国产料件不征不退、只对进口料件或成品征收关税；建立产品核心料件的集散分拨中心，提升产业集群协作、配套程度等。

二要拓展保税贸易、服务贸易、自由贸易的服务功能，打造国际国内现代服务业发展的大平台。利用现代信息、电信技术在保税区内发展现代服务业和服务贸易，内陆与沿海相比没有物流距离远的劣势，反而具有综合成本低的优势。因此，内陆保税区应抢抓机遇，大力发展对物流距离不敏感的大数据、软件外包、跨境电子商务、保税维修测试等业态，同时开展进口商品保税展销，改变高档品进口渠道窄、环节多的弊端，把大量出国旅游购物消费留在国内。①

综合保税区就像一个延长的码头，国外的进口货物虽然进入了综保区，但仍跟没有入关一样，暂时不需要缴纳关税，货物经过加工生产后，出了综保区销往国内再按货物状态征收税款。而国内的货物进入综保区可立即获得出口退税，企业可以大大节省成本。其集出口加工、转口贸易、国际中转、港口、货物配送、商品采购等功能于一身，又具有出口退税等多项优惠政策，这是解决内陆地区在区位、资金、物流仓储加工、港口等多方面不足的举措。因此，内陆地区要增强地区的发展动力，加强保税区建设是可行，也是行之有效的策略之一，当务之急是建设若干个综合保税区以增加增强进出口贸易发展平台。

（五）升级综合保税区功能，建设内陆自由贸易区（港）

1. 实施自由贸易区计划，将其上升为国家战略平台

我国的自由贸易区（中国自由贸易区）是指在国境内关外设立的，以优惠税收和海关特殊监管政策为主要手段，以贸易自由化、便利化为主要目的的多功能经济性特区。原则上是指在没有海关"干预"的情况下允许货物进口、制造、再出口。中国自由贸易区是政府全力打造中国经济升级版的最重要的举动，意义与20世纪80年代建立深圳特区和90年代建设浦东开发区有相同之处，其核心是营造一个符合国际惯例的，对内外资的投资都要具有国际竞争力的国际商业环境。

2014年12月5日，习近平总书记在主持中共中央政治局学习时发表了讲话。他指出，加快实施自由贸易区战略，是我国新一轮对外开放的重要内容。党的十七大把自由贸易区建设上升为国家战略，党的十八大提出要加快实施自由贸易区战略。党的十八届三中全会提出要"在具备条件地方发展若干自由贸易园（港）区"，以周边为基础加快实施

① 黄奇帆：《以改革创新促内陆开放》，凤凰资讯，2014年1月27日，http：//news. ifeng. com/shendu/xxsb/20140127. shtml。

自由贸易区战略，形成面向全球的高标准自由贸易区网络。2015 年 12 月 17 日，国务院发布了《关于加快实施自由贸易区战略的若干意见》，提出加快实施自由贸易区战略是我国新一轮对外开放的重要内容。党的十九大报告提出要"赋予自由贸易试验区更大改革自主权，探索建设自由贸易港"。

2013 年 9 月 29 日，国务院正式批准设立中国（上海）自由贸易试验区。作为中国第一批自贸区，上海自贸区是为适应经济全球化新趋势先行先试，为中国积极参与国际经贸规则适应国际自由贸易区规则，也是为进一步激发中国经济的活力、打造中国经济"升级版"进行"试水"。

随后，2015 年国务院又批复设立了第二批中国自贸区试验区，分别是中国（广东）自由贸易试验区、中国（天津）自由贸易试验区、中国（福建）自由贸易试验区。2017 年 3 月国务院批复设立了第三批中国自贸区试验区，分别是中国（辽宁）自由贸易试验区、中国（浙江）自由贸易试验区、中国（河南）自由贸易试验区、中国（湖北）自由贸易试验区、中国（重庆）自由贸易试验区、中国（四川）自由贸易试验区、中国（陕西）自由贸易试验区 7 个自贸区。至此，中国形成"1 + 3 + 7"共计 11 个自贸区的格局，成为服务国家"一带一路"建设、推动市场主体走出去的重要平台（见表 6 - 8）。

表 6 - 8　中国自由贸易试验区

序号	名称	决定设立时间	面积（平方公里）	战略定位
1	中国（上海）自由贸易试验区	2013 年 8 月 22 日	120.72 平方公里,涵盖上海外高桥保税区、金桥出口加工区、张江高科技园区等7个片区	实行政府职能转变、金融制度、贸易服务、外商投资和税收政策等多项改革措施,并将大力推动上海市转口、离岸业务的发展
2	中国（广东）自由贸易试验区	2014 年 12 月 12 日	116.2 平方公里,涵盖广州南沙新区、深圳前海蛇口、珠海横琴新区三个片区	依托港澳、服务内地、面向世界,将自贸试验区建设成为粤港澳深度合作示范区、21 世纪海上丝绸之路重要枢纽和全国新一轮改革开放先行地

序号	名称	决定设立时间	面积(平方公里)	战略定位
3	中国(天津)自由贸易试验区	2014年12月12日	119.9平方公里,涵盖天津港、天津机场、滨海新区中心商务三个片区	用制度创新服务实体经济,借"一带一路"契机服务和带动环渤海经济,突出航运,打造航运税收、航运金融等特色
4	中国(福建)自由贸易试验区	2014年12月12日	118.04平方公里,涵盖平潭、厦门、福州三个片区	充分发挥对台优势,率先推进与台湾地区投资贸易自由化进程,把自贸试验区建设成为深化两岸经济合作的示范区;发挥对外开放前沿优势,打造面向21世纪海上丝绸之路沿线国家和地区开放合作新高地
5	中国(辽宁)自由贸易试验区	2016年8月31日	119.89平方公里,涵盖大连、沈阳、营口三个片区	以制度创新为核心,以可复制可推广为基本要求,加快市场取向体制机制改革、积极推动结构调整,努力将自贸试验区建设成为提升东北老工业基地发展整体竞争力和对外开放水平的新引擎
6	中国(浙江)自由贸易试验区	2016年8月31日	119.95平方公里,涵盖舟山离岛、舟山岛北部、舟山岛南部三个片区	以制度创新为核心,以可复制可推广为基本要求,将自贸试验区建设成为东部地区重要海上开放门户示范区、国际大宗商品贸易自由化先导区和具有国际影响力的资源配置基地
7	中国(河南)自由贸易试验区	2016年8月31日	119.77平方公里,涵盖郑州、开封、洛阳三个片区	以制度创新为核心,以可复制可推广为基本要求,加快建设贯通南北、连接东西的现代立体交通体系和现代物流体系,将自贸试验区建设成为服务于"一带一路"建设的现代综合交通枢纽、全面改革开放试验田和内陆开放型经济示范区
8	中国(湖北)自由贸易试验区	2016年8月31日	119.96平方公里,涵盖武汉、襄阳、宜昌三个片区	以制度创新为核心,以可复制可推广为基本要求,立足中部、辐射全国、走向世界,努力成为中部有序承接产业转移示范区、战略性新兴产业和高技术产业集聚区、全面改革开放试验田和内陆对外开放高地

续表

序号	名称	决定设立时间	面积(平方公里)	战略定位
9	中国(重庆)自由贸易试验区	2016年8月31日	119.98平方公里,涵盖两江、西永、果园港三个片区	以制度创新为核心,以可复制可推广为基本要求,全面落实党中央、国务院关于发挥重庆战略支点和连接点重要作用、加大西部地区门户城市开放力度的要求,努力将自贸试验区建设成为"一带一路"和长江经济带互联互通重要枢纽、西部大开发战略重要支点
10	中国(四川)自由贸易试验区	2016年8月31日	119.99平方公里,涵盖成都天府新区、成都青白江铁路港、川南临港三个片区	以制度创新为核心,以可复制可推广为基本要求,立足内陆、承东启西,服务全国、面向世界,将自贸试验区建设成为西部门户城市开发开放引领区、内陆开放战略支撑带先导区、国际开放通道枢纽区、内陆开放型经济新高地、内陆与沿海沿边沿江协同开放示范区
11	中国(陕西)自由贸易试验区	2016年8月31日	119.95平方公里,涵盖中心片区、西安国际港务区、杨凌示范区三个片区	以制度创新为核心,以可复制可推广为基本要求,全面落实党中央、国务院关于更好发挥"一带一路"建设对西部大开发带动作用、加大西部地区门户城市开放力度的要求,努力将自贸试验区建设成为全面改革开放试验田、内陆型改革开放新高地、"一带一路"经济合作和人文重要支点

资料来源:来自各自由贸易试验区相关门户网站。

中国经济发展进入新常态,外贸发展机遇和挑战并存,"引进来""走出去"正面临新的发展形势。加快实施自由贸易区战略,是适应经济全球化新趋势的客观要求,是全面深化改革、构建开放型经济新体制的必然选择,也是中国积极运筹对外关系、实现对外战略目标的重要手段。发挥自由贸易区对贸易投资具有促进作用,能更好帮助中国企业开拓国际市场,为中国经济发展注入新动力、增添新活力、拓展新空间。加快实施自由贸易区战略,是中国积极参与国际经贸规则制定、争取全球经济治理制度性权力的重要平台。

2. 升级综合保税区功能，建设内陆自由贸易区（港）

为了应对经济新常态带来的挑战，中国政府提出要加快实施自由贸易区战略。就是要扩大开放，深化改革，通过自由贸易区提高开放水平和质量，深度参与国际规则制定，拓展开放型经济新空间，更好地服务国内发展。

其实，在国内早就有成功的先例，如中国（上海）自由贸易试验区就是在上海外高桥保税区等4个海关特殊监管区域内，建设中国（上海）自由贸易试验区，这也是顺应全球经贸发展新趋势，内陆地区应更加积极主动参与对外开放的行动举措，以争取形成我国大部分对外贸易、双向投资实现自由化和便利化。一是升级综合保税区功能，变为内陆自由贸易区（港）。内陆地区应该积极抓住国家提出加快实施自由贸易区战略机遇，通过将现有的发展较好的综合保税区升级功能，努力将其发展成为内陆自由贸易园区。党的十九大报告提出要"赋予自由贸易试验区更大改革自主权，探索建设自由贸易港"，为内陆保税区指明了升级的方向。内陆保税区要在贸易、投资、金融、航运、税收等领域实行特殊管理体制、政策，进一步拓展功能，升级为自贸园区、自由贸易园（港）区。二是综合保税区要全面参与重点突破。综合保税区要全方位参与自贸区等各种区域贸易安排合作，重点加快与周边、"一带一路"沿线以及产能合作重点国家、地区和区域经济集团的合作，逐步因其功能提升转变为自由贸易区（港）。三是积极准备升级计划，打造内陆自由贸易区。西北内陆的4个省区，尤其是甘肃、宁夏、青海要积极利用现有的综合保税区平台，响应国家自由贸易区战略的号召，加强顶层设计和工作计划，将各自的综合保税区打造为自由贸易区。

（六）发展境外产业合作园，拓展国际合作平台空间

1. 发展境外产业合作园，助力中国企业"走出去"

40多年的改革开放，奠定了中国企业"走出去"所必备的雄厚资

金和先进技术，为其在投资国获得了良好的收益。其中"境外产业园区输出模式"成为中国企业拓展国际市场的重要手段和合作平台之一，是中国企业"走出去"的一个重要渠道，为中国企业提供了国际合作与发展的良好平台，成为"一带一路"项目建设的亮点与对接点，也成为中外共建境外产业园区的开发样板。"境外产业园区输出模式"也可称为境外园区，多呈现抱团出行、集群式发展、产业链接续、聚集效应明显、带动区域发展等特点，受到越来越多共建国家的重视。

2013 年，我国在全球共有 71 个境外园区，主要分为加工制造型、资源利用型、农业加工型以及商贸物流型四类，分布在亚洲、欧洲、美洲、非洲。其中国家级的经贸合作区共有 19 个，占总数的 27%，分布在亚洲、非洲及东欧等地，总投资规模达 600 亿元人民币。[①]

特别是"一带一路"建设提出和推进以来，海外园区建设更是成为我国与沿线国家间合作的主要内容和重要品牌。"一带一路"沿线大多是新兴经济体和发展中国家，多处于工业化进程初期，其中多数国家的最大贸易伙伴、最大出口市场和主要投资来源地均为中国。在有条件的国家和地区建设一批海外园区，因地制宜发展园区经济，推动沿线国家发展，带动我国高端装备、先进技术标准和优势产能向境外转移，是"一带一路"建设的重点内容。同时，沿线众多国家高度赞赏我国园区经济发展经验，纷纷创建各种类型政策特殊地区，以加快工业化和现代化进程；有些国家还明确提出希望与我国合作，复制我国开发区和园区建设模式。[②]

2. 建立海外产业园，拓展内陆开放空间

西北内陆地区要抓住国家"一带一路"倡议机遇，坚持"走出去"

---

① 牛雄、曲冰、牛杰：《总结优化开发区模式 推动落实"一带一路"构想》，《光明日报》2015 年 7 月 29 日。

② 叶尔肯·吾扎提、张薇、刘志高：《我国在"一带一路"沿线海外园区建设模式研究》，《中国科学院院刊》2017 年第 4 期。

与"引进来"两条腿走路，主动参与到国际市场中去，尤其是要通过在境外建设产业园区，以拓宽内陆开放型经济发展空间，为本区域发展带来新的活力。

陕西省应推动更高水平的"引进来"和"走出去"，培育全面开放竞争新优势，努力打造内陆改革开放新高地。要在推广复制上海自由贸易区经验基础上，推进贸易通关便利化，建设西安自由贸易区。依托外商投资企业，扩大电子信息产品等出口份额，推动陆港、空港联动发展；提升"长安号"营运能力，不断拓展"陕货"境外市场竞争新优势。同时，要抓住全球产业重新布局的机遇，完善陕西投资和产能布局，大力培育开放主体，鼓励和支持有条件的企业"走出去"跨国经营、战略并购，在海外特别是中亚和非洲布局陕西产业园区，建设"中国—中亚经济合作园区"、陕韩产业合作园区、中俄丝绸之路高科技产业园区，吸引跨国公司及全球行业领先企业来陕投资，集聚世界级企业在陕建立地区总部和分支机构。

甘肃省应利用 2014 年以来其组织的 200 多家企业分别在白俄罗斯、伊朗、哈萨克斯坦举办的"中国甘肃特色商品展"，同时利用兰州新区综合保税区、武威保税物流中心封关运营和开通的"天马号""兰州号""嘉峪关号"等国际货运班列契机，立足资源和产业优势，主动"走出去"，积极开展产能合作。在白俄罗斯、伊朗、吉尔吉斯斯坦、印度尼西亚、哈萨克斯坦、土耳其等"一带一路"沿线国家设立若干个商务代表处，不断提升兰洽会国际化水平，构建形式多样、内容丰富的立体开放平台，初步形成丝绸之路经济带甘肃段建设的外向型平台支撑体系。[1]

宁夏回族自治区应实施"引进来"和"走出去"战略。在"引进来"方面，通过共建共享、入股投资、注资等形式吸引国际投资集团、

---

① 严存义、赵芳琳：《甘肃：全力打造对外开放大门户》，《甘肃日报》2016 年 3 月 25 日。

外商企业到内陆地区开发建设如丝路产业园和区域合作园区,发展外向型经济。在 "走出去" 方面,内陆企业要共同组建合作集团 "抱团出海",在丝路沿线国家、中亚国家建设投资合作产业园区,围绕 "一带一路",加强与沿线国家开展能源化工、石油、建筑、电子商务等方面的合作,通过 "走出去" 与 "引进来" 的形式努力将宁夏打造成为丝绸之路经济带 "战略支点"。

青海省应在西亚、欧洲设立若干个中国(青海)特色商品国际营销网点,在建成若干个进口商品展销中心的基础之上,利用青洽会、藏毯展等重大国际性展会活动,不断提升与 "一带一路" 沿线国家间的经贸合作规模,构建青海省 "出海" 战略平台。

第二节 内陆开放型经济 "大通关" 协作机制构建

建设高效便捷的大通关平台,是国内综合保税区的一个共同特点。无论是沿海综合保税区还是内陆综合保税区等,都致力于建立一个大通关平台,这是综合保税区产业集聚的一个重要前提。

一 我国通关机制存在的不足

目前,在我国沿海口岸之间已经实现了 "大通关",但是内陆与沿海口岸通关仍需要完善 "最后一公里" 机制和制度方面的设计与安排。现行的通关制度对于内陆地区还存在三个不利因素。

一是口岸管理涉及 10 多个部委,"多龙治水",协调困难。由于内陆地区外贸体量很小,所以内陆的难处远甚于沿海。

二是通关制度中海关、检验检疫、边防以及港口、货代、船运等环节众多,规章制度、操作程序各不相同,分别执法和作业,大大增加了企业通关成本。内陆不仅要面对共性问题,还要协调与沿海、沿边口岸的关系,更是难上加难。

三是现行执法平台封闭运作，口岸通关管理机构和专项监管机构事权独立，通关管理信息自成体系，企业需向不同的机构多次申报。内陆的出口货物一般要到沿海换装、集拼，电子申报数据核对费工费时，获得出口许可的时间被严重拖延，与沿海、沿边企业难以处于公平竞争水平。[①]

二 强化大通关协作机制，实现"互换互认互助"

2014 年 12 月 26 日，发布《国务院关于印发落实"三互"推进大通关建设改革方案的通知》（国发〔2014〕68 号），就是为了"推动内陆同沿海沿边通关协作，实现口岸管理相关部门信息互换、监管互认、执法互助"的重大举措。同时，明确了改革目标。就是以更加积极主动的对外开放战略，强化跨部门、跨区域的内陆沿海沿边通关协作，完善口岸工作机制，实现口岸管理相关部门信息互换、监管互认、执法互助（简称"三互"），提高通关效率，确保国门安全，力争到 2020 年，形成既符合中国国情又具有国际竞争力的大通关管理体制机制。

（一）推进"单一窗口"建设，探索便捷申报机制

建立全国及各地方电子口岸信息化平台，将"电子口岸"建设成为共同的口岸管理共享平台，简化和统一单证格式与数据标准，实现申报人通过"单一窗口"向口岸管理相关部门一次性申报，口岸管理相关部门通过电子口岸平台共享信息数据实施职能管理，执法结果通过"单一窗口"反馈申报人。

探索最便捷的申报机制。将探索建设统一申报门户平台，提供网络化、电子化申报服务，实现进出境信息的全掌握和集中管理。一是建立申报内容简洁、申报方式多样、申报流程便利的统一申报门户平台，并

---

① 汪彦：《黄奇帆谈全会〈决定〉可用"大通关"等 5 大概括》，《学习时报》2014 年 1 月 27 日。

积极参与"单一窗口"建设，实现进出境信息全面掌握和集中管理。二是创新企业自由申报模式，提供电脑终端、移动终端等多样化申报方式，并多渠道推进企业、政府部门、口岸查验部门的信息共享和数据采集，实现便捷申报。三是推进内陆地方电子口岸建设，尤其是还属于二类口岸的地区，争取早日上线并满足检验检疫需求，建立快捷有效的协作机制，实现进出境货物、集装箱、交通工具、人员等信息的互联和共享。

（二）建立健全信息共享共用机制，构建"海陆空"贸易运输体系

建立信息全面交换和数据使用管理办法。依托电子口岸平台，以共享共用为原则，推动口岸管理相关部门各作业系统的横向互联，实现口岸管理相关部门对进出境运输工具、货物、物品（如外币现钞）、人员等申报信息、物流监控信息、查验信息、放行信息、企业资信信息等全面共享。对有保密要求的信息实行有条件共享。

目前有不少综合保税区通过建立虚拟空、海港，实行区港联动，提高了通关效率，通过建立集装箱堆场、换箱还箱点、货物集拼中心等载体，积极同周边海港、空港合作，引入陆空联运、海陆联运等多种联运模式，实现虚拟口岸功能的实体化。空陆联程全新模式、"区港联动"快速通关模式，打造"虚拟空港""虚拟海港"的概念，为企业加入全球化的竞争提供了有力支持。

（三）打造高效的口岸通关模式与放行模式

要推广复制上海自由贸易区经验，推进贸易通关便利化，整合现有海关特殊监管区域，全面推行准入前国民待遇加负面清单管理制度，推行"联合查验、一次放行"等通关新模式。海关、检验检疫、边检、交通运输（陆路）、海事（水路）需要对同一运输工具进行检查时，实施联合登临检查；需要对同一进出口货物查验时，实施联合查验；在旅检、邮递和快件监管等环节全面推行关检"一机两屏"。推行直通放行、申报放行、抽样放行和验证放行等快速放行模式。一是推行快速放

行模式，如以"备案申报服务平台"为抓手，实现覆盖海、陆、空口岸的电子闸口放行管理；提高申报放行比例，对未抽中查验货物由窗口一次完成审单、计收费、放行等全部手续。二是模式创新，探索建立第三方检验结果采信制度、采取检验检疫分线监督管理模式等。三是推动跨境电子商务、保税展示、融资租赁等新型业态的健康发展，建立"事前申报、入区检疫、区内监控、出区核查、后续监管"的跨境电商监管流程。

三 完善大通关管理机制

（一）优化口岸执法资源，推进一体化通关管理

改进口岸管理模式，合理配置海关、检验检疫、边检、交通运输（陆路）、海事（水路）等部门执法力量，强化跨部门、跨地区通关协作，加快推进内陆沿海沿边一体化通关管理，实现在货物进出口岸或申报人所在地海关和检验检疫机构均可以办理全部报关报检手续。取消许可证件指定报关口岸的管理方式，实现申报人自主选择通关口岸。

同时，在管理模式方面，推动口岸多部门整合与改革，实现口岸综合管理"一口对外"，这也是接轨国际惯例和大势所趋。现在我国亟须整合口岸管理相关职能，推行大部制管理，货物进出实行海关"一口对外"监管，旅检实行"边检管人，海关管物"。在管理方式方面，协调国与国之间、内陆与沿海之间的通关和口岸，形成协同高效的"一卡通"平台，实现"信息互换、监管互认、执法互助"。这也是国际趋势，例如欧盟内部在一国海关检验后，就无须重复查验，只在报关点记账确认即可。我们应以电子口岸为基础，运用物联网技术，推动内陆与沿海沿边大通关协作，通过"一卡通"平台，使海关、质检、边防等部门都在这个平台上运行。

（二）整合检验管理系统，创新查验机制

创新查验手段，探索整合检验检疫业务管理系统，优化业务流程，实行快捷高效的查验作业方式，提升查验、检测效能，实现通关零等待。一是优化整合信息系统，构建基于风险分析和信用管理的综合业务管理系统，提高查验精准性。二是采取"缩、减、停"等方式，最大限度缩短检测周期和流程时间、减少检测项目和重复劳动。三是促进查验资源合理布局，科学规划全局查验场，同时利用移动执法、视频等手段推进电子查验实现快查快放。同时，在有条件的口岸开展"前台共同查验、后台分别处置"综合执法试点。

（三）创新监管机制，拓展增值服务

创新统计监测预警机制、通关货物调查机制、工作质量稽查机制。一是优化业务管理机制，探索"业务模块化、区域板块化、运作一体化"的改革思路，实现整合业务的模块管理、海陆空港邮不同口岸类型的板块管理，增强执法的统一和规范。二是创新统计监测预警机制，加强对业务流程和主要业务风险点的监测预警，对监管对象和自身执法管理水平进行量化评估，实施通关政策效果分析评价。三是创新通关货物调查机制，完善出入境货物监督抽查、退运通报调查等监管手段，实施事前风险预警、事中监督抽查、事后追溯调查。①

同时，要结合各口岸进出境物流、客流实际，因地制宜、动态调整口岸开闭关时间，拓展 24 小时通关服务。优化出口退税服务，建立健全与跨境贸易电子商务、外贸综合服务发展相适应的通关管理机制，完善与服务贸易特点相适应的通关管理模式。

---

① 　黎泽雄、王元振：《适应外贸新常态建设大通关机制》，《中国国门时报》2015 年 1 月 16 日。

第七章　西北内陆开放型产业
协同发展与构建

"一带一路"建设的实施为国内、"一带一路"沿线国家及延伸到所覆盖区域的国家和地区带来了难得的机遇，尤其是对国内内陆区域的省区市来讲，由原来本属于开放的"后方"走到了开放的"前沿"，由原来开放平台不足转变为成为开放平台、开放通道。因开放和贸易往来，货物需求量不断扩大，货物的种类不断增加，货物的配备不断多样化，以前在某些方面由单独的省（区、市）或几家企业就能完成，现在则需要多省份或多家企业联合才能完成，这就需要有开放型产业的支撑，还需要内陆省区市在开放型产业上和开放型产品上加强合作，共同培育与协同发展，共同搭建开放型经济实体，实现协作共赢。

第一节　优势主导产业的选择与分析

一　优势主导产业的选择

（一）优势主导产业选择的意义

产业选择，一般多指主导产业、支柱产业或者优势产业的选择，从企业或国家的角度来考虑生产和发展某种产业完全属于一种决策行为，一般来讲最直接的需求来自两类主体，就是国家（地区）和各类企业。当然这是一个动态过程，这一过程受某一时期或某一阶段本国、本地区、本行业、生产者的多少、客户的需求量，以及国际竞争者等多种因素的影响。

主导产业标志着一个区域的产业优势所在，代表着区域产业的专业化方向。正确选择区域主导产业，能够使区域蕴藏的经济优势得到恰当的发挥，区域资源得到有效的利用，并能促使区域之间建立协调的经济关系，满足国民经济发展对本区域的特殊需要。区域主导产业选择得当能够启动或刺激经济发展的内在动力，促进区域经济持续、稳定、协调地长期增长。[①] 因此，正确、合理选择和培育主导产业对于内陆地区优化产业结构、发展开放型经济、缩小与发达地区的发展差距具有现实意义。

从国家层面上对产业选择来看，就是能够通过产业分析和选择可了解本国或本地区的产业结构，利用其分析可对经济发展提供宏观的政策指导，并通过产业分析明确本国的比较优势，从而确定其在国际分工中的定位。

从地方政府层面上来看，通过对产业分析，可以选择出优势产业、主导产业或者特色产业，从而可以通过该产业来提升地方经济发展水平和竞争力。经济发展经验表明，主导产业（一般多指主导产业或者支柱产业）的确立、发展和衰退的过程为区域产业发展的新陈代谢动态过程。当原有主导产业衰退时，作为新发展起来的主导产业又会接替它担当推动经济发展的主角，从而有利于推动整个区域产业结构的升级换代，有利于增强经济发展后劲，实现整个经济的持续稳定发展，因此主导产业的选择和构建成为重中之重。

从企业层面上对产业选择来讲，通过产业选择分析可为企业进行多元化经营提供产业组合的理论依据，从而为企业进行相关产业的调整与重新组合；若是对单一产业经营企业而言，产业选择分析可为企业提供

---

① 潘晗：《区域主导产业选择的理论模型及其应用》，郑州大学硕士学位论文，2004。

产业发展建议，对产业发展趋势进行预测，从而指导企业调整产业经营战略。[①] 同时，当企业为本土公司时，在进入产业选择时，考虑更多的因素一般为该种产业在国内某个区域发展状况、优势或劣势，资源的供应状况、劳动力价值、运输便捷程度等都成为产业选择的重要因素，虽然经济全球化的发展使企业能够从本区域、国内甚至国际配置所需要的基础资源、资本技术、劳动力，但是还要考虑本国或者国际市场上生产者的数量和行业竞争力因素。当企业为跨国公司时，在对外直接投资选择产业的时候，需要考虑某项具体产业进入国外市场的成本和收益，成本主要包括进入国外相关产业的各类资源所消耗的成本；预期收益主要指从对外直接投资的某产业的发展中所获取的经济效益。在具体分析时，往往面临诸多复杂的影响因素，这些都构成了对外直接投资的"隐性成本"，如果这些成本大于收益，那将是无利可图。[②]

（二）相关产业的概念与解释

从产业的概念来讲，国内外对于产业有着各样不同的称谓，如主导产业、支柱产业、优势产业、特色产业、关联产业、基础产业等。各个定义之间有的互相联系，有的互相依托，也有明显区别的地方（见表 7 - 1）。

表 7 - 1　相关产业概念与解释

名称	概念与解释
主导产业	主导产业是由美国经济学家罗斯托在其重要著作《经济成长阶段》一书中提出的。罗斯托把经济的各部门分成三类：主导增长部门、辅助增长部门、派生增长部门。主导增长部门是指这样一些产业部门，"在这些部门中革新创造的可能或利用新的或有利可图的或至今尚未开发的资源的可能，将造成很高的增长率并带动这一经济中其他方面的扩充力量"*

① 王涛：《产业选择分析方法研究综述》，《经济纵横》2011 年第 9 期。
② 李坤：《中国对"一带一路"国家直接投资的产业选择研究》，湖北大学博士学位论文，2016。

名称	概念与解释
支柱产业	支柱产业按照罗斯托的理论解释为,在一定经济发展阶段吸收运用新技术,处于供求关系的中心且规模大,能充分利用规模经济效益,生产率高、附加价值大,使该时期国民收入增加和人民生活水平提高的主要支撑者
基础产业	基础产业指的是在产业结构体系中为其他产业的发展提供基本条件并为大多数产业提供服务的产业。一般包括生产基本生产资料的基础工业部门或提供基础设施的产业部门,往往位于产业链的起点,具有较高的有机构成。比如石油煤炭工业或交通运输部门
优势产业	优势产业是指具有较强的比较优势和竞争优势的产业,是比较优势和竞争优势的综合体现。它是指那些产值占有一定比重,采用了先进技术,增长率高,产业关联度强**
关联产业	关联产业是与主体产品或服务运行密切相关的产业。关联产业是直接配合和围绕主导产业发展起来的产业,它在投入产出或工艺、技术与主导产业的联系最直接也最密切,可以说是为主导产业的建设发展而存在的。关联产业是主导产业的配套协作部门,因主导产业的不同而有所不同。按照与主导产业的联系方式,可把关联产业分成前向联系产业、后向联系产业和侧向联系产业。前向联系产业是利用主导产业产品的产业,后向联系产业是为主导产业提供生产资料的产业,侧向联系产业则是为主导产业提供技术、能源及其他服务的产业
支撑产业	根据关联产业链与主体产业链的关系,关联产业链可分为支撑产业链和带动产业链。支撑产业链指为某类产品或服务完成从形成到消费全过程提供保障与支持的产业部门,与主体产业链之间的连接关系。为主体产业链提供保障与支持的产业部门主要是生产要素部门,如土地、设施、设备、原材料、能源、资金、技术、人才、信息、中介服务等,其逻辑关系表现为双向互动性:生产要素产业支撑主体产业发展,主体产业又拉动生产要素产业发展。支撑产业以自己的终端产品或服务支持主体产业,分别与主体产业链的各个环节相连接。这些产业对于主体产业而言属于支撑产业,对于它们自身而言同样也是一个由上游、中游、下游不同环节构成的完整的主体产业链。因此,某类产品或服务的产业部门不可能孤立存在,必然要与保障、支持的产业部门建立起生死相依的关系

续表

名称	概念与解释
带动产业	带动产业或形成的产业链指由于某类产品或服务产业的存在与发展,带动和影响了其他产品或服务产业发展,因而形成的主体产业与被带动的产业之间的连接关系。*** 如某地区加工制造业的发展,吸引了大批外地人前往打工,推动了当地房地产业发展;文化娱乐业的存在、发展与交通、旅游、住宿、购物、餐饮等行业之间的关系。对于文化产业而言,被带动的产业主要是服务行业但并不限于服务行业,其逻辑关系亦为双向互动性,主体产业带动或吸引相关产业发展,相关产业又推动主体产业进一步发展

* 〔美〕罗斯托:《经济成长的阶段》,国际关系研究所编译室译,商务印书馆,1962。
** 徐剑明:《论我国比较优势产业的刚性及其转型》,《国际贸易问题》2004 年第 8 期。
*** 周敏:《产业链式发展,区域经济新布局》,《科技智囊》2008 年第 2 期。

(三)产业选择的方法与技术

关于产业选择的分析方法,国内外学者和专家在这些方面做了大量研究。学者们从不同角度、采用多种分析方法,并将方法与实证相结合,对相关领域的探究颇有成就,对学界的贡献也较大。在不同的区域研究模式下,主导产业选择基准也有明显的不同,其中较有代表性的包括国外经济学界的"罗斯托基准"、"赫希曼基准"和"筱原两基准"(收入弹性基准、生产率上升基准)。国内外较有代表性的学者如李嘉图、罗斯托、赫克歇尔 - 俄林、赫希曼、筱原三代平、钱纳里、鲁宾逊、赛尔奎因、波特、查恩斯、David Gibbs[1]、周振华、彭建[2]、邓恩、郭克莎[3]、刘丽丽[4]、刘颖琦、李学伟、李雪梅[5]、杨伟、凌起[6]、童江

---

[1] David Gibbs, "Michael Hcalcy. Industrial Geography and the Environment," *Applied Geography*, 17, 3 (1997), pp. 193 – 201.

[2] 彭建:《浅析区域工业主导产业的选择——以重庆为例》,《地域研究与开发》1999 年第 1 期。

[3] 郭克莎:《工业化新时期新兴主导产业的选择》,《中国工业经济》2003 年第 2 期。

[4] 刘丽丽:《北京山区主导产业选择与布局研究》,《地域研究与开发》2000 年第 1 期。

[5] 刘颖琦、李学伟、李雪梅:《基于钻石理论的主导产业选择模型的研究》,《中国软科学》2006 年第 1 期。

[6] 杨伟、凌起:《基于 SSM 的泉州市工业结构研究》,《经济地理》2003 年第 4 期。

华、徐建刚、曹晓辉等①、郑江绥②、于华钦、邵宇开、肖飞③等都在主导产业选择基准方面做了大量研究（见表7-2）。

表7-2　区域主导产业选择基准变化

产业区位决定因素	产业区理论基础	代表学者	基准内容
技术差异、要素禀赋差异、要素密度差异	新古典贸易主义（产业政策、罗斯托的经济发展理论）	李嘉图 罗斯托 赫克歇尔-俄林 赫希曼 筱原三代平 周振华	比较优势基准 扩散效应基准 资源禀赋基准 产业关联基准 需求弹性基准 生产率上升基准 增长后劲基准 短缺替代弹性基准 瓶颈效应基准
规模经济强度、差异化产品的替代弹性、资源地市场规模	新贸易理论	钱纳里 鲁宾逊 塞尔奎因 彭建 王宏伟 毛汉英	经济发展阶段基准 经济效益基准 市场占有率基准 社会生态环境基准
规模经济强度、差异化产品的替代性贸易成本、需求与联系技术知识溢出效应	新贸易理论 新经济地理理论	查恩斯等 波特 邓恩等 郭克莎 郑江绥 于华钦等	DEA有效基准 钻石理论基准 SSM基准 就业功能基准 经济增加值基准 人力资本匹配基准 可持续发展基准

可以看出关于区域主导产业选择基准的研究有以下特点：第一，在理论上，由部门主导产业转向区域主导产业群和主导产业链，强调区域特性、产业组织生产方式对主导产业的重要性；第二，区域主导

---

① 童江华、徐建刚、曹晓辉等：《基于SSM的主导产业选择基准——以南京市为例》，《经济地理》2007年第5期。

② 郑江绥：《区域主导产业选择：一个新指标及其实证研究》，《工业技术经济》2007年第11期。

③ 于华钦、邵宇开、肖飞：《区域主导产业选择的人力资本匹配基准研究》，《科学学与科学技术管理》2006年第3期。

产业选择由单一工业部门扩展到区域各个产业的综合；第三，对区域概念的理解更加深入；第四，产业环境从封闭到开放，关注区域经济一体化和经济全球化的影响；第五，区域主导产业选择基准更加注重生态环境。[①]

学者们从定性角度把区域主导产业看作增长极，是区域经济非均衡发展的主要途径。[②] 国外代表性的方法有 Rasmussen 分析法、Rasmussen-Hirschamn 关键部门分析方法、供给驱动投入产出模型、虚拟消去法、偏离份额分析法[③][④]等。

近年来国内外学者在对主导产业选择的分析方法上，基本上结合具体的产业或区域，通过建立指标体系，进行定量研究，将主导产业选择的指标数据化，并对主导产业进行实证研究。目前我国学者广泛使用的数据化的指标有：区位商、需求收入弹性系数、比较劳动生产率、能耗强度系数、感应度系数、增加值规模率、影响力系数等。随着计算机科学、统计方法的逐步应用，人们对区域内涵认识的深化和区域主导产业选择标准的多样化，主导产业选择的方法还会日益丰富。这些定量分析手段已经广泛应用于不同区域主导产业的选择，其中当数据欠缺或数据质量不高时，一般用区位商、层次分析法、模糊分析法、BP 神经网络法、灰色关联分析法；数据库完备、数据质量高时，常用投入产出法、SSM、DEA、主成分分析法、因子分析法、聚类分析法、加权求总法；对区域各产业做深入研究时，用比较客观、精确的分析方法，包括投入产出法、DEA、主成分分析法、因子分析法、BP 神经网络法；大体了解区域产业概

---

① 秦耀辰、张丽君:《区域主导产业选择方法研究进展》,《地理科学进展》2009 年第 1 期。

② 冯德显、宋金叶:《河南农区工业化途径研究》,《地理科学进展》1997 年第 4 期。

③ Stevens B. H., Moore C. L., "A Critical Review of the Literature on Shift Share as a Forecasting Technique," *Journal of Regional Science*, 20 (1980), pp. 419 – 437.

④ Knudsen D. C., "Shif-share Analysis: Further Examination of Models for the Description of Economic Change," *Social-Economic Planning Sciences*, 3, 3 (2000), pp. 177 – 198.

况时，则用简单易行的区位商法、SSM、加权求总法。① 为了便于更直观地了解和认识区域主导产业，选择方法与应用一般可分为单基准法和多基准法两大类，其特点如下（见表7-3）。

表7-3　区域主导产业选择方法特性

分类	特征	代表模型	特性描述
单基准法	根据单个选择基准研究主导产业,思路简单,操作方便	区位商法	方便分析现有产业形成的区域比较优势
		投入产出法	以物质流的形式分析各部门之间投入产出的依存关系
		SSM	动态综合反映区域产业的现状基础和发展趋势
		DEA	根据产业的输入输出数据评价产业运行效率,科学客观,操作性强
		钻石理论基准法	同时考虑区域的比较优势和竞争优势
多基准法（权重赋予法）	基于多个评价指标,全面又有侧重地反映主导产业特征	主成分分析法	可以集中原变量大部分信息,通过综合得分客观科学地评价分析对象
		因子分析法	对原变量重组,旋转后的公因子解释性更强
		聚类分析法	根据变量域间相似性逐步归群成类
		层次分析法	建立层次模型、构造判断矩阵,确定指标值大的为区域主导产业
		加权求总法	充分体现了主导产业的多属性、多功能、多层次等复杂特点
		模糊分析法	依靠多层次多角度处理复杂事物
		灰色关联分析法	使指标间的"灰"关系清晰化,找出主要影响因素
		BP神经网络法	有自适应能力,能客观处理复杂指标间的非线性关系

二　西北内陆开放型优势产业选择与分析

（一）基于区位商分析法

区位商的方法被应用于产业竞争力的定量研究中。在区域经济分析中，区位商是一种十分有用的工具。由于区域规模有很大差异，在经济

---

① 秦耀辰、张丽君：《区域主导产业选择方法研究进展》，《地理科学进展》2009年第1期。

总量、人口、幅员各方面差别非常显著，直接进行市场绝对份额比较显然无法显示区域规模不同地区的各自优势行业，而通过区位商指标就排除了区域规模差异因素，有利于显示真正的区域优势行业，可以真实地反映地理要素的空间分布、主导经济部门的作用及其变化特点。在分析区域产业内部结构时，可以对比有关部门或产业活动的区位商，研究区域优势行业的变动及趋向，明确各部门或产业活动在区域经济发展中的功能差异以及重点和薄弱环节所在，从而判断和确定区域经济发展的主导产业，为产业结构调整提供依据。①

区位商又称专门化率，它是一个地区某种产业生产产值在该地区所有产业产值中所占的比重与全国该产业产值占全国所有产业产值的比重之比。具体的计算公式如下：

$$LQ_{ij} = \frac{L_{ij}/\sum_{j=1}^{m} L_{ij}}{L_{ij}/\sum_{i=1}^{m} \sum_{j=1}^{m} L_{ij}}$$

其中：i 表示第 i 个地区（$i=1$，2，3，…，n）；j 表示第 j 个行业（$j=1$，2，3，…，m）；L_{ij} 表示第 i 个地区，第 j 个行业的产出；LQ_{ij} 表示 i 地区 j 行业的区位商。

当 $LQ>1$，表明该产业在该地区的专业化程度较高，超过全国水平，意味着该产业在该地区生产较为集中，具有相对规模优势，发展较快，具有一定的比较优势。LQ 值越大专业化程度越高，比较优势越大。同时也意味着该地区该行业的产出除满足本区域需求外，还对外提供产品或服务。

当 $LQ<1$，则表明该产业专业化程度低于全国水平，其规模具有比较弱势。LQ 值越小，比较弱势越明显。意味着该地区该行业的产出不

① 胡建绩、张锦：《基于产业发展的主导产业选择研究》，《产业经济研究》2009 年第 4 期。

能满足本地区的需求，还需要由区域外供给产品或服务。[1]

（二）西北内陆省区产业区位商

本书运用区位商的方法来研究西北内陆四省区的产业优劣势，运用相关统计年鉴中的西北内陆四省区和全国的经济数据，计算得到西北内陆四省区各个产业的区位商（见表7－4）。

表7－4　西北内陆省区产业区位商

序号	产业类型	区位商			
		陕西	甘肃	宁夏	青海
1	第一产业	1.034	1.530	0.938	1.106
2	第二产业	1.152	0.909	1.024	1.137
3	第三产业	0.826	0.994	0.986	0.829
4	农林牧渔业	1.049	1.548	0.960	1.089
5	工业	1.116	0.820	0.872	1.036
6	建筑业	1.407	1.506	1.992	1.767
7	批发和零售业	0.830	0.725	0.541	0.684
8	交通运输、仓储和邮电业	0.827	0.925	1.687	0.767
9	住宿和餐饮业	1.010	1.219	0.829	0.784
10	房地产业	0.699	0.753	0.881	0.475
11	金融业	0.764	0.779	1.341	1.147

资料来源：根据《中国统计年鉴（2014）》计算得出。

从表7－4可以看出，西北内陆四省区中第一产业比重普遍高于全国平均水平，均表现突出，尤其甘肃省更是在农业方面表现出色，区位商为1.53，处于相对优势的地位。陕西省和青海省区位商超过了1，宁夏仅仅差0.062就达到1。虽然这仅是某个年份的统计，但总体来讲，西北内陆四省区在第一产业上都有优势。[2]

在第二产业方面，西北内陆四省区中陕西、宁夏和青海的区位商都

---

[1]　胡建绩、张锦：《基于产业发展的主导产业选择研究》，《产业经济研究》2009年第4期。

[2]　李海龙：《丝绸之路经济带：打造甘肃"黄金段"的战略分析》，《石家庄经济学院学报》2016年第4期。

大于1，高于全国平均水平，处于相对优势地位。甘肃省在第二产业方面相差约0.1就可以达到1，相对较弱一点。从第二产业内部来看，西北内陆四省区，在建筑业方面区位商都大于1，普遍处于优势地位，而在工业方面只有陕西省和青海省高于全国均值，甘肃和宁夏均低于全国均值。

在第三产业方面，西北内陆四省区第三产业区位商均低于全国平均水平，但从细分产业上面来考察在子产业上还有相对优势。如宁夏金融业区位商为1.341，交通运输、仓储和邮电业区位商为1.687，表现为明显的区位优势；陕西和甘肃在农林牧渔业、住宿和餐饮业区位商均超过了1，有相对的区位优势；青海的金融业区位商为1.147，也有较明显的区位优势。

从三大产业分析发现，西北内陆四省区在有些产业方面都有相对的区位优势。但是总体上还比较笼统，还需要细分，尤其是从工业内部来看更能够发现相对的区位优势产业。通过对煤炭开采和洗选业，石油和天然气开采业，有色金属采矿业，有色金属冶炼加工业，电力、燃气和水的生产和供应业等产业的比较分析得出，这四个省区的制造业均有相对的区位优势。

（三）西北内陆省区开放型比较优势产业分析

西北内陆四省区工业分行业产业区位商的比较，得到各个地区的比较优势产业。当然若从整体考察，陕西省在四省区中区位商优势更突出一些。如煤炭开采和洗选业，石油和天然气开采业，有色金属采矿业，酒、饮料、茶制造业，石油加工、炼焦和核燃料加工业，有色金属冶炼加工业，燃气生产和供应业，铁路、船舶、航空航天和其他运输设备制造业，计算机、通信和其他电子设备制造业等均为明显的区位优势。

甘肃、宁夏和青海三省区很多产业的绝对经济实力不如陕西，但其比较优势产业有不少。甘肃的有色金属采矿业，有色金属冶炼加工业，黑色金属冶炼加工业，开采辅助活动，金属制品、机械和设备维修业等产业区位商较高，其在西北内陆四省区均具有相对突出的优势。

宁夏的煤炭开采和洗选业，食品制造业，纺织业，石油加工和炼焦和核燃料加工业，化学原料和化学制品制造业，电力、燃气和水的生产和供应业，电力、热力生产和供应业，燃气生产和供应业，水的生产和供应业等产业区位商较高，其在西北内陆四省区均具有相对突出的优势。

青海省的石油和天然气开采业，煤炭开采和洗选业，有色金属采矿业，化学原料和化学制品制造业，医药制造业，有色金属冶炼加工业，电力、热力生产和供应业等产业区位商较高，其在西北内陆四省区均具有相对突出的优势（见表7－5）。

表7－5　西北内陆省区工业开放型比较优势产业

省区	开放型比较优势产业
陕西	煤炭开采和洗选业,石油和天然气开采业,有色金属采矿业,酒、饮料、茶制造业,铁路、船舶、航空航天和其他运输设备制造业,燃气生产和供应业等产业
甘肃	石油和天然气开采业,有色金属采矿业,有色金属冶炼加工业,黑色金属冶炼加工业,开采辅助活动,金属制品、机械和设备维修业等产业
宁夏	煤炭开采和洗选业,食品制造业、纺织业,石油加工和炼焦业和核燃料加工业,化学原料和化学制品制造业,电力、燃气和水的生产和供应业,电力、热力生产和供应业,燃气生产和供应业,水的生产和供应业等产业
青海	石油和天然气开采业,煤炭开采和洗选业,有色金属采矿业,化学原料和化学制品制造业,医药制造业,有色金属冶炼加工业等产业

第二节　西北内陆开放型优势产业空间构建与布局

一　西北内陆开放型优势产业空间构建

通过上文对西北内陆四省区各自优势产业的分析和各自优势工业产

品的分析，可以了解到内陆四省区各自在某些产业上有其突出的特色优势，这是各自具有竞争力的一面。然而各自也存在一些产业劣势，同时，四省区还有一些共有的产业，并且这些产业已经形成了一定的规模，若仅仅靠各自的份额或相对的优势很难在丝绸之路经济带的大背景下与经济强省同台竞技，在新一轮的开放中很有可能成为强省的陪衬。因此，对于西北四省区中处于弱势地位的省区来讲，一方面要面对来自西北地区经济强省的压力，另一方面还要同西部、中东部、沿海、沿边发达省区进行较量。要想在"一带一路"中实现最大的经济效益，就必须以自身绝对优势产业为根基，以相对优势产业为辅助，还要积极与西北内陆省区、西部省区市乃至沿海沿边省区市加强贸易往来，积极参与补充产业链、延长产业链，还要从国家、地区和省域三个层面进行规划，使各个地区的优势得以发挥，共享开放成果。

通过对接"一带一路"规划，以交通运输干线为基础支撑条件，应形成通疆达海的货物运输与人员交流机制，并以产业为依托的开放格局。西北内陆四省区要利用各自的优势条件和共有的产业，形成以第一产业为主的农畜产品加工产业，以第二产业为主的煤炭开采与加工、石油化工、有色金属加工、采矿、装备制造等优势工业，以第三产业为主的特色旅游、大数据、信息技术、商贸物流等产业。积极参与国家"一带一路"建设，着眼于西北内陆地区特色产业的发展和自主创新，构建西北内陆地区发展开放型经济的产业格局。构建以西北内陆四省区为单位的"四极"战略节点，与四省区的"五大产业带"和若干个块状产业基地，构建形成"两轴"的带动辐射局面，以盘活西北内陆地区经济发展的战略性支持平台，实现块状密集、面状辐射、带状延伸的特色产业格局。

"两轴"包括"一主轴，一副轴"。"一主轴"为由"陇海—兰新线（兰新线二线）"组成的"新亚欧大陆桥"，主要节点城市有连云港、徐州、商丘、开封、郑州、洛阳、三门峡、渭南、西安、宝鸡、天水、兰州、海东、西宁、门源、民乐、武威、金昌、张掖、酒泉、哈密、鄯善、吐鲁番、乌鲁木齐。"一副轴"为"天津—津保—保太—太中银—甘武—兰新",主要节点城市有天津、保定、石家庄、太原、晋中、吕梁、银川、吴忠、中卫、武威、金昌、张掖、酒泉、哈密、鄯善、吐鲁番、乌鲁木齐。由此形成西北内陆地区参与"一带一路"向西开放的总体战略框架。

西北内陆地区"五大产业带"包括:第一,以陕西省关中平原、甘肃省陇南、宁夏卫宁平原、青海地区为依托的农副产品深加工产业带;第二,以陕西省陕北地区、甘肃省河西地区、宁夏宁东地区、青海省祁连山和柴达木地区等为主的煤炭能源、矿产资源开发及深加工产业带;第三,以陕西省关中、甘肃省东中部、宁夏银川为中心的重大装备制造业产业带;第四,以西安高新技术开发区、杨凌示范区、兰州高新区、银川经济技术开发区等为依托的战略性新兴产业带;第五,以秦岭、六盘山、贺兰山、河西走廊、青藏高原为主的丝绸之路生态文化旅游产业带。

二　西北内陆开放型优势产业空间布局

(一)开放型特色农业与农产品产业布局

农牧业发展必须植根于区域内的自然资源条件,生产具有明显比较优势的产品。西北内陆地区具有典型的特色农业特征,得天独厚的资源环境孕育着优质的特色农产品,创造了较好的经济效益[①],如水稻、小麦、小杂粮、马铃薯、中药材、烟叶、羊绒羊毛、经济果品等产品在全国具有比较优势(见表7-6)。但由于西北内陆地区在农业生产上总体规模较小、机械化程度不高、产业集约化程度比较低、农产品深加工能

---

① 白永秀:《论西部特色经济体系的构建》,《西北大学学报》(哲学社会科学版)2007年第1期。

力弱，农业产业链短，表现出"资源大、产业小、效益低"的局面，天然的资源优势无法充分转换为产品优势和经济优势。在参与"一带一路"开放型经济的新时期，西北内陆地区就必须对特色农产品产业进行布局，要充分发挥西北内陆地区农业产业的比较优势，并以特色农业产业与特色农产品参与国际市场竞争，积极开拓国际市场，推进西北内陆农业现代化进程。[①]

表 7 - 6　西北内陆省区特色农业与农产品产业布局

省区	特色农业与农产品	空间布局
陕西	延安苹果和小米、眉县猕猴桃、榆林小杂粮、商洛核桃、镇安板栗、凤县花椒、大荔县黄花菜、佛坪县山茱肉	关中平原、陕北高原、秦巴山地区
甘肃	兰州百合、定西马铃薯、甘南奶粉、平凉金果、岷县中草药	河西走廊、陇东地区、陇南地区
宁夏	隆德县中草药、泾源县肉牛、西吉县马铃薯、海原县甜瓜、中卫市硒砂瓜、中宁县枸杞、吴忠市乳制品、盐池县滩羊、灵武市长枣、银川贺兰山葡萄酒	六盘山山脉、宁夏平原、贺兰山山脉
青海	西宁藏牦牛、门源青稞、玉树冬虫夏草、互助县马铃薯、循化线辣椒、湟源蚕豆、祁连黄蘑菇、乐都紫皮大蒜	河湟谷地、藏南谷地、三江源地区

（二）开放型优势工业布局

西北内陆地区矿产和能源资源储量丰富，为其在高端装备制造、生物制药、智能制造、3D 打印、大数据、信息技术、新材料和节能环保、新能源汽车等方面发展奠定了基础，加之在战略性新兴产业方面拥有先进技术，新兴工业园区及经济技术开发区的建立为其带

---

① 苏华、李雅：《向西开放战略下西北区域特色经济的发展思路》，《经济纵横》2016 年第 3 期。

来资源整合优势，产业集群初现，形成多个优势产业（见表7－7）。[①]

表7－7　西北内陆地区能源矿产开发与深加工优势产业布局

省区	资源优势产业	空间布局
陕西	神府、新民、榆神、榆横煤炭开采及加工,渭南精矿深加工,铜川铝开采,凤太地区金矿开采及加工,凤县铅锌开采,潼关金矿开采及加工	陕北地区、关中地区
甘肃	兰州石化及通用设备、白银铜矿、肃南县钨钼矿、文县金开采及加工、嘉峪关钢铁生产、金昌市铜镍矿、瓜州县金矿	河西地区、中部地区、陇东地区
宁夏	宁东煤炭与煤制油深加工、鸳鸯湖煤炭开采与加工、碱沟山煤炭开采、灵武马家滩石油与煤炭开采、盐池县石油与煤炭开采、彭阳县王洼煤炭开采、惠农区硅石硅铁与镁加工、同心县贺家口子大型石膏矿床、固原市岩盐开采与加工	贺兰山—宁东—香山—固原四个含煤区;石油、天然气分布于灵武、盐池地区
青海	祁连山成矿带的有色金属、石棉、煤的生产与加工;柴达木盆地的贵金属、有色金属、煤炭、石油、天然气、盐类生产与加工;东昆仑成矿带的有色金属、贵金属开采与加工;"三江"北段成矿带的铜、铅、锌、钼等有色金属开采与加工;"可燃冰"资源	青海北部的煤,南部的有色金属,西部的盐类和油气,中部的有色金属、贵金属,东部的非金属

西北内陆地区与中亚国家在经贸合作方面具有互补性和相似性,中亚五国主要出口的能源矿产资源弥补了西北地区的产业和资源不足,而西北内陆地区先进的重大装备制造、信息技术、科研技术、航天制造、能源技术与开发等工业生产技术弥补了中亚五国在科研创新方面的不足。西北内陆地区要紧紧抓住国家西部大开发战略和"一带一路"建设,积极调整产业结构,建设特色资源开发与加工基地,实施承接产业转移计划与"走出去"战略,进一步通过发展内陆开放型经济试验区、

---

① 于磊杰、徐波:《丝绸之路经济带:西北三省基于资源禀赋优势的产业体系布局研究》,《未来与发展》2014年第10期。

自由贸易区、新区、高新区与经济技术开发区，以着力构建和打造战略性新兴产业基地（见表 7 - 8）。

表 7 - 8　西北内陆地区战略性新兴产业布局

省区	战略性新兴产业	空间布局
陕西	西安航空航天和国防科技装备制造业、咸阳电子信息产业、杨凌现代农业示范区、宝鸡光机电一体化、渭南精细化工业及新材料生产	陕北地区、关中地区
甘肃	天水电工电气及数控机床装备制造、兰州石油化工及生物制药、武威重离子治疗机械、金昌有色金属新材料、酒泉节能环保产业设备、敦煌风力发电	天水地区、兰白经济区、河西地区
宁夏	银川大数据、电工电气、数控机床装备制造、3D 打印、机器人与智能制造、风力发电光伏制造、数字技术与文化创意、设计服务；宁东煤制油深加工、化学化工与材料；石嘴山市稀有金属材料深加工、节能环保产业设备；吴忠市仪器仪表制造；中卫市云计算、大数据、精细化工业及新材料生产；固原市岩盐材料深加工	黄河生态经济带、六盘山区域
青海	西宁市和海西州地区的节能环保、生物产业、新能源产业、新材料制造；柴达木盆地的贵金属、有色金属材料深加工	西宁市、海西州地区、柴达木盆地

（三）开放型现代服务业布局

共建"一带一路"的倡议，最早由中国国家主席习近平同志提出。从最初的中国国家倡议，到现在"一带一路"沿线国家认同，并积极支持参与，成为共商共融共同发展的战略行动。"一带一路"倡议首先为沿线国家和地区提供了设施的互联互通和能源合作平台，也加快了金融、贸易、物流、文化、旅游等现代服务业的发展。西部地区、西北内陆地区，在向西开放战略中，不断参与国际合作，城市与城市之间、产业与产业之间、人员与人员之间都展开了宽领域、多方位、多层次、多渠道的合作，随着国际合作和开放程度的不断提升，现代服务业也向着多样化、多覆盖、多层次化演进与发展，产业链、产品链、价值链也不断向外延伸和向上提升（见表 7 - 9）。

表 7 - 9　西北内陆地区开放型现代服务业布局

省区	现代服务业	空间布局
陕西	西安国际化港务区、西安高新区、西咸新区空港新城	关中地区
甘肃	中国泛中亚能源交易中心、中川航空物流园区、兰州国际港务区	陇东地区
宁夏	银川悦海 CBD 商务区、河东国际机场—银川综合保税区—滨河新区、贺兰山东麓葡萄文化长廊集聚区	黄河生态经济带
青海	西宁首府中心区域、格尔木副中心区域、环青海湖大区域	西宁和环青海湖区

第三节　西北内陆地区在"一带一路"倡议中协同开放与发展

一　"一带一路"国内沿线城市开放定位与协同发展

自从"一带一路"倡议提出后，国内省区市积极响应中央的号召，纷纷参与其中，就连国内不属于"一带一路"的省区市也积极参与到这一跨国合作中来。尤其是"一带一路"沿线的省区市还积极出台相关政策措施来提高其参与的机会和扩大其合作的空间。

2015 年 3 月，国家发展改革委、外交部、商务部联合发布了《推动共建丝绸之路经济带和 21 世纪海上丝绸之路的愿景与行动》，国内沿线省区市及节点城市都根据自身的产业、产品、区位等基础和优势，来定位和发挥其在"一带一路"倡议中的参与合作地位和作用，扩大影响力、提高竞争力。让古丝绸之路重新焕发新的生机，以新的形式使亚、欧、非各国联系更加紧密，互利合作迈向新的历史高度。《推动共建丝绸之路经济带和 21 世纪海上丝绸之路的愿景与行动》圈定了 18 个省、区、市：西北 5 省区，包括新疆、青海、宁夏、甘肃、陕西；东北 3 省，黑龙江、吉林、辽宁；中西部 2 区市，内蒙古、重庆；西南 3 省区,广西、云南、西藏;沿海的5省市,上海、浙江、福建、广东、海南。同时,提到要建立内陆和沿海多个节点城市,西安、兰州、西宁、重庆、成都、郑州、武汉、长沙、南昌、合肥、上海、天津、宁波—舟山、广州、深圳、湛江、汕头、青岛、烟台、大连、福州、厦门、泉州、海口、三亚等节点城市①,形成了中国全方位、深层次、多领域、多节点、多区域开放的新格局(见表7-10)。

表7-10　丝路沿线省区市在"一带一路"倡议中的定位及发展重点

区域	省区市	战略定位	发展重点
西北5省区	新疆	打造丝绸之路经济带"核心区"	深化与周边国家和地区的交流合作,形成丝绸之路经济带上重要的交通枢纽、商贸物流和文化科技中心,打造丝绸之路经济带核心区。 主要节点城市:乌鲁木齐、霍尔果斯、喀什
	青海	打造丝绸之路经济带"战略通道"	打造丝绸之路经济带上的战略通道、重要支点和人文交流中心。以西宁国际航空港、曹家堡保税物流中心为平台,形成与丝绸之路沿线国家和周边省区航空、铁路、公路有效对接的现代交通网络。 主要节点城市:西宁、海东、格尔木
	宁夏	打造丝绸之路经济带"战略支点"	以黄河流域生态保护和高质量发展先行区、中阿博览会为平台,加快建设陆上、网上、空中丝绸之路,把银川河东国际机场打造成面向丝路沿线国家的门户机场,打造丝绸之路经济带战略支点。 主要节点城市:银川、吴忠、中卫
	甘肃	打造丝绸之路经济带"黄金段"	打造"丝绸之路经济带"黄金段,构建我国向西开放的重要门户和次区域合作战略基地。依托兰州新区、敦煌国际文化旅游名城和"中国丝绸之路博览会"三大战略平台,加强与丝绸之路沿线国家经贸合作。 主要节点城市:兰州、白银、酒泉、嘉峪关、敦煌
	陕西	打造丝绸之路经济带"新起点"	加快建设丝绸之路经济带新起点,加强与中亚国家和澳大利亚等国在资源勘探、开发领域的合作;建设丝绸之路经济带自由贸易区、国家航空城实验区;支持西咸新区建设立体化综合交通系统,启动地铁延伸线建设,形成我国向西开放的重要枢纽。 主要节点城市:西安、咸阳、宝鸡

① 《"一带一路"圈定18省　新疆和福建成核心区》,凤凰资讯,2015年3月28日,http://news.ifeng.com/a/20150328/.shtml。

区域	省区市	战略定位	发展重点
中西部2区市	内蒙古	打造丝绸之路经济带向北开放的"桥头堡"	以向北开放重大事项和顶层设计加快满洲里、二连浩特国家重点开发开放实验区和呼伦贝尔中俄蒙合作先导区建设,办好中蒙博览会,加大口岸建设力度,推进与俄蒙基础设施的互联互通。将内蒙古建设成为丝绸之路经济带向北开放桥头堡。 主要节点城市:满洲里、二连浩特、呼伦贝尔
	重庆	建设长江上游综合"交通枢纽",打造内陆开放"高地"	加快建设长江上游综合交通枢纽,打造内陆开放高地建设,加强与"一带一路"沿线国家,国际友城和港、澳、台经贸往来,推进成渝经济区一体化。积极组织周边地区货物搭载"渝新欧"班列,推动国际邮政专列正式运行 主要节点城市:北碚区、渝北区、万州区
西南3省区	广西	打造"一带一路"重要门户,西南中南开放发展的"战略支点"	申请设立北部湾自由贸易试验区,着力抓好基础设施、产业升级、港口物流等建设,升级发展北部湾经济区。打造成为"一带一路"有机衔接的重要门户,西南中南开放发展新的战略支点 主要节点城市:北海、防城港市、凭祥市
	云南	打造成为"一带一路"的战略支点、沟通南亚、东南亚国家的"通道枢纽"	以"沿边金改试验区"作为丝绸之路经济带发展的重点之一,吸引东南亚及南亚国家的银行、证券等金融机构入驻云南,全面提升跨境金融服务。将云南打造为"一带一路"的战略支点,沟通南亚、东南亚国家的通道枢纽 主要节点城市:昆明市、蒙自市、景洪市、瑞丽市
	西藏	打造成为"一带一路"国家面向南亚开放的"重要通道"	以拉萨、日喀则综合保税区为平台,以铁路、国省干道沿线城镇、旅游环线、主要景区建为重点,构建有重点、多层级的对外开放空间格局。推进西藏与尼泊尔等国家边境贸易和旅游文化合作,建设成为面向南亚、东南亚的辐射中心,将西藏打造成为"一带一路"国家面向南亚开放的"重要通道" 主要节点城市:拉萨、日喀则
东南沿海5省市	上海	打造成为"一带一路"的"龙头"	以国际航运中心建设,国际金融和国际贸易中心建设,多式联运综合运输体系建设,上海自贸区建设,来服务和辐射"一带一路"建设,着力将上海打造成为"一带一路"的龙头 主要节点城市:浦东新区、金山区
	浙江	打造"一带一路"倡议的经贸合作"先行区"	以推进宁波—舟山港一体化港口经济圈建设,推进"义新欧"中欧班列运行常态化。打造"一带一路"倡议的经贸合作先行区、"网上丝绸之路"试验区、贸易物流枢纽区,构筑陆海统筹、东西互济、南北贯通的开放新格局。 主要节点城市:杭州、宁波、温州
	福建	打造21世纪海上丝绸之路的"前沿平台"和"重要纽带"	推进铁路、高速公路、港口、机场等基础设施互联互通建设,重点建设合福、赣龙扩能、衢宁、浦建龙梅、吉永泉和福厦高铁等快速铁路。打造"一带一路"互联互通建设的重要枢纽、海上丝绸之路经贸合作的前沿平台和海上丝绸之路人文交流的重要纽带。 主要节点城市:厦门、漳州、泉州、福州

续表

区域	省区市	战略定位	发展重点
东南沿海5省市	广东	打造21世纪海上丝绸之路的"桥头堡"	将"加快西江、北江黄金水道扩能升级,推进江海联运,支持广州港与21个友好关系港口建立海上港口联盟"等纳入海上丝绸之路建设规划,加快粤港澳自贸区和南沙、前海、横琴新区建设,着力打造21世纪海上丝绸之路的桥头堡。 主要节点城市:广州
	海南	打造21世纪海上丝绸之路的"门户战略支点"	加快建设"岛上海南",重点提升海口、三亚作为战略支点的支撑作用。全力推进三沙重大基础设施和公共服务设施建设,发展油气资源开发服务保障、远洋捕捞、海上旅游等特色海洋经济,打造海上丝绸之路的门户战略支点。 主要节点城市:海口、三亚
东北3省	黑龙江	打造"一带一路"向北开放的"重要通道"	加大铁路、公路、口岸等互联互通及电子口岸建设力度,推动跨境通关、港口和运输便利化,借助俄远东港口,开展陆海联运,打造东部陆海丝绸之路经济带,为东部沿海以及日、韩乃至北美提供陆海联运跨境运输 主要节点城市:黑河市、同江市
	辽宁	打造"一带一路"向北出海口的"重要区域"和"重要平台"	打造3条至欧洲的运输通道,鼓励企业开展境外投资,承揽国际工程,带动产品出口,促进产能合作。构建"一带一路"欧亚大陆桥出海口的重要区域和重要平台 主要节点城市:大连、丹东
	吉林	打造"一带一路"向北开放的"重要窗口"	以推进长吉图开发开放为载体,对内强化长吉一体化区域的核心地位和辐射作用、强化"三纵"区域的横向联系,对外加强对蒙古国、俄罗斯、朝鲜以及日本的联通功能,将其打造为"一带一路"北线的新通道、新平台、新门户,形成横跨东西、兼顾海陆、联通内外的开放格局 主要节点城市:通化、珲春市、图们市

根据国家公布的《推动共建丝绸之路经济带和21世纪海上丝绸之路的愿景与行动》,所圈定的18个省区市中,若从狭义上的"丝绸之路经济带"而言,仅限于中国西北5省区即新疆、青海、宁夏、甘肃、陕西,西南3个省区市即重庆、云南、西藏与中亚5国及部分区域。

若从节点城市来看,主要有陇海线上的连云港、徐州、商丘、郑州、洛阳、西安、宝鸡、兰州;津保—太中银—兰新线上的天津、保定、石家庄、太原、晋中、吕梁、银川、吴忠、中卫、武威、金昌、张掖、酒泉、哈密市、鄯善、吐鲁番、乌鲁木齐;兰新线上的兰州、武威、张掖、酒泉、嘉峪关、玉门、哈密、吐鲁番、乌鲁木齐、阿拉山口；兰新二线（西宁—张掖）上的兰州、海东、西宁、门源、民乐、张掖、酒泉、哈密市、鄯善、吐鲁番、乌鲁木齐；渝新欧铁路上的重庆、达州、安康、西安、兰州、乌鲁木齐、阿拉山口；哈石油管道中途经的阿拉山口；亚洲 AHS 号公路上的上海、南京、信阳、西安、兰州、吐鲁番、乌鲁木齐、奎屯、霍尔果斯以及沿途辐射到的多个节点城市。[①] 在选取节点城市时，有些城市并不属于丝绸之路经济带上的省区市，但由于在整个经济带建设中发挥着重要的节点作用，如上海、郑州、成都等城市，因此被纳入经济带的节点城市中来；有些虽然属于丝绸之路经济带上的省区市，如西藏、云南等，但其开放的方向是向南亚或者东南亚而没有被纳入。

二 西北内陆省区在"丝路经济带"中的产业协同与开放

依据以上节点城市经济发展水平、资源禀赋、基础设施、贸易往来、人员交往等综合发展状况，以节点城市为增长极，结合目前国内关于都市圈、城市群和经济带的划分[②]，以产业衔接、产业协同和产业集群发展为原则，通过构建丝绸之路经济带产业聚集区和协同区，促进丝绸之路经济带的产业协同发展。

（一）"西兰银"产业协同与开放协同

"西兰银"是指以西安、兰州、银川三个经济区为一个单元的增长极，以陇海线上的连云港、徐州、商丘、郑州、洛阳、西安、宝鸡、兰州等节点城市，以津保—太中银—兰州线上的天津、保定、石家庄、太原、晋中、吕梁、榆林、银川、吴忠、中卫、武威、金昌、张掖、酒泉等节点城市，以银西高铁线上的银川、吴忠、庆阳、咸阳、西安等节点

---

① 郭爱君、毛锦凰：《丝绸之路经济带建设中的我国节点城市产业定位与协同发展研究》，《西北大学学报》（哲学社会科学版）2015 年第 4 期。

② 李宝新、岳亮：《中国三大三角地区产业竞争力对比研究》，《经济问题》2007 年第 6 期。

城市，形成"西兰银"经济走廊，又有能源"金三角"之称，并以资源优势、能源优势、矿产资源及加工、风力光伏新能源、航天技术、装备制造、石油化工、煤制油深加工、特色农产品等形成产业协同区。

"西兰银"产业协同区，有着良好的产业基础、开放平台基础、人文优势等，为丝绸之路经济带的崛起与开放合作既奠定了良好的通道基础，又奠定了良好的产业基础，可以被称为丝绸之路经济带的核心段。"西兰银"产业协同对经济带的崛起极其重要，"西兰银"经济区以西安、兰州和银川为核心节点，以西咸新区、兰州新区、宁夏内陆开放型经济试验区为契机，以装备制造、精细化工、煤制油深加工、化学化工、仓储物流及特色农产品为主导，打造丝绸之路经济带西北段的能源化工和仓储物流基地，通过交通网络和资源优势互补促进丝绸之路经济走廊的协同发展和产业合理分工，形成自西向东的石油化工、化学化工、煤制油深加工与技术、新能源、装备制造、仓储物流、商贸服务等协同产业链，对丝绸之路经济带建设具有重要的战略意义。①

同时，"西兰银"产业协同区还要与 3 条经济动脉（陇海线、津保—太中银—兰新、银西高铁）形成产业协同区，这些节点城市以电子信息、金融服务、汽车制造、装备制造、商贸流通等为主导产业，是全球重要的现代服务业和先进制造业中心。这是东西互补、东西互动、优势互补的最佳体现，既有利于扩大区域内部开放合作、承接产业转移，又有利于形成资金、技术、能源等互补优势，实现联合双向开放——向西开放和向东开放，延伸到中亚国家、丝路沿线国家和日本、韩国等国家。

（二）"兰西乌"产业协同与开放协同

"兰西乌"是指以兰州、西宁、乌鲁木齐三个经济区为一个单元的增

---

① 郭爱君、毛锦凰：《丝绸之路经济带建设中的我国节点城市产业定位与协同发展研究》，《西北大学学报》（哲学社会科学版）2015 年第 4 期。

长极，以兰新线上的兰州、武威、张掖、酒泉、嘉峪关、玉门、哈密、吐鲁番、乌鲁木齐、阿拉山口等节点城市，兰新二线（西宁—张掖）上的兰州、西宁、张掖、酒泉、哈密市、鄯善、吐鲁番、乌鲁木齐等节点城市，形成"兰西乌"经济走廊，并以矿产资源及加工、能源优势、风力光伏新能源、石油化工、装备制造、特色农产品等形成产业协同区。

"兰西乌"产业协同区，同样也有着良好的产业基础、开放平台基础、人文优势等，为丝绸之路经济带的崛起与开放合作既奠定了良好的通道基础，又奠定了良好的产业基础。同时，"兰西乌"产业协同区还要与4条经济动脉（陇海线、津保—太中银—兰新线、银西高铁、渝新欧）形成产业协同区，这些节点城市以电子信息、金融服务、汽车制造、装备制造、商贸流通等为主导产业，与"兰西乌"区域的装备制造、矿产资源深加工、稀有金属材料深加工、风力光伏新能源产业、石油化工等产业形成协同产业链。这既将西部内陆的重庆、四川等省市的节点城市与西北内陆节点城市、西北节点城市、中部节点城市和东部节点城市联系起来，也将这些节点城市和区域的产业协同起来，又沟通了中亚国家和东部沿海国家，有力地促进了向西开放和向东开放。

（三）中亚国家与中国西北、西南、中部及东部产业协同及开放协同

中亚五国的主导优势特色产业如下。哈萨克斯坦的石油加工、石化工业、天然气开采业、黑色与有色金属材料生产、汽车制造、机械设备、制药工业、轻纺工业、食品加工等。乌兹别克斯坦的能源资源丰富，其国民经济支柱产业为"四金"：黄金、白金（棉花）、黑金（石油）、蓝金（天然气）。主要优势特色产业有石油加工、天然气开采业、冶金和机械制造、黑色与有色金属材料生产、汽车制造、电机电缆生产、轻纺工业、清洁能源等产业。吉尔吉斯斯坦主要优势特色产业有煤炭采矿业、黄金开采、纺织缝纫制造业、农牧业等。土库曼斯坦主要优势特色产业有石油加工、天然气开采业、电力生产、轻纺工业、化工和

建材业等。塔吉克斯坦主要优势特色产业有煤炭开采、石油加工、天然气开采业、制铝业、轻纺工业、建材业等。总体上看中亚五国的主导优势特色产业以煤炭开采、石油加工、天然气开采业、制铝业、轻纺工业为主，但产业链比较短、生产设备设施比较落后、技术层级比较低端（见表 7 – 11、表 7 – 12、表 7 – 13）。若与我国西北、西南、中部及东部地区的节点城市加强开放合作，尤其是产业协同发展，将我国东部地区的装备制造技术、资金，中部地区的汽车制造、新材料、物流运输，西北地区的能源技术与生产、化学化工技术与生产、稀有金属开采与技术、新能源等产业加强协同发展，必将显著提升中亚国家的制造业生产技术水平和国家整体经济水平。

同时，也会加强我国西北地区、西南地区、中部地区、东部地区之间的产业链协同发展，将丝绸之路经济带上多个节点城市的能源化工、化学化工、装备制造、资金技术与现代物流业有效地衔接起来，实现与川渝经济区、长江经济带的对接与衔接，为中部崛起和东部发展提供能源资源支撑和物流通道，架起丝绸之路经济带崛起的开放桥梁。

表 7 – 11　丝绸之路经济带中亚五国与中国段的发展优势及主导产业

国家（区域）	发展优势或中心	主导产业
哈萨克斯坦	以阿拉木图为中心	石油加工、石化工业、天然气开采业、黑色与有色金属材料生产、汽车制造、机械设备、制药工业、轻纺工业、食品加工等
吉尔吉斯斯坦	欧亚大陆的腹地	煤炭采矿业、黄金开采、纺织缝纫制造业、农牧业
塔吉克斯坦	三国交汇区	煤炭开采、石油加工、天然气开采业、制铝业、轻纺工业、建材业等
乌兹别克斯坦	以塔什干为中心	石油加工、天然气开采业、冶金和机械制造、黑色与有色金属材料生产、汽车制造、电机电缆生产、轻纺工业、清洁能源等产业
土库曼斯坦	以阿什哈巴德为中心	石油加工、天然气开采业、电力生产、轻纺工业、化工和建材业等
中国西北省区市	自然资源、旅游资源等优势	石油化工、煤电产业、原材料加工、特色农牧业、旅游业

续表

国家（区域）	发展优势或中心	主导产业
中国西南省区市	资源优势	冶金、机械、化工、军工、林牧业、水电、特色旅游
中国中部省区市	资源优势、区位优势	装备制造、物流运输
中国东部省区市	区位优势	交通运输、金融、服务业等第三产业

资料来源：郭爱君、毛锦凰《丝绸之路经济带建设中的我国节点城市产业定位与协同发展研究》，《西北大学学报》（哲学社会科学版）2015年第4期。

表7-12 丝绸之路经济带中亚五国投资需求

国家	重点发展区域	产业投资需求
哈萨克斯坦	南哈州州府齐姆肯特市南方经济特区	石油加工、石油天然气基础设施建设；冶金业和金属制成品生产；电力和清洁能源生产；农业和农产品加工；交通、通信基础设施；通信及数字电视设备生产
吉尔吉斯斯坦	在比什凯克、纳伦、卡拉阔尔和玛伊玛克地区设立的自由经济区	机电产品、轻纺工业、农业、交通基础设施
塔吉克斯坦	"喷赤"和"索格德"南北两个自由经济区	能源开发、有色金属产业、农业、电信服务
乌兹别克斯坦	塔什干市、纳沃伊自由工业经济区	汽车配件、化工、医药、电子产品、食品加工
土库曼斯坦	元首市（巴特肯州）及周边地区、首都阿什哈巴德市及周边地区（阿哈尔州）	石油和天然气开采、化工、电力、纺织、建筑业和建材工业、交通运输、通信

资料来源：李坤《中国对"一带一路"国家直接投资的产业选择研究》，湖北大学博士学位论文，2016。

自我国"一带一路"倡议提出后，埃及、阿拉伯联合酋长国、科威特等西亚北非主要国家就积极响应，纷纷参与到这一倡议之中来，都为能加强双方的开放合作需求机遇。这些丝路沿线国家、北非国家多数处于沙漠地带，地下油气资源丰富，经济长期依赖石油等矿物燃料出口，农业基础薄弱，制造业发展水平低下。都希望能借助"一带一路"

倡议来促进本国的经济发展多样化，减少国民经济对单一油气资源出口的依赖，其产业投资需求包括扩大油气生产能力、促进经济发展多样化、加强农业领域、机械制造、轻工业制造和基础设施的建设等（见表 7 – 13）。

表 7 – 13   "一带一路"沿线西亚及北非部分国家产业投资需求

国家	重点发展区域	产业投资需求
埃及	苏伊士经贸开发区	石油化工、电力能源、旅游业、信息通信产业、农业和水利灌溉、交通、市政基础设施
沙特阿拉伯	拉比格阿卜杜拉国王经济城（KAEC）、吉赞经济城（JAZAN），朱拜勒工业城市（Jubail）和延布（Yanbu）工业区	扩大油气生产、工业城建设、城市基础设施建设，促进经济发展多样化，减少国民经济对单一油气资源出口的依赖
阿拉伯联合酋长国	阿联酋自由贸易区、经济特区	增加替代能源、化工、纺织等轻工业等部门在国民生产总值中的比重来实现经济多元化
科威特	科威特自由贸易区、北部"丝绸之城"	工业制品、机械制品、运输设备、家电、服装、纺织品制成品等

资料来源：中国商务部、发改委、外交部发布的《对外投资国别产业指引》及商务部历年发布的《对外投资合作国别（地区）指南》整理。

第四节   西北内陆制造业协同高质量发展策略

制造业是国民经济的主体，是立国之本、兴国之器、强国之基。历史和现实表明，一个国家兴旺发达的前提是制造业的强盛。就我国来说，实现社会主义现代化和中华民族的伟大复兴，必然要发展高质量高水平的制造业。新中国自成立以来，工业化、现代化建设水平逐渐提升，已建设成为工业体系完善、工业部门齐全、制造种类完备的制造业国家。当前，我国制造业在某些领域国际领先，但总体上还处在类型全而不精、大而不强阶段，尤其是在科技创新、自主创新等方面，还有很大的提升空间，与发达国家还存在明显差距。

一　西北省区制造业发展状况

我国的制造业分为三大类，即轻纺制造业、资源加工制造业、电子机械制造业。第一类是轻纺制造业，包括食品、饮料、烟草加工、皮革、服装、纺织、家具、印刷等，占我国制造业比重为 31.5%；第二类为资源加工制造业，包括化学纤维、石油化工、橡胶、塑料、医药制造业、黑色金属等，占 33%；第三类为电子机械制造业，包括机械设备、交通运输工具、专用设备、通信设备、仪器等，占 35.5%。

（一）陕西制造业发展状况

70 年来，陕西省艰苦探索，走出了一条特色鲜明、符合自身、经济社会等指标不断提升的发展之路。1952 年，陕西省 GDP 为 12.85 亿元，在 2010 年跻身全国 GDP "万亿元俱乐部"，2018 年达到 24438.32 亿元。尤其自改革开放后，陕西省工业制造业进一步加快发展，带动了其他产业快速发展，也促进了产业结构进一步优化，一、二、三产业增加值占 GDP 比重分别由 1952 年的 65.4%、14.9% 和 19.7%，调整为 2018 年的 7.5%、49.7% 和 42.8%，实现了产业结构从 "一三二" 到 "二三一" 模式的变革。陕西省利用区位优势在陕北区域大力发展高端能源化工制造业，1952 年陕北地区生产总值为 1.16 亿元，到 2018 年提升为 5407.53 亿元，占到陕西省地区生产总值的近 1/4。

随着工业化进程加快，技术装备不断提升，陕西省工业制造业生产能力日益增强，制造业从新中国成立初期的低端程度逐步向现今的中高端制造业水平迈进，对地方经济增长的贡献率也持续提升。陕西省在工业制造业领域，重点依靠科技创新，大力发展煤油气生产、能源化工、航空装备、汽车制造、轨道交通、新能源制造、高档数控机床、电子机械等制造业，推动了工业制造业、工业产品、科学技术等快速发展。在煤、油、气生产方面，依托大企业、大产区，煤、油、气产量稳居全国前列，2018年陕西省原油产量、天然气产量分别达到3519.5万吨和444.50亿立方米，原油、天然气产量稳居全国第一，原煤产量居全国第三，陕煤集团、延长油田2家工业企业入围世界500强行列。在新材料制造业方面，单晶硅制造与产品业绩显著，产量占据全球第一。在新能源制造业方面，新能源汽车、太阳能电池等制造业增长较快，2018年新能源产业增加值达237亿元，占战略性新兴产业的8.9%。在高端装备制造业方面，汽车制造业从无到有，运动型（SUV）多用途乘用车、大型运输机产品技术升级高于其他工业制造业，2018年高端装备制造业增加值达到399.5亿元，年均增长14.1%，仅汽车产量就达到62.13万辆，营业收入超过百亿元的工业企业达到24户，有6家工业企业入围中国企业500强。在电子机械制造业方面，闪存芯片、高端液晶面板等成就突出，成为新时期陕西制造新名片、新标志。实现了陕西省工业增加值由1952年的1.7亿元，增加到2018年的9634.8亿元，年均增长保持两位，高于全国平均水平。①

（二）甘肃制造业发展状况

经过70年发展，甘肃省在创新求变中积极摸索与实践，经济、社会、生态等领域取得了巨大成就，尤其是自改革开放以来，甘肃省工业制造业扩能提质，全面发力，挺起了经济社会发展的脊梁。工业制造业发展水平是一个地区综合实力的体现，甘肃省利用自身区位优势、资源优势，大力发展石油化工、煤化工、有色冶金制造、先进装备制造、新能源制造、建材制造、生物医药、信息技术、纺织服装、农产品加工等制造业，并在新能源、装备制造等领域形成了工业制造业发展新优势，

---

① 《使命如山砥砺七十载 初心如磐奋进新时代——新中国成立70周年陕西经济社会发展成就系列报告之一》，陕西省统计网，2019年11月1日，http：//tjj. shaanxi. gov. cn/site/1/html/126/111/19911. htm。

引领着甘肃工业经济向中高端层次迈进。

在石油制造业方面，新中国成立后以玉门油田及大型石油企业为代表的制造业，其石油产量长期占到全国的 1/2 以上，为中国石油工业的发展做出了重大贡献。在新能源制造业方面，甘肃酒泉分别建成我国首个千万千瓦级风电基地和百万千瓦级光电基地，风光电和光热发电总装机达到 1137 万千瓦，新能源装机规模占到我国的 5%，被称为亚洲最大的新能源装备制造基地，也带动了新能源装备制造发展，形成了年产风机 620 万千瓦、叶片 4600 套、塔筒 4140 套的风电装备产能。制造业骨干企业带动能力不断增强，成为工业制造业支柱产业、千亿产业龙头。2017 年，酒钢集团的钢和钢材产能双双突破 1000 万吨，甘肃酒钢集团、甘肃白银公司、甘肃金川集团、甘肃建投集团、甘肃公航旅集团等制造业企业入围"中国企业 500 强"，同时，金川集团、白银公司 2 户企业进入中国跨国公司前 100 名。① 在技术创新方面，甘肃省积极建设制造业创新载体，以提升制造业自主创新能力和核心竞争力推动制造业升级，分别成立镍钴新材料创新中心、矿物功能材料创新中心、羰基金属材料创新中心、重离子创新中心、润滑与表面工程材料创新中心、饲草机械装备创新中心，这些创新中心的成立对离子加速及癌症治疗装备制造、高端医用材料制造业、粉末金属材料制造业、金属及工程塑料3D 打印材料制造业等具有积极的推动作用。通过创新中心建设，来激发新产品研发、科技成果转化，推动创新项目实施，形成高新技术、新材料、新装备等制造产业和产业链发展，为工业制造业提供源源不断的动力活水。

（三）青海制造业发展状况

70 年的发展，青海省发生了翻天覆地的历史巨变，综合实力实现

---

① 《挺起甘肃省经济社会发展的坚实脊梁——2004 年以来省属企业重点发展成就综述》，中国甘肃网，2018 年 12 月 28 日，http://gansu.gscn.com.cn/system/2018/12/28/012092774.shtml。

历史跨越，基础设施建设取得巨大成就，人民生活由贫困到温饱再到总体小康，并向全面小康迈进。1949 年青海省地区生产总值为 1.23 亿元，经 70 年的艰辛建设经济总量实现大跃升，2018 年达到 2865 亿元。新中国成立初期，青海省是一个典型以农业为主的省区，工业制造业极其落后，商品服务业极度匮乏，产业结构由 1949 年的 80.5：5.7：13.8 转变为 2018 年的 9.4：43.5：47.1，在稳定的农业结构主导下，工业制造业也逐步形成，并促进了服务业活力，产业结构实现了由"一三二"到"三二一"的转变，走出了一条符合青海省实际的创业发展之路。

青海省从国家"一五"计划开始，拉开了全面生产建设的序幕，基础设施由"一穷二白"逐步建成了以公路为骨干，铁路、民用航空和管道组成的综合交通运输网，2018 年公路总里程超过 8 万公里，高速公路和铁路运行里程分别达到 3328 公里、2299 公里，"一主六辅"机场格局形成，四通八达的交通网络带动和促进了青海省工业制造业逐步发展、完善和壮大起来，实现了工业从无到有、货物大进大出的良性循环。青海省利用能源优势、矿产资源为其工业制造业发展奠定了坚实的发展基础，逐步走上了快速发展的新轨道，形成了十大特色优势制造业：煤化工制造、油气化工生产、盐湖化工加工、有色金属制造、装备制造、生物制造、新材料制造、轻工纺织制造等。在农副产品加工、化工制造、电力生产、电气机械、煤炭开采等方面取得了较大发展，增强了工业生产能力和发展活力，经济总量也持续增长，逐渐形成了以工业经济发展为主导的经济形态。在新能源制造业发展方面，利用江河源头优势，相继建成龙羊峡、拉西瓦、李家峡等一大批水利水电设施，利用高海拔日光优势大力发展光伏制造、新能源产业，建成全国最大的光伏发电基地，2018 年电力装机容量突破 2700 万千瓦，清洁能源装机比重达 86.5%，开创了 100% 用清洁能源连续供电 360 小时的世界纪录，成为我国"西电东送"重要输出地，也带动了大型水电、光电、风电装备制造的发展和产品的研发，并聚集了大型制造业企业。[1]

（四）宁夏制造业发展状况

经过 70 年的改革创新，宁夏已经由成立之初工业制造业几乎空白、经济基础薄弱落后的地区，逐步建成为工业制造业门类基本齐全、制造业突出、产品特色鲜明、质量品牌效益不断提升、具有一定技术装备水平与规模的现代工业制造业体系的省区。宁夏制造业实现了从无到有、由小变大、由弱变强，从传统向现代转变的历史性跨越，为推进宁夏经济社会发展做出了巨大贡献。新中国成立后我国加大了对地方经济社会发展的支持力度，随着国民经济"一五""二五"计划的实施，全社会呈现一片百废待兴、欣欣向荣的局面，尤其是在"三线建设"期间，宁夏布局了一大批制造业，以大河机床厂、长城机床铸造厂、银川起重机厂、银川橡胶厂、西北煤炭机械制造一至三厂、青铜峡铝厂、吴忠轴承厂等为代表的基础性制造企业为今日的宁夏工业发展、工业体系建立、现代化生产奠定了坚实的基础。

宁夏利用区域内资源优势大力发展煤炭开采、能源化工、水电光伏、医药制造等加工制造业，尤其以宁东能源化工基地为龙头带动了其他关联产业快速发展，带动了工业制造业高质量发展，加速了宁夏经济转型发展步伐，使宁夏工业增加值从 1978 年的 5.59 亿元，增加到 2018 年的 1124.5 亿元。形成了以煤炭制造、电力生产、能源化工、冶金制造、有色金属、建材装备、机械生产等为主导，具有地方特色的工业制造业体系。在优势特色产业主导的带动下，宁夏制造业的产品品牌、技术装备的区域影响力逐步扩大。以煤促电，以电代煤，以风力发电、水力发电和太阳能发电等多元一体化的发展理念，不仅优化了电源结构，也带动了电力制造装备进入大机组、大电厂、大电网、大制造、智能制造时代。建成了三条外送电力通道，宁夏至浙江 ±800 千伏直流、宁夏

---

① 解丽娜：《青海解放 70 年经济社会发展取得巨大成就》，《青海日报》2019 年 9 月 18 日。

宁东至山东±660千伏直流、宁夏至兰州750千伏交流输电线路，使宁夏成为国家级的新能源综合示范区、国家"西电东输"的重要电源基地。

宁夏在高端装备制造、稀有金属材料、工业自动化仪表、电工仪器仪表、牵引变压器、数控机床、刮板输送机、大型铁路轴承、大型铸锻件、医药制造、生物制药、生物发酵、配电装置、风力发电设备、单晶多晶硅片、新材料、新能源、现代纺织、枸杞加工、葡萄酒等产业制造业方面产生了一批优质产品、一批业界"单打冠军"，深受市场青睐。2016年，全球单套规模最大的400万吨煤制油项目在宁夏宁东成功投产，技术及装备国产化率达到98.5%，实现了煤炭制造由黑变白再到多彩的历史转变。硫氰酸红霉素产能占全球1/3；中色（宁夏）东方集团公司位列世界钽铌行业前三强；石灰氮和双氰胺产量居全国首位，世界市场占有率达70%；刮板输送机、转载机、大功率减速器等产品占全国煤炭机械市场份额的35%以上；高速铁路用大容量可靠性牵引变压器填补了国内空白；承制的三峡地下水轮机转轮叶片，结束了大型水轮机叶片依赖进口的历史；生产的自动调节阀门普遍供应国内石化企业；率先将3D打印、射芯、数字化铸造、机器人搬运等新技术成功应用到铸造领域，建成了国内第一家数字化机床制造工厂。①

二　西北省区制造业高质量发展指标体系构建

（一）数据来源、计算方法及指标体系构建

当前，我国经济发展进入新常态，表现出经济下行压力大、产能过剩、供给侧结构性矛盾等特点。为此，2015年国务院明确提出制造业创新驱动、质量为先、绿色发展、结构优化、人才为本的发展战略方

---

① 《七十年砥砺奋进 七十年艰苦创业 铸就宁夏工业经济发展新辉煌——新中国成立70周年宁夏经济社会发展成就系列报告之二》，宁夏回族自治区统计网，2019年9月23日，http：//tj. nx. gov. cn/tjxx/201909/t20190923_ 1750347. html。

针。2017 年，党的十九大报告中又提出高质量发展战略要求，进一步深化了创新、协调、绿色、开放、共享的新发展理念。就我国来说，基于目前我国提出的实施制造强国战略行动纲领和实施高质量发展的理念，有诸多学者对于"制造强国"评价指标体系进行构建，以此对中国制造业发展水平进行量化分析。然而，就目前来看，学术界尚未形成统一的评价标准，早期的研究更多是从产出效益、结构、产品质量以及出口竞争力等多个视角评价工业发展质量。徐建中等以经济效益、科技能力、能源消耗、信息化水平、人力资源劳动率等作为制造业先进性评价指标。[1] 傅京燕等提出了环境规制对产业国际竞争力有影响。[2] 杜琦等利用产业外向度、市场占有率等指标评价高技术制造业发展水平。[3] 何喜军等构建了涵盖制造业发展水平、污染治理水平、信息化水平的制造业发展指标体系。[4] 经济发展进入新常态背景下，越来越多的学者关注创新驱动和绿色发展等指标，来进一步构建高质量评价要素，其中，朱启贵在动力、产业、结构、质量、效率和民生 6 个方面 62 项指标中构建了高质量发展评价指标体系。[5] 刘惟蓝从效益、结构、科技创新、开放和绿色 5 个方面 31 项指标构建了高质量发展的评价指标体系。[6] 鲁继通提出了包括微观维度、中观维度、宏观维度等 3 个一级指标、9 个二级指标、52 个三级指标在内的高质量发展评估系统。[7] 李金昌等从经

---

[1] 徐建中、谢晶：《基于属性视角的我国制造业先进性的判断与测度》，《科学学与科学技术管理》2013 年第 5 期。

[2] 傅京燕、李丽莎：《环境规制、要素禀赋与产业国际竞争力的实证研究——基于中国制造业的面板数据》，《管理世界》2010 年第 10 期。

[3] 杜琦、姚波、解芳：《副省级城市先进制造业发展水平评价研究——以西安为例》，《现代管理科学》2010 年第 11 期。

[4] 何喜军、魏国丹、张婷婷：《区域要素禀赋与制造业协同发展度评价与实证研究》，《中国软科学》2016 年第 12 期。

[5] 朱启贵：《"绿色 +"：中国可持续发展的全新战略思维》，《人民论坛学术前沿》2016 年第 3 期。

[6] 刘惟蓝：《以高质量发展的指标体系引领开发区建设》，《新华日报》2018 年 4 月 25 日。

[7] 鲁继通：《我国高质量发展指标体系初探》，《中国经贸导刊》（理论版）2018 年第 20 期。

济活力、创新效率、绿色发展、人民生活、社会和谐 5 个方面 27 项指标构建了高质量发展评价指标体系。[①]

西北地区制造业历史悠久,对地方经济贡献显著,但其主要经济指标还远远低于全国平均水平,经济效益与产业规模很不相符。在新中国成立初期国家重点项目建设期间打下了发展基础,经过多年政策支持及产业转移发展夯实了西北地区制造业的基石。西北地区装备制造业对地方经济贡献显著,但新型工业化产值低于全国平均水平,作为西部欠发达地区,西北省区生产力低下,工业发展程度低,能源消耗大。因此,探索西北地区工业高质量发展模式对当地的经济社会发展有重要的带动作用。

本书数据主要来源于各省区《2018 年统计年鉴》以及《中国统计年鉴 2018》《中国文化及相关产业统计年鉴 2018》《中国劳动统计年鉴 2018》《中国林业统计年鉴 2018》《中国高技术产业统计年鉴 2018》等相关统计年鉴。本书在西部大开发、"一带一路"重要经济协作区等国家战略实施背景下,引入新发展理念"创新、协调、绿色、开放、共享"五项标准作为一级指标,构建18 项标准作为二级指标,25 项标准作为三级指标。指标的选取维度、功效性情况如表 7 – 14 所示。

表 7 – 14　西北省区制造业高质量发展指标评价体系

一级指标层	二级指标层	三级指标层	指标解释	单位	功效性
创新	产品研发	R&D 投入占比	制造业 R&D 经费支出/制造业产品销售收入	%	+
		R&D 人员占就业人员人数比重	制造业 R&D 人员/制造业从业人员数	%	+
	产品开发	新产品开发项目数	新产品开发项目数量	项	+
		新产品开发经费	新产品开发经费	万元	+

---

① 李金昌、史龙梅、徐蔼婷:《高质量发展评价指标体系探讨》,《统计研究》2019 年第 1 期。

一级指标层	二级指标层	三级指标层	指标解释	单位	功效性
创新	技术转化	新产品产值率	制造业新产品产值/制造业总产值	%	+
		专利数量	制造业取得专利的数量	项	+
		技术创新投入产出系数	制造业新产品产值/制造业新产品开发经费	%	+
协调	产品质量	中国品牌国际市场占有率	"全球制造500强"制造业企业个数	个	+
		品牌国内市场占有率	"中国制造500强"制造业企业个数	个	+
	生产效益	就业人员劳动生产效率	制造业总产值/制造业从业人员数	%	+
		就业人员平均利润率	制造业企业总利润/制造业从业人员数量	%	+
		资本产出效率	制造业总产值/制造业企业资本存量	%	+
	供给结构	霍夫曼比例	制造业中消费资料工业净产值/资本资料工业净产值	%	−
绿色	能源消耗	能源消耗量	所有制造业行业能源消耗量的总和	万吨标准煤	−
	电力消耗	电力消耗量	所有制造业行业电力消耗量的总和	亿千瓦时	−
	废水	废水排放量	所有制造业行业能源水耗量的总和	万吨	−
	废气	废气排放量	所有制造业行业能源气耗量的总和	亿标立方米	−
	固废	固废排放量	所有制造业行业固废消耗量的总和	吨	−
	污染治理度	制造业污染治理完成投资	制造业污染治理完成投资（环保水平）	亿元	+
开放	产业外向度	出口商品总额占行业产值之比	制造业出口商品额/制造业总产值	%	+
	资本关联度	外商投资企业产值占比	制造业外商投资企业产值/制造业总产值	%	+
	市场占有率	制造业市场占有率	地区制造业业务收入/全国制造业业务收入	%	+

续表

一级指标层	二级指标层	三级指标层	指标解释	单位	功效性
共享	就业	就业人员人数	制造业从业人员数	万人	+
	税收	企业利税总额	制造业企业利税总额	万元	+
	收入	就业人员在岗职工年均收入	制造业就业人员在岗职工年平均收入	元	+

（二）数据处理

本书基于熵权法确定各层级指标权重，并利用西北省区制造业高质量发展的评价指标体系对西北省区的制造业发展现状进行实证分析。

本书采取极差标准化的方式进行标准化处理，极差标准化可使处理后的数据为 0~1，值为 1 时表明制造业发展质量高，值为 0.5 时表明状况中等，值为 0 时表明状况最差，其计算公式如下：

$$Y_{ij} = \frac{X_{ij} - X_{\min}}{X_{\max} - X_{\min}} \tag{1}$$

式中，Y_{ij} 是第 i 个省区第 j 项指标的标准化值，X_{ij} 为第 i 个省区第 j 项指标的实际值，X_{max} 为第 j 项指标的实际最大值，X_{min} 为第 j 项指标的实际最小值。

确定指标权重。本书通过熵权法计算出各项指标的权重，计算过程如下：

①先计算 j 个指标 i 个省区的指标标准化值所占指标的比重 P_{ij}：

$$P_{ij} = \frac{Y_{ij}}{\sum_{i=1}^{m} Y_{ij}} \tag{2}$$

②计算第 j 项指标的熵值 e_j：

$$e_j = -k \sum_{i=1}^{m} P_{ij} Ln P_{ij} \tag{3}$$

③计算第 j 项指标的效用值 d_j，d_j 的值越大，第 j 项指标的权重就越大：

$$d_j = 1 - e_j \qquad (4)$$

④计算第 j 项指标的权重 W_j：

$$W_j = \frac{d_j}{\sum_{j=1}^{n} d_j} \qquad (5)$$

式中，m 为样本的数量，n 为指标数量，k 为常数，W_j 为第 j 项指标的权重。

西北省区制造业发展水平指数的计算公式如下：

$$I_j = \frac{W_j}{\sum_{j=1}^{n} W_j} \qquad (6)$$

其中，I_j 为第 j 个省区的制造业发展水平指数，W_j 为指标 j 权重，n 为西北省区总数。

结果分析。根据"创新、协调、绿色、开放、共享"，构建 18 项标准作为二级指标计算得出制造业发展水平评价结果（见表 7 - 15），揭示西北省区制造业具有明显的空间分异特征。整体而言，西北省区制造业在"创新"方面的发展水平相对较高，主要得益于目前基础设施的完善及政策支持力度的提升；"协调"发展水平呈现两翼高、中部低的格局，"绿色"经济发展水平呈现"一高三低"现象。而"开放"与"共享"两方面处于弱势状态。

表 7 - 15　西北省区制造业发展水平结果

指标	陕西	甘肃	宁夏	青海
创新	0.588	0.212	0.156	0.011
协调	0.314	0.098	0.033	0.147

指标	陕西	甘肃	宁夏	青海
绿色	0.249	0.052	0.025	0.014
开放	0.263	0.043	0.058	0.035
共享	0.385	0.017	0.015	0.004

从总体上看，制造业的发展潜力与资源依赖性密切相关。西北省区的制造业形成了比较完整的体系，积累了一定的发展资本，尤其是陕西、甘肃具有较大的整体规模和较强的综合实力，所蕴含的发展潜力乐观。依据计算结果，西北省区制造业发展水平指数平均值为0.426，目前西北省区制造业发展建立在资源富集且有大量基础工业的支持基础上，为制造业后续发展提供了较大的发展空间（见图7-1）。

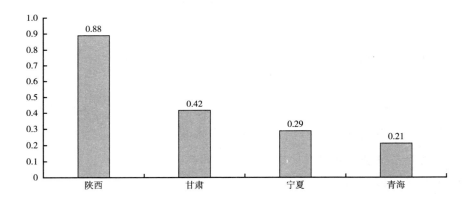

图7-1 西北省区制造业发展水平指数

从产业结构上看，制造业绿色发展水平较低。根据绿色发展指数的结果来看，2017年西北省区绿色发展能力区域差距较大，完整体系的环保节约型生产相对较少，尤其是甘肃、宁夏、青海三省区高耗能产业总量居高不下。因此，后期需要推进制造业生产过程的绿色化、清洁化，促进低碳、循环发展。同时，注重产品周期的更新换代，建立回收产业，发展再制造产业体系。

从产业布局上看，呈现区域差异性。由于区域内各省区之间的发展本身就不平衡，特别是经济方面，比如 2017 年陕西省新产品开发经费投入是青海省的 8.91 倍；甘肃省规模以上装备制造业新产品开发项目为 8219 项，第二产业增加值达 2562.7 亿元；宁夏只有 37 项，第二产业增加值仅为 1580.5 亿元。从数据结果来看，各省区制造业发展有较大的差距，呈现出地域分布不平衡性的特点（见图 7－2）。

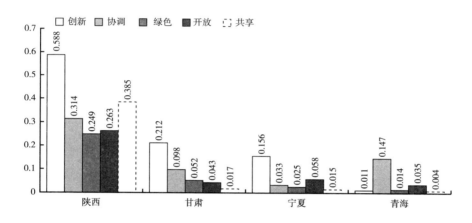

图 7－2　西北省区制造业发展水平

三　协同推进西北内陆制造业发展的策略

（一）深入推进供给侧结构性改革

西北省区制造业发展要通过科技创新、技术创新、技术改造来推动产业优化升级，要以传统产业改造提升为基础，通过淘汰落后、技术改造、资源盘活、综合整合来处置"僵尸企业"；以培育新兴产业为制造业接续动力，大力发展新材料、新能源汽车、新能源装备、生物医药、人工智能等新兴产业，向着智能化、精细化、高端化、智造化、绿色型、服务型方向转变，来不断拓展制造业发展空间，更新发展理念，逐步形成西北先进制造业产业基地、产业链、产业集群，推动西北制造业高质量发展。同时，要加强知识密集型生产性服务业与先进制造业的融合发展，通过提升智力劳动者的报酬，增加技术研发者、技术设计者的收入与促进人才培养来推动高端生产性服务业加快发展，以此推动知识密集型高级生产性服务业的发展水平与发展层次。

（二）推动技术创新服务体系不断完善

开展以制造业技术需求为导向的项目形成机制改革，在找准产业需求、企业需求、制造业技术需求基础上，以需求为导向配置创新资源，从根本上解决制造技术与经济发展"两张皮"问题。按照"需求征集→分析凝练→制造技术项目→发布项目→对接落地"的实施路径，征集一批、成熟一批、发布一批、对接一批，充分激发各类创新主体的技术创新积极性。在需求征集基础上，通过技术市场，利用大数据在全国寻找成熟技术成果进行直接引进转化，以促进纵向联动、横向协同、外向合作，引导优质创新制造业资源集聚，形成强强联合效应，带动制造业研发创新体系变革，推动制造业科技服务体系不断完善。

（三）推动先进制造业和现代服务业的融合发展

融合是现代产业发展的显著特征和重要趋势，要鼓励发展网络化协同研发制造、大规模的个性化定制、云制造等新业态新模式；延伸在线设计、数据分析、智能物流、远程运维等增值服务；坚持"鼓励创新、包容审慎"的监管原则，为互联网行业发展营造公平、健康的发展环境。认识迭代性技术创新和颠覆性技术创新的路径差异，重视培育有利于颠覆性技术创新的环境。中小企业在颠覆性创新方面具有重要意义，要加大对中小企业创新的支持力度。进一步加强知识产权保护和运用，完善反垄断等竞争政策，形成有效的创新激励机制。

（四）构建制造业技术合作平台

依托西北地区现有制造业产业集群发展的格局，从实际出发，优化生产力布局，提高制造业支撑保障水平，把西北地区的资源优势与老工业基地的技术优势、产业优势相结合，围绕能源化工、智能制造、新材料、节能环保、生物发酵等重点产业和重点领域成果需求，组织开展精准对接，积极承接东部地区产业和技术转移，吸引国内先进科技成果在西北落地转化。在国际技术转移合作方面，依托西北省区的中阿博览会、亚欧博览会、丝绸之路博览会、丝绸之路（敦煌）国际文化博览会等合作平台，面向"一带一路"沿线国家，通过共建联合研究中心、联合实验室、科技园区等方式，积极开展形式多样的技术转移活动，开辟双向技术转移通道，搭建国际交流合作平台。

（五）加强制造业科技成果转化

科技成果转化是技术支撑制造业发展的"最后一公里"，西北欠发达地区科技基础薄弱、人才资源少、创新能力弱，更要把科技成果转化作为工作的重中之重。要以实施创新驱动战略为主要任务之一，着力在优化环境、完善机制、构建体系上下功夫、求突破。要按照国家技术转移体系建设总体部署，坚持市场主导、企业主体，开放共享、协同推进与产学研相结合的方式，构建起政府、企业、高校、科研院所及科技服务机构多方面参与、多元化发展、多领域渗透的技术转移模式。大力培育发展技术转移机构，鼓励支持国内外技术转移机构到西北省区设立分支机构，鼓励高校、科研院所建设专业化技术转移机构，充分调动各类创新主体和技术转移载体的积极性，以促进技术供需对接和高效转移为目标，建设和完善技术转移体系。

第五节　西北内陆煤炭产业协同发展与转型路径

能源是人类生存和文明发展的重要物质基础，我国已成为世界上最大的能源生产国和消费国，能源供应能力显著增强，技术装备水平明显提高，但也面临着世界能源格局深度调整、全球应对气候变化行动加速与资源环境制约不断强化等挑战。为积极应对挑战，煤炭能源产业尤其是在我国煤炭能源比较集中分布的西北地区，煤炭能源产业在"一带一路"倡议中协同发展与转型发展就成为一项非常迫切的工作。

一 国际煤炭能源发展的形势

（一）三次能源升级对煤炭的撼动

能源是人类生存和文明发展的重要物质基础，在世界能源发展的历史舞台上，煤炭能源保持了近 60 年的高速增长期，煤炭的全球能源消费占比曾经达到 48%。[①] 在过去一个世纪中发生了三次渐进性、升级性的能源行动：第一次是 1950 前后开始至今的"石油能源"，第二次是 1970 年初期开始至今的"核能能源"，第三次是 2000 年以来近 20 年处于煤炭、石油、天然气、页岩气、风能、太阳能、生物能、水能、核能等能源"多元并进能源"时期。分析预测认为第四次是 2020 年左右，世界将进入以天然气和非化石能源为主的时代；第五次是 2050 年以后，世界能源或将迈入新型核能和太阳能的新时代。当然，这三次能源升级行动对煤炭产生了深远的影响，使煤炭在世界能源结构中的比重从最高时期的 48% 下降到 2016 年的 30% 左右，不同程度地撼动了煤炭在世界能源舞台的绝对主体地位。全球的煤炭结构占比出现下降，尤其受全球应对气候变化、节能减排、环境保护、风能太阳能等非化石能源快速发展，石油天然气供应充足、价格低位运行、产量持续增长，世界经济增长乏力、需求增长放缓等多重因素影响，煤炭消费比重下降趋势明显，但全球煤炭消费总量未现峰值。据全球权威能源机构基本趋同的研究结论，2020 年前后将继续维持 30% 上下水平，预计 2035 年仍将占到 26%，依然保持着一定的增长势头。据谢和平与刘虹研究员分析指出，"煤炭是能源品种中最经济、最可靠的能源，按同等热值折算，煤炭、石油、天然气的比价为 1∶9∶3，相当于我国同等热值的煤

---

① 吴刚、刘虹：《中国能源革命与煤炭的思考》，《四川大学学报》2016 年第 3 期。

炭价格是汽柴油价格的 1/9、天然气价格的 1/3，只要煤炭满足消费要求和标准规定，总会受到市场的青睐，从 2013 年世界煤炭能源占比出现反弹达到 30.1%，就反映了这一现象"①。这也说明了在过去 100 年，全球能源进程无法去煤炭化；在未来 50 年甚至上百年，全球也不可能去煤炭化。

（二）国际能源格局的重大调整

国际能源格局发生重大调整，能源结构调整步伐加快，向着绿色、低碳、清洁趋势转型，能源供给出现了多极化大趋势，发达国家都着手制定未来能源发展规划，并逐步形成了非洲—中东、中亚—俄罗斯、美洲等多极化发展新格局（见表 7－16）。能源消费出现了"快—稳两化"，即发展中国家能源消费增长较快，发达国家能源消费趋于稳定；煤炭消费出现了"区域分化"，中国、印度、东南亚区域经济较快增长，电力需求旺盛，煤炭消费保持较高增速，成为拉动世界煤炭需求的重要力量，煤炭消费重心转向亚洲，美国和欧洲等发达地区煤炭消费持续下降，目前我国煤炭消费量占全球煤炭消费总量的 50%，而美国为 13.5%、欧盟为 7.7%。② 煤炭供给过剩，煤炭新建产能陆续释放，南非、印尼、澳大利亚、哥伦比亚等煤炭出口国近年来不断提高产量，工业领域的煤炭需求增长疲软，无法消化新增产量，市场竞争激烈，价格低位运行，整个煤炭市场呈现供过于求的局面，有分析称全球海运市场动力煤供应过剩预计将超过 1000 万吨。全球煤炭生产出现了"四化"，生产规模化、集约化、高端化、智能化，小煤矿数量持续减少，煤矿平均规模不断扩大，向集约高效方向发展，生产装备设施不断集成化高端化，设备调控向智能化迈进。

---

① 谢和平、刘虹：《煤炭革命不是"革煤炭的命"》，《中国科学报》2015 年 3 月 2 日。
② 王尔德：《我国提出煤炭占能源消费总量比重降至 65% 以下》，《21 世纪经济报道》2013 年 9 月 17 日。

表 7 - 16　主要能源大国能源发展战略与计划

国家 （地区）	能源发展战略	计划与行动	启示
美国	发布了《全面能源战略》	将"科学与能源"确立为第一战略主题，提出形成从基础研究到最终市场解决方案的完整能源科技创新链条，强调加快发展低碳技术，已陆续出台了提高能效、发展太阳能、四代和小型模块化核能等清洁电力等新计划	一是绿色低碳是能源技术创新的主要方向，集中在传统化石能源清洁高效利用、新能源大规模开发利用、核能安全利用、能源互联网和大规模储能以及先进能源装备及关键材料等重点领域； 二是一次能源消费与供应比例均为减少与下降，新兴能源使用将逐步提高； 三是世界主要国家均把能源技术视为新一轮科技革命和产业革命的突破口，制定各种政策措施抢占发展制高点，增强国家竞争力和保持领先地位
日本	出台了《面向2030 年能源环境创新战略》	提出了能源保障、环境、经济效益和安全并举的方针，继续支持发展核能，推进节能和可再生能源，发展新储能技术，发展整体煤气化联合循环（IGCC）、整体煤气化燃料、电池循环等先进煤炭利用技术	
欧盟	制订了《2050 能源技术路线图》	突出可再生能源在能源供应中的主体地位，提出了智能电网、碳捕集与封存、核聚变以及能源效率等方向的发展思路，启动了欧洲核聚变联合研究计划	
俄罗斯	通过了《2030 能源战略》	战略目标：石油、天然气年产量将超过 5 亿吨和 9000 亿立方米，从常规的石油、天然气、煤炭等转向非常规的核能、太阳能和风能等。目的是利用自身的能源资源潜力，强化俄在世界能源市场中的地位，并为国家经济得到最大实惠[1]	
中国	发布《中国能源展望2030》	我国对世界承诺，到 2030 年单位国内生产总值二氧化碳排放比 2005 年下降 60% ~ 65%、非化石能源占一次能源消费比重达到 20% 左右[2]。煤炭消费比重将有较大幅度下降，2020 年、2030 年煤炭占比分别为 60%、49%，清洁能源快速发展，非化石能源 2020 年、2030 年的占比将达到 15%、22%[3]	

①孙永祥：《俄罗斯 2030 年前的能源战略》，新浪网，2019 年 9 月 19 日，http：//finance. sina. com. cn/20090919. shtml。

②肖玮、南淄博：《巴黎气候大会中国承诺二氧化碳排放峰值尽早实现》，《北京商报》2015 年 12 月 1 日。

③李嵩林：《中国能源展望 2030 发布》，《中国县域经济报》2016 年 3 月 2 日。

（三）科技日新月异对能源的驱动

新一轮能源技术革命正在孕育兴起，新的能源科技成果不断涌现，改变着世界能源发展的形态与格局。一是美国在非常规油气勘探开发技术方面率先取得突破，页岩气和致密油成为油气储量及产量新增长点；风电技术发展将深海、高空风能开发提上日程，太阳能电池组件效率不断提高，光热发电技术开始规模化示范，生物质能利用技术多元化发展，这些依靠能源科技的提高改变了过去依靠石油和天然气单一性的能源，使世界能源格局多级化成为新趋势。二是主要国家均开展了700℃超超临界燃煤发电技术研发工作，整体煤气化联合循环技术、碳捕捉与封存技术、增压富氧燃烧等技术快速发展。三是电网技术与信息技术融合不断深化，电气设备新材料技术得到广泛应用，部分储能技术已实现商业化应用；可再生能源正逐步成为新增电力重要来源，电网结构和运行模式都将发生重大变化。

二　国内煤炭能源发展的现状、问题与挑战

（一）我国煤炭发展的概况

通过近 40 年的发展，我国煤炭保障能力更加稳固。煤炭开发生产的基础条件更加完善，建成了一批大型、特大型现代化煤矿和一批煤、电、化一体化项目，安全高效煤矿 760 多处，千万吨级煤矿 53 处；节能减排力度进一步加大，2016 年共淘汰落后煤矿 7100 处，产能 5.5 亿吨/年；煤炭装备与煤炭科技迈上新台阶，年产千万吨级综采成套设备、年产 2000 万吨级大型露天矿成套设备实现国产化，大型选煤技术和智能工作面技术达到国际先进水平，百万吨级煤制油和 60 万吨煤制烯烃等煤炭深加工示范项目实现商业化运行，低透气性煤层瓦斯抽采等技术取得突破，形成采煤采气一体化开发新模式。煤炭输送通道得到了改善，基本消除长期制约瓶颈，过去远距离运煤已经变成现今远距离输电，被称为"空中送电"。通过这一系列的举措，煤炭生产与保障等效

率显著提升，有力保障了国民经济发展需要。

（二）煤炭能源发展的形态与趋势

煤炭是我国的基础能源。自改革开放以来，经过几十年的发展，煤炭产业担负起了中国能源的"脊梁"，有中国能源"长子"之称，成为推动国民经济快速发展的"助推器"，成为引领中国工业经济走势的重要指标，呈现高位稳定的"T"形走势。尤其是近十几年来，受我国煤炭产量、消费量、价格、环境保护、空气质量等综合因素的影响，煤炭产业由快速增长的势头"滑向"中度较低位置，呈现"L"形走势。具体表现为"两大形态"，以 2012 年 5 月为界，前后水火两重天，前十年是黄金扩展期，表现为扩张型、跨越式和追求规模扩大的发展模式，呈现大重组、大整合、大变革、大发展的特点，[①] 其结果是产量不断增长，价格不断上扬，高位时达到了 1200 多元/吨；但到了 2012 年这个节点往后变为低速调整期，煤炭价格低位运行，像坐上了"过山车"，有人形象地说一吨煤的价格比不上一瓶红酒的价格（200 元/瓶），煤炭能源价格经历过较大幅度波动之后目前形成大调整、大融合、大转型、大洗牌、大提升趋势。这将意味着中国煤炭未来转型发展的总趋势是调整型、稳健式、低碳绿色型、追求质量升级的发展模式，其发展的结果是由弱变强、由量变到质变。

（三）煤炭能源"双主导"地位

我国是"富煤、贫油、少气"的国家，其资源禀赋特点决定了煤炭将在一次性能源"生产"和"消费"中占据"双重"主导地位。无论是过去还是现在均能体现出煤炭能源在我国具有主导的地位。例如，我国在煤炭工业发展的"十三五"规划中指出，到 2020 年，非化石能源消费比重达 15% 左右，天然气消费比重达 10% 左右，煤炭消费比重下降到 58% 左右。再如，2015 年，我国一次能源生产量中原煤产量为

---

① 牛克洪：《未来我国煤炭企业转型发展的新方略》，《中国煤炭》2014 年第 10 期。

37.5 亿吨、原油的产量为 21455.6 万吨、天然气的产量为 1346.1 亿立方米；在消费方面，煤炭消费量占能源消费总量的 63.7%，水电、风电、核电、天然气等清洁能源消费量占能源消费总量的 18.0%（见表 7-17）。不仅如此，目前中国已成为世界上最大的煤炭生产大国，产量接近世界煤炭产量的 50%；同时也是世界上最大的煤炭消费国，占世界煤炭消费量也超过 50%。这说明了煤炭在一次能源消费中的比重将逐步降低，但在相当长的时期内，我国煤炭的主体能源地位不会变化；煤炭占我国化石能源资源近 90%，这也意味着煤炭是我国稳定经济、自主保障程度最高的能源。因此，必须从我国能源资源禀赋和发展阶段出发，首先要立足国内，把煤炭作为我国保障能源安全的"重要基石"，将国内供应作为保障能源安全的"主要渠道"；其次依据煤炭的生产总量与消费总量所占世界煤炭的份额均超过 50%，我国要发挥其话语权、定价权以及能源安全的主动权，维护世界煤炭能源的公平竞争。

表 7-17　中国能源生产总量与消费总量的构成

年份	能源生产总量（万吨标准煤）	占能源生产总量的比重（%）				能源消费总量（万吨标准煤）	占能源消费总量的比重（%）			
		原煤	石油	天然气	新能源		煤炭	石油	天然气	新能源
1978	62770	70.3	23.7	2.9	3.1	57144	70.7	22.7	3.2	3.4
1980	63735	69.4	23.8	3.0	3.8	60275	72.2	20.7	3.1	4.0
1985	85546	72.8	20.9	2.0	4.3	76682	75.8	17.1	2.2	4.9
1990	103922	74.2	19.0	2.0	4.8	98703	76.2	16.6	2.1	5.1
1995	129034	75.3	16.6	1.9	6.2	131176	74.6	17.5	1.8	6.1
2000	138570	72.9	16.8	2.6	7.7	14694	68.5	22.0	2.2	7.3
2005	229037	77.4	11.3	2.9	8.4	261369	72.4	17.8	2.4	7.4
2010	312125	76.2	9.3	4.1	10.4	360648	69.2	17.4	4.0	9.4
2011	340178	77.8	8.5	4.1	9.6	387043	70.2	16.8	4.6	8.4

年份	能源生产总量（万吨标准煤）	占能源生产总量的比重（%）				能源消费总量（万吨标准煤）	占能源消费总量的比重（%）			
		原煤	石油	天然气	新能源		煤炭	石油	天然气	新能源
2012	351041	76.2	8.5	4.1	11.2	402138	68.5	17.0	4.8	9.7
2013	358784	75.4	8.4	4.4	11.8	416913	67.4	17.1	5.3	10.2
2014	361866	73.6	8.4	4.7	13.3	425806	65.6	17.4	5.7	11.3
2015	361476	72.2	8.5	4.8	14.5	429905	63.7	18.3	5.9	12.1
2016	346037	69.8	8.2	5.2	16.8	435819	62.0	18.5	6.2	13.3
2017	358500	69.6	7.6	5.4	17.4	448529	60.4	18.8	7.0	13.8
2018	377000	69.3	7.2	5.5	18.0	464000	59.0	18.9	7.8	14.3

资料来源：《中国统计年鉴》（1978~2019年）。

（四）我国煤炭能源发展面临的问题

中国煤炭能源工业发展取得了长足进步，但发展过程中不平衡、不协调、不可持续问题依然突出，能源利用方式仍比较落后，行业水平提升难度还比较大，煤炭科技水平还需要提升，中国煤炭要真正实现现代化，所面临的任务将更具艰巨性和挑战性。一是煤炭产能过剩。受经济增速放缓、能源结构调整等因素影响，煤炭需求下降，供给能力过剩，但同时季节、区域、供需等因素影响煤炭的价格上下波动，使一些煤炭生产者不顾及整体市场的过剩，而只盯住局部的价格上扬，依然依赖于惯性思维，加大煤炭生产的力度，再加上一些手续不全在建煤矿规模仍然较大，年产30万吨及以下小煤矿仍有6500多处，很难在短时间内做到化解潜在产能。

二是煤炭科技创新与技术利用相对落后，关键技术受制于人。中国煤炭科学开采能力水平相对较低（见表7-18）[1]，科技创新能力不强，

———————

[1] 谢和平、王金华等：《中国煤炭科学产能》，煤炭工业出版社，2014。

共性关键技术研发能力不强，煤机成套装备及关键零部件的可靠性和稳定性不高。洗煤提质水平不很高、资源浪费严重，据统计从"开挖到炉前"的煤炭总资源利用率约10%，利用效率水平不高，我国煤炭发电的能量转化效率平均为40%，国际上煤炭发电效率约为50%；我国煤炭终端消费比例也过高，达到35%，而全球的整体比例不到5%，英国低于3%，德国低于4%。此外，煤炭科技研发投入不足，企业创新主体地位和主导作用有待加强，科技创新对行业发展的贡献率低。

表 7 - 18　2014 年世界主要先进采煤国家科学产能情况对比

产煤国	生产安全度 （共 34 分）	生产绿色度 （共 30 分）	机械化程度 （共 36 分）	科学产能 （共 100 分）
美国	34	25	36	95
英国	34	27	33	94
德国	34	27	33	94
澳大利亚	34	27	36	97
中国	19.57	15.32	27.83	62.72

三是清洁发展水平与环境治理亟待提高。煤炭开采引发土地沉陷、水资源破坏、瓦斯排放、煤矸石堆存等破坏矿区生态环境，恢复治理滞后，治理难度加大。在煤炭开采过程中，地下水排放每年约60亿立方米，其利用率仅25%，万吨级原煤开采能平均导致4亩的土地塌陷，破坏土地面积每年高达128万亩。煤炭利用方式粗放，大量煤炭分散燃烧，污染物排放严重。目前我国煤炭消费产生的温室气体排放量占整个化石能源排放总量的80%左右，占全部温室气体排放的50%左右。京津冀地区的雾霾成因报告显示，燃煤贡献率达到22%~28%。我国是二氧化碳排放量最大的国家，大气污染问题突出，已提出2030年左右二氧化碳排放达到峰值的目标，生态环保和应对气候变化压力增加，我

国煤炭发展的生态环境约束日益强化，煤炭生产与消费必定是一个持久而艰辛的过程。

四是煤炭安全形势、体制机制与生产管理有待提高。煤矿地质条件复杂，水、火、瓦斯、地温、地压等灾害越发严重，东中部地区部分矿井开采深度超过 1000 米，煤矿事故多发，百万吨死亡率远高于世界先进国家水平，安全生产形势依然严峻。煤矿发展水平不均衡，先进高效的大型现代化煤矿同技术装备落后、安全无保障、管理水平差的落后煤矿并存，煤炭产业集中度低，企业竞争力弱，经济下行企业投入困难，安全生产风险加剧。煤矿关闭退出机制不完善，煤炭企业负担重，人员安置和债务处理难度大，国有企业办社会等历史遗留问题突出，退出成本高。

（五）我国煤炭能源发展的挑战与机遇

虽然我国经济发展进入新常态，已从高速增长转向中高速增长，能源革命加快推进，油气替代煤炭、非化石能源替代化石能源双重更替步伐加快，面临诸多矛盾叠加、风险隐患增多的严峻挑战，但我国煤炭行业发展仍处于可以大有作为的重要战略机遇期。一是在全球能源技术变革的不断推进和清洁煤技术的创新发展下，中国煤炭行业至少拥有煤炭革命的技术支撑和选择权，具有进行全面改良升级的先决条件，能够实现煤炭清洁生产、低碳甚至近零排放消费利用模式。二是中国"一带一路"倡议的实施，为企业、产能、技术"走出去"开拓煤炭国际市场提供了绝好的历史机遇，市场潜力有待开发；同时京津冀协同发展与长江经济带建设两大国家战略的实施，给经济增长注入了新动力。三是能源革命在国家层面已经予以高度重视，为推进煤炭革命，中央政府推出了一系列十分有利的政策环境，目标明确、规划清晰、决心坚定。国家将煤炭清洁高效开发利用作为能源转型发展的立足点和首要任务，为煤炭行业转变发展方式、实现清洁高效发展创造了有利条件。国家大力化解过剩产能，为推进煤炭领域供给侧结构性改革、优化布局和结构创造了有利条件。现代信息技术与传统产业深度融合发展，为煤炭行业转换发展动力、提升竞争力带来了新的机遇。

三 西北内陆煤炭产业协同发展与转型路径

因环境形势要求世界能源向着绿色低碳、高效利用的大趋势行进，我国的煤炭能源行业就要顺势而为，遵循世界能源发展的历史规律，要果断适应新形势与要求，变被动为主动、变低效为高效、变挑战为机遇，煤炭在我国可以称得上是优势特色资源与产业，其他国家可以弃煤，但依据我国的国情弃煤、去煤都不可行，而转型则是最佳的策略。煤炭能源完全可以变成为清洁能源，依靠创新技术支撑，实现煤炭能源清洁开发利用和近零排放；要走信息化、现代化、智能化发展的科技创新之路，转向资源、材料、环境、高科技技术等相关有潜力、有前景的新兴产业；要由行政监管上升到法治治理，由满足国内上升到走向世界。

（一）实施多联产能源战略，实现"清洁生产"与"超低排放"

1. 加大科技改造力度，实现煤炭"超低排放"

我国进入经济新常态之后，整个能源行业都出现了能源产品需求减少的趋势，有些地区短时间出现了风电、太阳能、水电等清洁能源"限电现象"，就是当地的风电用不完，向其他地区卖电也卖不出去，因为企业整体用电需求降低，出现了停用风电设备，进行限电，部分省区限电率为：甘肃 39%、内蒙古 18%、新疆 32%、吉林 32%。[①] 当然，煤炭行业处于最困难的时期并不是孤立的，加之我国煤炭行业体量大、基数大、生产粗放、煤炭库存积压等多重因素叠加自然成为"去产能"的焦点。在这个关键时期，煤炭行业需要变被动为主动，抢抓机遇，去掉落后产能，通过制定标准来倒逼科学产能，转向清洁生产，实现超低

---

① 谢和平：《煤炭转型升级的思考与煤炭革命战略》，安全信息网，2016 年 5 月 10 日，http://www.aqxx.org/20160510.shtml。

排放。通过对现有超超临界燃煤机组、改造后近燃气发电排放与天然气发电机组对比，可以看出煤炭超净排放技术使煤炭发电污染物排放水平达到甚至优于天然气发电，并且成本占较大优势，发电成本增加 0.01 ~ 0.02 元/千瓦时，总成本仍然不到天然气发电的 30% （见表 7 - 19）。实践证明煤炭绿色开发和超低排放已具备技术基础，煤炭可以实现绿色开发、洁净利用，并且技术经济可行。从我国国情看这也是目前我国最经济最可靠的主体能源。

表 7 - 19　燃煤机组与燃气机组发电成本及污染物排放对比

项目	现有超超临界燃煤机组(100 万千瓦)	改造后近燃气发电排放(100 万千瓦)	天然气发电机组(86 万千瓦)
发电成本(元/千瓦时)	0.22	0.237	0.97
烟尘排放(mg/m^3)	100	2.12	5
二氧化硫排放(mg/m^3)	100	17.47	35
氮氧化物排放(mg/m^3)	280	38.94	50

注：煤价 650 元/tce，天然气价 2.74 元/m^3。
资料来源：参考嘉华电厂数据。

在我国，90% 的煤炭都是通过直接燃烧进行发电、冶金等，这就需要在这个重要的环节上务必控制好脱硫、脱硝、回收排放的二氧化碳等污染物的排放，要通过科技研发和创新等多种手段达到污染物超低排放。首先，要在发电、钢铁、建材等重点耗煤行业实行节能减排，发展清洁高效煤电，全面实施燃煤电厂超低排放和节能改造，采用先进高效脱硫、脱硝、除尘技术，鼓励发展能效高、污染少的背压式热电联产机组和高效低排放煤粉工业锅炉等先进工艺技术；推进煤炭分质分级梯级利用，鼓励"煤—化—电—热"一体化发展，提升能源转换效率和资源综合利用率。其次，加强商品煤质量与散煤使用管理，完善商品煤标准体系建设，制定修订民用煤炭产品标准与民用炉具能效限定值及能效等级标准，鼓励发展集中供热，逐步替代分散燃煤锅炉，积极推广优质无烟煤、型煤、兰炭等洁净煤，在民用煤炭消费集中地区建设洁净煤配送中心，完善洁净煤供应网络。最后，强化污染物排放监控，健全商品煤质量监管体系，推动企业建立商品煤质量保证制度和验收制度，限制劣质煤炭销售和使用。

2. 实施多联产能源战略，走煤气化联合循环 + 多联产 + 二氧化碳利用和埋存之路

我国目前二氧化碳年排放总量约 60 亿吨，并且正处于上升期。研究表明，2050 年全球二氧化碳排放只能控制在 104 亿吨，这就是届时全球二氧化碳排放的总空间，可以看出世界留给中国的排放空间已经非常小，必须节能减排，而煤化工和煤发电自然要承担起减排二氧化碳的重任。近年来，欧洲一些国家已进行了十余年探索发展超超临界蒸汽发电（USC），并制定了 AD700 计划（700℃、35MPa、$\eta = 48\%$），但并没有商业化发展；我国超超临界参数锅炉（600℃、28MPa）所用的进口材料价格昂贵，1000MW 级机组锅炉成本中一半用于材料，煤炭直接燃烧，若从烟气里收集二氧化碳，需要有很多的装置与工艺，代价很大，效果也不会很理想。倪维斗院士指出："若采用整体煤气化联合循环（IGCC）改进燃气轮机技术，热效率可达到 51%，相当于 AD700；IGCC 最大的优势是在燃烧前，在较高二氧化碳浓度、较高压力条件下捕捉二氧化碳，同时 IGCC 电站和煤粉电站相比，由于二氧化碳的捕捉所引起的基建成本和发电成本的增加要小得多，与煤基多联产结合之后，生产电力和化工两种产品，可以带来较好的经济效益"[1]。以煤气化为核心的多联产能源系统（煤基多联产）就是以煤、渣油或石油焦为原料，经汽化后成为合成气，净化以后可用于电力、化工、热、气的联产，即在发电的同时，联产包括液体燃料在内的多种高附加值的化工产品、城市煤气等。随着越来越严格的环保规定，我国二氧化碳减排应

---

[1]　倪维斗：《实施多联产能源战略刻不容缓》，《科学时报》2010 年 11 月 22 日。

该按照自己的国情，从煤化工开始，积累经验，逐步过渡到"IGCC（整体煤气化联合循环）+ 多联产 + CCUS（二氧化碳利用和埋存）"的路线。煤气化多联产在经济上的优势将会越来越显著，是我国高效协同利用煤的重要战略方向。

（二）由"煤炭燃料"转向"清洁油气"产业

将煤炭转化为煤化工产品是煤炭清洁化利用的重要手段。目前，我国煤化工用煤量还比较低，只占总量的10%左右。在我国，煤化工分为传统煤化工和新型煤化工，传统煤化工是用煤炭制成化肥、煤焦化后制成电石、乙炔等；新型煤化工则较广泛，主要是将煤炭制成甲醇（一碳化工），然后以甲醇为中心和起点，制造成二碳化工的乙烯、三碳化工的丙烯，然后再制造成更多产品。目前技术装置较为成熟的有甲醇制烯烃和甲醇制丙烯。另外，就是将煤炭通过直接或者间接液化为清洁油气产品。

1. 将"固态原料"液化为"清洁油品"

我国新型煤化工发展了十几年，尤其近几年发展得较好，建设了一些大型的系列工艺转化装置和环保设施。煤化工一般是把固体变成气体然后变成液体，将固体的煤炭直接变成液体物质难度很大，但我国经过联合攻关，早在2008年12月31日，神华集团鄂尔多斯煤直接液化示范工程第一条百万吨级生产线，打通全部生产流程，顺利实现产出合格的柴油和石脑油，使我国成为世界上第一个掌握百万吨级煤直接液化关键技术的国家。[①] 同时，2016年12月28日，神华宁煤集团年产400万吨煤炭间接液化项目宣布建成投产，年转化煤炭2046万吨，为世界单套装置规模最大的煤制油项目；项目共完成37项重大技术、装备及材料国产化任务，国产化率超过98%，且多项指标居于世界领先

---

① 陈俊武：《新型煤化工刚刚起步》，中国能源智库网，2016年7月10日，http://www.chnergy.com//2016/07/10340.shtml。

水平。① 煤炭通过直接和间接转化为柴油与轻型汽油，这标志着我国在能源战略储备方面迈出了实质性步伐，也掌握了关键核心技术，但是若要进行大规模的建设、建厂、工艺装置，其成本目前太高，还不可能大量推广。

同时，建议一是要继续加大在技术创新方面的研发力度，当前的装置仍然有许多技术空间需要进一步优化，推进各种技术路线、各种生产工艺、各种产品的技术进步，特别是要力争在石脑油和汽油、柴油的深加工、精细化方面取得突破。二是我国属能源短缺的发展中国家，应以建立自身的安全能源体系为主，我国石油缺口较大，国产石油首先要满足国防和航空需要，然后供应交通，必须研究替代燃料，这就是"煤制油"产业在中国发展的客观必然性和必要性。随着地方和企业积极性的提高，煤制油示范项目会逐渐多起来，就要逐步形成 5 家到 6 家大型煤制油大集团，既要有合理的竞争也不能过于分散，出现一家独大，煤制油企业之间应该各自保持积极性；还要联合起来共同合作进行技术攻关和公共设施建设，寻求共同的行业标准，把"煤制油"产业打造成为中国和世界名牌。三是在发展煤制油的过程中，政府要在政策上给予大力支持，为这个产业的持续健康发展奠定基础，应该大力发展混合所有制经济，打破所有制之框，打破行业垄断，形成体制机制健全、健康的产业体系。

2. 将"固态原料"转化为"清洁燃气"

煤制天然气是以煤为原料，采用气化、净化和甲烷化技术制取的合成天然气，煤制天然气产业技术已比较成熟，世界上有多套煤制气工业化生产装置在稳定运行，技术风险小。拥有甲烷化和 SNG 技术的国外工程公司主要有英国的戴维（Davy）公司、丹麦托普索公司和德国鲁

---

① 李东梅、马晓芳：《神华宁煤集团 400 万吨煤制油项目产出油品》，《宁夏日报》2016 年 12 月 29 日。

奇公司。发展煤制天然气是实现我国煤炭高效、清洁利用的重要途径之一，同时也是补充我国石油、天然气资源不足，保障能源安全的重要途径。截至 2016 年，国内已投产的煤制天然气项目共有 3 个，在建和拟建的煤制天然气生产装置项目有十几个，这些项目分布在新疆、内蒙古、辽宁、山西地区。但当前存在能效低、水资源消耗大、投资大等问题而引起了国内外的争议，中国科学院工程热物理研究所分布式供能与可再生能源实验室研究表明，基于新型煤气化的煤制气系统效率能够达到 60% ~ 65%，其全生命周期能耗和温室气体排放将达到甚至低于目前的煤电技术水平。当然，煤制气前期的项目投资会较大，但我国开展煤炭深加工产业示范，以国家能源战略技术储备和产能储备为重点，在水资源有保障、生态环境可承受的地区，开展煤制油、煤制天然气，随着通用技术装备的升级示范，加强先进技术攻关和产业化，对提升煤炭转化效率、经济效益和环保水平，发挥煤炭的原料功能具有重要价值与意义。

（三）由"煤炭燃料"转向"化工原料"产业

煤化工主要包括煤制甲醇、煤基烯烃、煤制二甲醚等产品。按平均每吨煤化工产品综合耗原煤 4 吨计算，如形成 1000 万吨煤化工产品则耗原煤 4000 万吨。相比而言，煤化工的能源转化率可达 50% 以上，比煤发电要高出十几个百分点，产品价格也较高。在煤化工的各类产品中，甲醇产能最大且煤制甲醇的能源转化率最高，甲醇可由煤（高硫煤）、焦炉气、煤层气、天然气、生物质、二氧化碳排放废气等多种资源制取，利用空气中排放的二氧化碳废气与通过电解水制得的氢气合成制取甲醇这一循环利用资源的绿色技术，已实现产业化，而通过焦炉气制甲醇、劣质煤制甲醇，可实现对资源的最大化利用。2016 年，我国甲醇产能达到 8145 万吨，但实际产量为 5061 万吨，出现了大量过剩的甲醇产能。

要消化过剩甲醇，这又延伸了另外一个产业，就是发展甲醇汽车产业，这不但可以化解甲醇产能过剩、煤炭产能过剩，也在煤炭原料转化过程中提升煤炭的价值，还可以缓解我国石油资源紧张状况，对保障我国能源安全更具有战略意义。我国从 20 世纪 80 年代起，山西、陕西等富煤省区及国内科研院所就开始了甲醇燃料的研究，历经 35 年，大量实验和试点证明了甲醇作为燃料具有安全稳定、特性优秀、适用范围广、污染少等特点，特别是甲醇汽车产生的 PM2.5 排放比同排量传统汽油车要低 80%；同时也证明了甲醇汽车的安全性、动力性、可靠性和环保性。2016 年，我国石油对外依存度已达 65%，汽车保有量的快速增长必然带来能源供应紧张的局面。为此，就要走能源多元化的道路以缓解能源安全的挑战与改善空气环境质量要求，加快推广甲醇汽车是应对上述挑战的途径之一。但当前甲醇汽车的推广依然局限在部分试点城市，不利于汽车的自由移动，限制了甲醇汽车的推广应用，也限制煤炭转化为甲醇的规模扩大。利用甲醇具有高度清洁燃烧的特性，应大力推广并广泛用于汽车、船舶、农机、工程机械、锅炉燃料、燃气轮机清洁发电及清洁民用燃料等，建议将甲醇这一基础化工原料纳入国家战略性替代能源，从而促进煤炭原料转化为甲醇燃料，并完全放开甲醇汽车市场，尽快推动甲醇汽车在全国市场化运行。还要从政策层面提供相应的税费优惠，以有利于奠定甲醇车市场化发展的基础，帮助我国实现交通能源的可持续发展。

（四）由"煤炭燃料"转向"高新材料"产业

由煤炭燃料转向化工原料的另一个路径就是发展高新材料产业。应以甲醇为中间体，大力发展甲醇的深加工，以提高其附加值，形成乙烯、甲醚、二甲醚、烯烃等新型煤化工多产联产产业集群。有分析称我国乙烯、苯的缺口均达到 50%，而乙二醇缺口高达 60% 以上，这是煤化工走向"材料产业"的方向。目前煤化工生产的烯烃、芳烃都是初级产品，产业链可以继续延伸到橡胶、化纤、油漆等，往往表现为产业链越延长价值就越高，如芳烃变成高附加值的原丝、的确良、差别化纤维，市场价格可达几万元/吨，就可以将煤燃料提升到高附加值的程度。

还可以延长产业链走向"碳基材料"产业，碳作为生命基本组成之一，存在于所有有机材料和碳基高分子中。碳有 4 种同素异形体：石墨、金刚石、富勒烯、卡宾碳，它们因各自不同的属性，几乎涵盖了生活应用的方方面面。例如：石墨是最软的材料之一，通常用来作为固体润滑剂。金刚石是最硬的材料，通常作为切割工具。碳基材料，主要指以无烟煤和石英砂等为原料生产的含碳材料，主要初级制品有碳化硅、活性炭、炭素等；我国碳基材料比较集中的生产基地为山西、宁夏、山东、河北、甘肃等地区。传统碳材料主要有木炭、竹炭、活性炭、炭黑、焦炭、天然石墨、石墨电极、炭刷、铅笔等。新型碳材料主要有富勒烯、碳纳米管、纳米金刚石、石墨烯、炭纤维、核石墨、储能用炭材料、玻璃炭等。碳材料及碳基复合材料已经广泛应用到航空航天、航海、能源、交通、环保、工业、汽车、医疗、建筑等领域，还几乎深入民生的每个角落。在航空航天领域，空客 A350 的碳材料用量已接近总质量的 40%；在国防军工领域，载人航天器、核潜艇、反恐装备技术等方面碳材料均发挥着举足轻重的作用；在民生领域，如医疗保健和食品安全方面，特殊的球形活性炭口服液仍然是减轻肾病患者肾脏负担、延缓或避免透析导入的"良药"。由于碳复合材料单位重量比金属轻，单位强度比金属高，抗疲劳和断裂性能好，随着交通运输、工程机械、建筑工程和能源等领域对碳复合材料需求的增加，更多高碳材料的应用，使得生活将更加低碳化，市场对碳材料的需求将更加旺盛。

以我国碳基材料比较集中的生产基地宁夏为例加以分析说明。以 2016 年为年份单位进行粗略估算，1 吨宁夏太西煤坑口价格约 500 元/吨；若经过筛洗后价格约 1200 元/吨；若通过深加工变为 98% 的黑碳化硅平均价格约 5500 元/吨（1.3 吨太西煤通过冶炼可以得到 1 吨碳化硅）；若通过深加工变为石墨烯平均价格约 1 万元/吨；若再深加工变为碳纤维价格为 7 万 ~ 12 万元/吨。宁夏太西煤年开采量约 550 万吨，若只将其中的 200 万吨通过深加工变为碳化硅或石墨烯材料价值将达到 200 亿元。这样宁夏就会新出现若干个百亿元产业，将会逐步发展成为全国重要的碳化硅、活性炭和炭素材料及制品的高碳材料生产基地和外贸基地。其实市场的需求是比较大的，其他的省区市也可以往这个方向发展。但是这个高精尖产业发展还必须有政府、社会、企业的大力规划、引导与扶持，需要通过以资源优势、规模优势、市场优势、技术优势拓展碳基材料产业发展能力，提高中国碳基材料产业的竞争力，打造世界级的高碳基材料产业基地。如宁夏有优质的太西煤资源，有铝生产基地、西北轴承、宁东石化企业、新能源企业、聚氯乙烯树脂等企业，都为发展碳基材料提供了产业链；同时未来电动汽车充电桩、风能、太阳能所需的锂电池负极材料及环保、军工、民用等领域对碳基材料需求巨大。建议一是尽快制定出宁夏碳基材料产业中长期发展规划，建立项目评审制度、规划产业布局、制定产业标准、扶持产业发展等，把宁夏构建成世界重要的碳基材料研发与生产基地。二是提高太西煤资源综合利用效率，走碳基材料深加工之路，转变增长方式，发展新型碳基材料及其复合材料碳纤维、富勒烯、碳纳米、石墨烯、核石墨、储能用炭材料、延伸产业链，提升附加值，提升宁夏工业核心竞争力，带动全区相关产业加速发展，打造国家级碳基材料生产、研发基地和具有区域特色的循环经济示范产业园。三是建立开放的市场环境与加强政府宏观调控相结合治理体系，实施政府主导、龙头企业带动、社会参与、市场运作，提升服务功能，鼓励个人投资兴办，鼓励大企业以参股控股、兼并收购等形式，促进生产要素、技术要素向优势企业集中，以疏导为主，提高标准，给企业指明发展的标准和要求，推动企业产业升级整合，推动企业做大做强；延伸产业链条，布局成组配套，形成碳基材料产业集群，建成（石嘴山市）碳材料循环经济产业园区。四是通过国家、自治区工业技术创新资金和新产品研发资金，建立碳材料研发中心与碳材料检测中心。支持技术创新，吸引人才，提高科研水平，制定行业标准，增加对研发中心的投入。五是创建产业技术联盟。建立企业与高校、科研院所的紧密合作关系，将产学研有机结合起来，通过市场化运作，组建宁夏碳材料产品研发平台，开发新技术、新工艺、新产品。鼓励科研单位、企业和个人实施技术、产权入股，以专利转让等方式，发展混合所有制经济，将技术转化为生产力，将碳材料研发与生产转化成自治区发展优势。六是加大财政对碳基材料产业的扶持力度，对符合自治区碳基材料产业发展规划的重点企业、重点产品、重点项目，在新建、技术改造、技术创新、技术中心建设、新产品开发等方面，给予国家和自治区的专项资金支持，同时，地方财政资金也要给予重点支持。

（五）煤炭就地转化，实现"电力外送"

我国以煤为主的能源资源禀赋，决定了在未来较长时间内煤电仍将是我国的主力电源，在东中部地区大气污染防控压力不断加大，对增供外来电力提出迫切要求，而煤炭产能也逐渐向煤炭基地集中，未来集约、高效、清洁、有序的基地化建设将是我国煤电发展的主要方向，煤电基地"空中送电"将是其中重要的举措之一。

经过多年发展，我国在中西部地区，尤其是西北内陆地区陕西、甘肃、宁夏、青海等煤炭资源富集省区建成了一批"西电东送"煤电基地，除满足自用外，向东中部地区送电超过 6400 万千瓦，在"送出端"与"接受端"均取得了较为显著的经济效益和社会效益。建设特高压外送通道就提到了议事日程，跨省区输电工程投资规模大、产业链条长、经济带动力强，可有效带动相关产业投资和就业增长，经济效益和社会效益显著；特高压工程可带动电源、电工装备、用能设备、原材料等上下游产业发展，化解煤炭、钢铁、水泥、光伏等过剩产能，对稳增长、调结构、惠民生将发挥重要的拉动作用。同时，大量煤炭需"西煤东运""北煤南运"，会导致煤炭成本增加、资源浪费、运力吃紧、污染环境等影响，采用特高压输电能实现"煤从空中走"，就地转化当地的煤炭产能，并且能提升煤炭的价值，还能减少环境污染。随着电力市场化改革的深入，煤电基地开发外送也将逐渐转变为市场主导、政府引导的模式，外送电力应逐步考虑参与到受端的电力市场竞争中去，建立跨省跨区市场交易机制，完善相关配套政策，充分调动送受电地区和投资业主的积极性。还能在利用煤电基地外送通道上探索新能源与煤电联合外送的模式，来搭送新能源发电，可以有效促进、缓解新能源消纳困境。

总之，中国的煤炭能源转型发展要走"能源—化工—循环"的新型工业化之路，通过体系创新和技术路线创新，将煤炭资源利用、能源转化与化工过程相结合，集热、电、化等多元能量的综合高效梯级利用，实现物质转化与相关产业的循环、耦合；将煤炭利用排放的污染物 NOx、SOx、Hg、PM2.5、CO_2 等通过"多联产""甲醇化"等过程，达到资源高度利用的程度，最终实现煤炭的清洁高效集约利用。

第六节 用大数据产业提速西北内陆开放型经济发展

数据是国家基础性战略资源，是 21 世纪的"钻石矿"，大数据已经渗透各个行业，在各领域被广泛应用，产生了变革性的影响，是人类社会从"现代社会"迈向"智能社会"的又一次具有里程碑意义事件。我国各省区市积极响应国家"互联网＋"和大数据发展战略，在基础设施建设上与资金扶持上都取得积极进展；但在顶层设计、数据开放、服务保障等方面还存在"短板"，西北内陆省区要紧抓国家大数据战略发展机遇，顺势而为出台相关鼓励政策、制定地方性法规、搭建创新平台、补齐"短板"，将"大数据"培育成西北内陆开放型经济新增长点、新型支柱产业，以推动区域经济转型升级、产业结构调整。

一 大数据战略与"互联网 +"发展态势

大数据,麦肯锡全球研究所定义为:一种规模大到在获取、存储、管理、分析方面超出了传统数据库软件工具能力范围的数据集合,具有海量的数据规模、快速的数据流转、多样的数据类型和价值密度低四大特征。

大数据核心的价值不在于掌握庞大的数据信息,而在于对海量数据进行存储和分析,以提高对数据的"加工能力",通过"加工"实现数据的增值与盈利。大数据与云计算的关系就像一枚硬币的正反面一样密不可分,大数据无法用单台的计算机进行处理,必须采用分布式架构,它的特色在于对海量数据进行分布式数据挖掘;但它必须依托云计算的分布式处理、分布式数据库和云存储、虚拟化技术。互联网与大数据是互为依托、相互拥有,没有互联网大数据不能便捷、有效地收集数据,而大数据又是互联网智慧、经济和意识产生的基础,互联网的高速发展带动了大数据的丰富与繁荣。互联网经济也是基于互联网与数据所产生经济活动(生产、交换、分配、消费等)的总和,主要包括电子商务、互联网金融、即时通信、搜索引擎和网络游戏五大类型。

"互联网 +"是一种新的经济形态,是以互联网平台为基础和实施工具,利用信息通信技术(包括移动互联网、云计算、大数据技术等)与各行业的跨界融合,在经济、社会生活各部门的扩散应用过程,促进着实体经济提质增效,推动着产业转型升级,并不断创造出新产品、新业务与新模式,构建出各类经济发展新新生态。

(一)大数据成为全球国家治理的"战略抓手"与"战略部署"

当前,世界各国纷纷利用大数据提升国家治理能力和战略能力,抢占新时期国际竞争制高点,"大数据治国"已成为全球共识。韩国、美国、英国、日本、澳大利亚等国家政府高度重视大数据产业发展,自 2011 年以来密集出台多项专门政策予以支持，主要在于数据开放、研发投入和国家治理。美国要求联邦政府数据必须实现开放且要采取标准格式供计算机自动读取，开放近 40 万个数据集。2013 年，八国集团发表了《数据开放宪章》，提出要加快推动数据开放和利用。目前全球已有 60 多个国家加入数据开放行列，共同推动政府高价值数据开放。

（二）中国出台大数据发展行动纲要，实施国家大数据战略

大数据的快速发展，现已成为信息技术领域的新兴产业。2014 年 3 月，"大数据"被首次写入中国国家政府工作报告；2015 年 9 月，国务院出台《关于促进大数据发展的行动纲要》；同年 11 月，党的十八届五中全会提出，推进数据资源开放共享，实施国家大数据战略。2016 年 12 月，工信部印发了《大数据产业发展规划（2016—2020 年）》（工信部规〔2016〕412 号），特别提出加快推进大数据产业应用能力，到 2020 年，大数据相关产品和服务业务收入突破 1 万亿元，年均复合增长率保持 30% 左右。

（三）大数据与"互联网＋"融合蓬勃发展

随着第二届世界互联网大会在中国浙江乌镇的召开，展示全世界互联网发展的"风向标"也在这里聚集。目前，全球超过 30 亿名网民活跃在网上，互联网深深融入世界经济、人类发展之中，人们已经享用到了互联网发展带来的高效、便捷、经济与先进。同时，互联网的发展也面临着一系列问题，从网络犯罪、网络恐怖、信息技术滥用、网络监听、网络攻击、网络空间军备竞赛到其他诸多网络安全，再到互联网发展所面临的许多未知、不确性问题。如何利用互联网，如何治理互联网，如何兼容前沿性、高端性、普遍性等新课题，不仅关系个体，还关系整体；不仅涉及一国，更关联世界，没有一个国家能够置身事外，特别是互联网发展对国家利益、国家安全提出了新的挑战。

中国从 1994 年 4 月 20 日实现与国际互联网的第一条 TCP/IP 功能链接开始，经过 20 多年的发展，信息化成为重要战略支点，奠定了中国互联网发展的奇迹，"宽带中国"战略、"互联网＋"行动计划推进了"数字中国"建设；从国家"五位一体"总体布局到"四化同步"发展，从"互联网＋"上升为中国国家战略①。

"互联网＋"已成为我国创新驱动发展的先导力量。成为拉动我国消费的新动力，2019 年我国网络零售总额 106324 亿元。互联网经济将成为中国新一轮经济增长的重要驱动力，引领中国经济转型发展的新增长极，成为"十三五"期间全面建成小康社会的重要抓手，中国已经成为互联网大国。

二　用大数据产业提速西北内陆开放型经济的必要性

（一）国家"十三五"发展布局的需要

西部地区因为历史和地理原因，经济发展相对滞后，在"十三五"发展时期就要用"大数据与互联网"之举，来确保在本轮发展阶段与中、东部之间能在"大数据与互联网"的投入上保持相对平衡，缩小两者之间的空间距离，对于平衡区域发展、实现共同富裕十分必要。

（二）共同进入全面建成小康社会的需要

西部地区是典型的"老、少、穷、边"地区，是全国特殊连片困难较集中区域，是全国全面建成小康社会的重点和难点地区，也是国家扶贫重点区域。这些地区自然条件恶劣，干旱少雨，交通偏远，信息闭塞，群众居住分散，公共服务成本高，农民生活负担重等。目前，大数据与互联网产业具有扩散面积最大最广、脱贫致富带动较为有效、信息传递较快较便捷、投入成本相对较小等多项优势，对改善民生、转变发

---

① 潘福达：《2014 互联网经济占 GDP 比重达 7% 为近年来最高》，《北京日报》2015 年 1 月 23 日。

展思路，实现区域协调发展、缩小差距、全面建成小康社会十分必要。

（三）"一带一路"倡议的需要

"一带一路"倡议不仅是我国对外开放的新举措，也是国内对内搞活、资金流动、技术带动、相互补充、加深交流的重要方面。用大数据与互联网产业不但有利于布局向丝路沿线国家的网路信息通道，而且有利于西部地区自身基础设施发展建设需要，还有利于调动和利用国际、国内多种资源，对加深交往、拓展国际贸易、抢占先机、拉动内需、惠及民生等诸多事项是一举多得的举措。

三　西北内陆省区大数据产业发展现状

（一）地方政府积极推动，区域大数据产业崛起

中国各省区市地方政府积极推动大数据发展，自 2013 年以来陆续出台了推进计划。在长三角、珠三角地区率先垂范，在产业管理、应用发展等方面对企业扶持力度大，集聚效应明显。广东省率先启动大数据战略，2012 年底提出《广东省实施大数据战略工作方案》，随后出台了《促进大数据发展行动计划（2016—2020 年）》来支持大数据产业发展。2013 年 7 月，上海市发布了《上海推进大数据研究与发展三年行动计划（2013—2015 年）》；2016 年 4 月，上海数据交易中心挂牌成立，同期成立上海大数据联盟。2013 年，"浙江政务服务网"启动建设，实现了省、市、县三级政府的数据共享和互联互通，初步形成"云上浙江"系统平台，率先在全国上线"浙江政府数据开放平台"，开放了涉及 68 个省级部门的公共数据资源。

京津冀区域中，北京依托中关村在信息产业的领先优势，快速集聚和培养了一批大数据企业，迅速将集聚势能扩散到津冀地区，形成京津冀大数据走廊格局。2014 年，北京中关村管委会出台了《加快培育大数据产业集群推动产业转型升级的意见》。2013 年 11 月，天津公布了《滨海新区大数据行动方案（2013—2015）》，提出到 2015

年实现"2111"发展目标，即聚集 200 家大数据企业，引进 10 个信息中心和数据中心项目，实施 10 项典型应用示范项目，形成 10 项核心技术产品。

西部的重庆、甘肃、宁夏、陕西、贵州都将大数据作为今后的战略产业来发展，尤其是贵州省在大数据方面已经走在全国的前列，如全球第一个大数据交易所贵阳大数据交易所挂牌。2015 年底，贵阳大数据交易所交易金额突破 6000 万元；会员数量超过 300 家，接入的数据源公司超过 100 家；建成中国第一个政府数据开放示范城市和中国第一个大数据战略重点实验室等（见表 7 – 20）。

表 7 – 20　西部部分内陆省区出台发展大数据政策与计划

省区	时间	目标与行动	顶层设计、定位与平台
贵州	2013 年 7 月	贵州省发布了《贵州省云计算产业发展规划》	国家大数据（贵州）综合试验区；国家大数据博览会
	2014 年 2 月	贵州省印发了《贵州省大数据产业发展应用规划纲要（2014—2020 年）》	
	2015 年 4 月	印发《贵阳大数据产业行动计划》；全球第一个大数据交易所贵阳大数据交易所挂牌，截至 2015 年底，贵阳大数据交易所交易金额突破 6000 万元；会员数量超过 300 家，接入的数据源公司超过 100 家。贵阳市率先建成中国第一个全域公共免费 Wi-Fi 城市、中国第一个块上集聚大数据公共平台、中国第一个政府数据开放示范城市和中国第一个大数据战略重点实验室。国家批复贵州建设全国首个国家级大数据综合试验区	
	2016 年 2 月	2015 年贵州大数据电子信息产业工商注册企业已达 1.7 万家，惠普、IBM、高通等 200 多家全球著名企业在黔项目总投资超过 2400 亿元，产业规模总量已超 5000 亿元，全行业从业者达到 16 万人。2016 年 5 月 25 日"数博会暨中国大数据产业峰会"在贵阳召开，这是中国首届国家级大数据博览会	

续表

省区	时间	目标与行动	顶层设计、定位与平台
陕西省	2012 年 12 月	西咸新区大数据高峰论坛在北京召开,会上发布《陕西大数据产业发展战略》及《沣西新城大数据处理与服务产业园发展规划》	国家级大数据产业基地;"一带一路"大数据交易平台
	2014 年 5 月	陕西省大数据产业联盟成立	
	2015 年 3 月	沣西新城获批国家新型工业化(大数据)产业示范基地;西咸新区大数据交易所正式挂牌,通过了《陕西省大数据与云计算产业发展五年行动计划》《陕西省大数据与云计算产业示范工程实施方案》。陕西工业云中心成立并挂牌,包括美国 Autodesk、德国西门子、韩国三星 SDS 数据公司、航天二院、数码大方等入驻。陕西"工业云"已上线,包括云资源、云智囊、云应用、高性能计算、工业协同设计 5 大类 33 项业务	
甘肃省	2015 年 8 月	甘肃省出台了《关于加快大数据、云平台建设促进信息产业发展的实施方案》,提出把甘肃建设成为丝绸之路经济带互联网的黄金通道,向中西亚、中东欧及蒙古的通信枢纽、区域信息汇集中心和大数据服务的输出地	丝路经济带互联网黄金通道
	2015 年 12 月	甘肃省提出将设立 50 亿元大数据及"互联网 +"产业发展基金以推动大数据上下游产业共同发展	
	2016 年 3 月	兰州市编制《大数据产业发展"十三五"规划》,将打造"千亿产业、百亿企业"。该规划明确到 2016 年,大数据相关产业规模发展到 260 亿元;2018 年,大数据相关产业规模达到 400 亿元;2020 年,大数据相关企业达到 2000 户以上,形成大数据产业集群,大数据相关产业规模达到 1000 亿元以上	
宁夏	2015 年 11 月	宁夏出台《关于进一步加快云计算产业发展的若干意见》,提出按照"3 + X"架构(即一网一库一平台,加若干项应用)计划,到 2018 年建成 30 万台服务器规模,总投资 120 亿元,实现年服务收入约 90 亿元;到 2020 年,建成 100 万台服务器规模,总投资 380 亿元,实现服务收入约 300 亿元;互联网试验区和云生态产业链基本形成,成为立足西部、面向全球的云计算产业基地	面向丝路沿线国家提供卫星数据服务的重要节点,打造成国家大数据北方中心

续表

省区	时间	目标与行动	顶层设计、定位与平台
宁夏	2016 年 11 月	出台了《宁夏信息化"十三五"发展规划》,宁夏成为中国面向丝路沿线国家提供卫星数据服务的重要节点	
	2017 年 4 月	《宁夏回族自治区大数据产业发展促进条例(草案)》出台,为加快推动宁夏大数据产业发展和全面提升信息化发展水平起到了积极的促进作用	
青海	2013 年 月	出台《"宽带青海·数字青海"战略规划(2014—2020)》,要推进"宽带青海"建设,积极创建"宽带中国"示范城市	西北地区云计算产业集聚区和重要承载节点;青藏高原信息港
	2015 年 8 月	出台了《青海省人民政府办公厅关于印发促进云计算发展培育大数据产业实施意见的通知》,提出到 2017 年,互联网省际出口带宽达到 2000Gbps;光纤入户覆盖城市家庭比例达到 70%;城市接入带宽达到 30Mbps,3G/4G 基站占比达到 70%。带动信息产业收入达到 150 亿元。建成具有国内先进水平、西北地区领先的数据资源备份中心。到 2020 年,"和谐青海"政务云、"幸福青海"民生云、"大美青海"生态云、"活力青海"产业云四大工程示范项目全面建成,引进和培育 5 户以上与大数据产业相配套的电子信息产品制造业骨干企业及 50 户创新型服务中小企业,大数据相关产业收入达到 500 亿元,建设成为全国重要的区域性大数据应用省份	
内蒙古	2015 年 12 月	服务器装机能力达 70 万台,全区光缆总长度 42 万公里,互联网宽带接入端口 890 万个	中国北方数据中心;丝绸之路数据港
	2016 年 10 月	内蒙古提出到 2020 年,建成呼和浩特至北京等 4 条高速光缆通道,设立内蒙古国际出口局,服务器容量达 300 万台,建成资源整合先行区、数据政府先试区、产业融合发展引导区和多民族共享发展示范区	

（二）西北内陆省区大数据产业发展进入快车道

在国家大数据的积极支持下，西北内陆省区大数据产业发展初具规模，各省区纷纷提出各自未来的发展方向、定位和目标，陕西省提出要打造成国家级大数据产业基地和"一带一路"大数据交易平台；甘肃提出建设成为丝绸之路经济带互联网的黄金通道和向中西亚、中东欧及蒙古的通信枢纽、区域信息汇集中心和大数据服务的输出地。宁夏提出要将其打造成为中国面向丝路沿线国家提供卫星数据服务的重要节点和国家大数据北方中心。青海省提出要将其打造成为西北地区云计算产业集聚区、重要承载节点和青藏高原信息港。

推动西北内陆各省区经济与开放型经济的快速发展。如陕西省还通过《陕西省大数据与云计算产业发展五年行动计划》《陕西省大数据与云计算产业示范工程实施方案》，打造"一带一路"大数据交易平台。宁夏也积极响应"互联网＋"和大数据发展战略，把信息化建设作为宁夏经济转型升级、促进社会进步的重要抓手，在政策支持上、平台打造上、基础设施建设上、资金扶持上都取得积极进展。在政策支持上：2015 年 11 月，宁夏出台《关于进一步加快云计算产业发展的若干意见》，为未来云计算、大数据产业的快速发展"铺路"。在基础设施建设方面：一是宁夏银川市建设智慧城市开启大数据时代。2014 年 6 月，银川中兴大数据中心建成启用，智慧银川采用"一云、一网、一图"网络架构，即大数据中心云平台、全城 8000G 全光网络、城市空间地理 GIS 系统，计划分三期建设"智慧城市"。二是宁夏中卫西部云基地建设。宁夏中关村科技产业园西部云基地，是北京与宁夏两地着眼产业结构转型升级，依托北京中关村品牌、科技、人才、项目优势和宁夏电力、土地、资源等优势，以"前店后厂"创新模式共同建设的云计算产业基地。西部云基地以"一区两基地"，分"三步走"建设，重点引进亚马逊 AWS、奇虎 360 等国内外云计算产业龙头企业。目前，配套的钢构、配电车间、数据中心机房、机架加工生产项目已建成，配套建设的 130MW 光伏电站已并网发电。在平台打造上：一是打造互联网经济试验区和丝绸之路经济带的重要节点。宁夏与阿里巴巴集团达成战略合作。双方将共同推进宁夏云计算数据中心建设，把宁夏打造成面向中国、辐射全球市场的互联网经济试验区和国际自由数据港。二是旅游

"大数据"应用。宁夏以智慧旅游建设为依托，联合丝绸之路沿线相关省区，共同构筑以资源共享、信息互通、平台互补、合作共赢为目标的网上丝绸之路，联合打造丝绸之路旅游经济带。三是宁夏大数据开发应用中心落成。宁夏首家大数据开发应用中心在银川 iBi 育成中心落成。大数据开发应用中心以整合人口、城市交通监控视频图像等异构数据，实现信息资源的价值挖掘、价值呈现和应用服务等。在资金保障支持上：计划自 2016 年起，每年拿出 10 亿元，连续 3 年，专项用于信息化建设，包括政务云、政法云、教育云、旅游云等 "8 + N" 朵云建设。

四 西北内陆省区大数据产业发展的"短板"

（一）数据开放不够，形成信息孤岛

目前，各省区政府部门掌握了最多的数据，但是这些数据往往仅限于各自系统内流通，各个部门之间较难实现数据交换，数据只有不断流动、充分共享、多方应用，才有生命力。在大数据信息共享方面，数据开放不够、数据交换不足、数据应用不强、数据活力不高。多表现在政府、企业和行业信息化系统建设缺少统一规划，系统之间缺乏统一的标准，形成了众多"信息孤岛"；各级政府数据开放程度较低，开放的数据价值也较低，开放得不彻底，仅仅是一些"条数据"，缺乏"块数据"；一些行业与部门的信息更新不及时，甚至半年或一年不更新，形成"僵尸信息"，如陕西省、甘肃省、青海省等还没有制定数据开放的政策法规，数据开放得不够；目前国家没有出台大数据立法，缺乏推动政府和公共数据开放的法规，数据开放的监督与落实体系没有形成，阻碍了大数据推动经济社会快速发展。

（二）规划引领不高，统筹协调不够

目前，陕西省、甘肃省、青海省还没有出台全省的大数据专项发展规划，总体指导方向与布局滞后。要形成一个产业，必须要有产业化发展导向，要从各省区全局的高度规划大数据产业发展，并要坚持规划引

领；现在各省区都有发展大数据的愿望，但若不及时规划引导，就可能出现"前面建，后面拆"的现象。当然，要把大数据作为一个新型的支柱产业来发展，就要形成专业的团队，需要有领导小组来协调与督导各方面的工作，在发展大数据方面常常会出现土地、资金、管理等方面的问题，这都需要统筹协调、不断完善，努力把大数据产业打造成为西北内陆省区各自的数字经济聚集中心。

（三）服务保障滞后，优势体现不强，数据企业聚集度较低

西北内陆省区骨干网络建设较为滞后，宽带带宽不够、网络运行速度较慢、上网费用较高。目前到西北内陆省区落户的互联网、云计算、大数据等著名的国内外企业屈指可数，各省区相关大数据企业规模较小、数量少、营销品牌不强，整体发展实力与层次较弱，处在刚刚起步阶段，配套服务不足、人才技术水平不高，运输成本、综合成本等并不是最低、最便捷，对企业的吸引力不强，没有体现综合优势，急需多方面的指导与扶持。

五　将大数据打造成西北内陆省区开放型产业的建议

西北内陆省区政府要顺势而为，出台鼓励政策、制定激励措施、创新模式搭建平台、培养专业队伍、整合各方资源，在大数据标准、立法等方面先行先试，使大数据成为各省区经济新增长点，成为推动经济转型发展的新动力，成为提升政府治理能力的新途径。

（一）顶层设计大数据产业，布局国际大数据网络

西北内陆省区，要围绕国家"十三五"规划纲要第 27 章中提出的"建设网上丝绸之路，加快建设中国—东盟信息港"来定位大数据与互联网发展方向和制定顶层设计，来布局"一带一路"沿线国家互联网基础设施。

1. 布局国际大数据网络

西部丝绸之路经济带沿线各省市区要联合起来共建"一带一路"

沿线国家国际大数据通信网络设施工程，来完善国家通信网络布局战略，作为国家新的基础信息工程项目来抓，尤其奠定西北内陆省区在"一带一路"大数据建设中的支点作用。

2. 下移国家级数据平台

国家各部委有很多资源，需要争取国家部委支持，将西北内陆省区作为大数据"后台"，鼓励政府与企业、社会机构开展合作。在西北内陆省区创建若干个国家级大数据平台，如全国新型能源化工大数据产业技术创新试验区、国家中阿航天与能源数据中心等。

3. 出台《大数据产业发展规划指导意见》

各省区要对大数据与云计算进行规划与布局，既要布局高端产业、高端企业，要有规模效应，引领作用；也要防止一哄而上，低层次、低水平遍地开花的现象，要树立"一盘棋"指导意识，指导大数据企业坚持协同发展、差异化发展，以自主创新品牌为依托，提高企业竞争力，防止各自为政、单打独斗、上下产业链分裂，形成不了综合优势和集聚效应。要坚持规划引领，成立专门领导服务小组，加强统筹协调，及时协调解决存在的问题，发挥电力、政策、服务等组合优势，把大数据打造成为新型支柱产业，打造成西北内陆省区各自云产业高地。

（二）制定大数据开放地方法规，形成督导考核评估机制

1. 制定政府大数据开放法规，划分开放级别与步骤

相关部门要联合调研，推进政府和公用事业领域数据资源的普查工作，界定数据权属，理顺利益机制，制定《大数据开放管理办法》，开展数据管理研究；制定数据资源整合汇聚、共享开放、应用开发的推进措施和标准规范；制定数据安全共享机制，细化可开放数据资源类别，按敏感性对政府和公共数据进行分类，确定开放优先级别，制定分阶段分步骤的数据开放路线图。

2. 整合数据资源，实现开放共享

一是需要出台专门规定，除有特殊需求外，政务部门将不再自建机

房，由政府统一建设与维护，为政府数据资源整合、共享、开放和利用创造有利条件，这样既可以降低成本，又可以节约资源，实现数据共享与开放。二是建设公共免费 Wi-Fi 城市，实行宽带网络提速降费，城市家庭用户带宽实现 300 兆比特以上；半数以上农村家庭用户带宽实现 200 兆比特以上灵活选择。三是开放民间资本进入基础电信领域竞争性业务，形成基础设施共建共享、业务服务相互竞争的市场格局。

3. 出台数据标准，明确数据共享边界

数据即是资产，但是没有标准化的数据是不具备交易条件的，要在应用中积极制定大数据标准，使沉睡的数据"活"过来，推动数据标准化，推动数据进入交易所交易，将数据变成资产，形成大数据产业链。同时，需要成立专业的数据库，并在各专用数据库建设的基础上，通过数据集成，专门对数据进行保密清洗、分析、建模，把底层数据变成可视化数据，解决数据隐私保护、数据所有权等问题，实现各级各类信息系统的数据交换；解决数据封闭、数据割裂的问题，实现有关机构之间的协同合作，达到数据共享。另外，还要按照相关法规制定政府和公共数据开放中的安全和隐私保护检查表，对可能涉及国家安全和公民隐私的风险点进行控制。

4. 将政府部门间的大数据开放纳入绩效考核

设计数据采集标准、数据更新频率，建立数据质量评估与监督机制，由第三方机构评估与督导，为各级各类信息系统的网络互连、信息互通、资源共享奠定基础，来激发商业开发与运作，活跃大数据市场氛围。

（三）制定投资大数据产业政策，吸引大数据企业落户

一是国家设立大数据、云计算产业创业引导资金，带动社会资金用于创业投资，采取股权投资、风险补偿、贷款贴息等市场化运作方式，支持中小企业发展，支持大数据产业及云平台建设。二是鼓励和引导相关大数据企业申报科技计划（专项、基金）、中央专项项目资金支持。

三是加大政府采购力度。将各部门硬件及基础软件等一次性固定资产投资逐步调整为购买云服务，引导业务主管部门采用服务外包和政府采购的方式开展政务信息化建设。政府要强化措施，带头购买大数据、云服务，引导和培育市场，带动信息产业快速发展；支持中小企业云平台为中小企业提供免费、共性的云服务。四是大力引进和培育一批提供互联网、物联网、服务外包、数字文化创意、跨境电子商务、移动 App 等增值应用和衍生服务的骨干企业，引导企业开发应用软件，带动增值服务；引进国内外知名基础软件和应用软件企业，推进智能海量数据存储与管理系统、非结构化数据处理软件等的开发及产业化。

（四）重点领域优先采用大数据平台，培育壮大数据应用

在化解产能过剩中处置"僵尸企业"中的人员安置与再就业都是比较棘手的问题，做到"精准扶贫"难度肯定比较大，但如采取用大数据精准扶贫就会更加"精准"。如构建"脱贫云"，建立责任链、任务链和资金链。在责任链、任务链上，可以清楚地看到每个贫困户的帮扶干部是谁、做了哪些工作，工作不到位，可立即发出提醒与预警。建立贫困户数据信息档案。要在深入调研、分析研究的基础上，确保每一个贫困户和每一个贫困人口都能精确地进入数据库中，对致贫原因、健康状况、精准贷款、易地搬迁、危房改造、教育扶贫、卫生扶贫、社会救助、产业扶贫、劳动力培训、惠农政策等制定贫困户信息采集表。明确职责分工，加强数据跟踪监管。在精准扶贫、安置"僵尸企业"人员方面，要每一个贫困户、每一个贫困对象都有一个可联系的领导干部，确保工作有人管、不脱节、能脱贫。

第八章　结论与建议

以中国西北内陆开放型经济发展的长效机制构建为研究对象，在文献整理、理论分析和实际调研基础上，通过对西北内陆开放型经济发展的现状程度、开放水平的评价、开放环境及开放趋势的把握，分别对其进行了实证分析，在研究中形成的主要结论有以下五点。

第一节　主要结论与建议

一　对开放型、内陆开放型经济文献与理论研究进行拓展完善

通过对开放型经济与内陆开放型经济文献综述研究，在总结、探究、归纳与提炼的基础上形成了内陆开放型经济的定义：内陆开放型经济是指地处内陆腹地，远离海岸或边境的区域，通过引入市场机制，参与国际分工，促进国内外资金、技术和人才等要素集聚，积极承接产业和贸易转移，以构建开放的交通体系、通关机制、开放平台、开放型产业实体为支撑，努力促进商品、服务和各类生产要素自由流动，带动经济社会发展的一种经济模式。

同时，对开放型经济与内陆开放型经济的特点、特征、内涵、形态与载体进行了归纳，并与相关开放型经济进行了区分与界定。还从国内

外内陆地区的开发与开放着手，进行对比分析，并总结出经验与启示：发展内陆开放型经济要科学规划、突出差异化、要政府引导与市场主导相结合、要"引进来"和"走出去"并重、要深化国内外区域合作、要建设开放载体和平台、要打造国内国际物流大通道、要改善对外开放环境，以此补充和拓展该研究领域目前的空缺。

在研究的理论创新方面，通过对国际分工理论、后发优势理论、区域发展战略理论、可持续发展理论、开放型经济制度供给与宏观经济学理论的借鉴，总结与提炼成为内陆开放型经济发展的理论支撑。

二　中国内陆开放型经济演进的历程及其特征

通过对中国内陆开放型经济演进的历程进行总结和分析，并按照时间发展的脉络将中国从开放型经济发展到内陆开放型经济演进的历程分为五个阶段，分别是：中国开放型经济开启与特区沿海先试开放阶段（1978～1991年）、中国开放型经济制度形成与沿边内陆省会城市开放阶段（1992～2000年）、中国开放型经济制度国际化与西部大开发阶段（2001～2006年）、中国内陆开放型经济制度发展与内陆地区协调开放阶段（2007～2012年）、中国内陆开放型经济制度深化创新与全方位开放阶段（2013年至今）。

通过对中国内陆开放型经济发展演进历程的各阶段特征、阶段性成果进行总结和分析，结论显示，在各阶段主要政策机制运行特征方面，主要以开放型经济特区作为开放的试验田，由"特区的点"到"沿海地区的带"渐进式开放扩大化模式，以改革促开放、以开放促发展，由"特殊政策"转向全面"制度建设"。由沿海沿边区域开放向内地省会城市扩散，实施"西部大开发"战略平衡，内陆开放型经济高地提出和内陆开放型经济"试验区"设立，设立内陆自由贸易试验区构建中国面向世界开放新优势，"一带一路"开放扩大至内陆开放走向前沿，构建开放型经济新体制全方位深层次宽领域开放。在各阶段性成果方面，主要有对西部地区进行大规模投资，基础设施建设得到突破性进展，经济实力大幅提升，贸易和利用外资规模快速增长，"走出去"步伐不断加快，由"单边"自主开放转向"多边"互动开放，"绿色经济"成为新趋势，为可持续发展助力。

回顾我国内陆开放型经济演进历程，结果显示我国从开放型经济发展到内陆开放型经济，已初步形成了全新的开放体系、开放格局、开放原则、开放模式、开放路径等体系。

开放体系：形成了由经济特区、沿海港口开放城市、经济开放区、长江沿岸开放城市、沿边沿海内陆地区省会开放城市、西部大开发战略、自由贸易试验区、内陆开放型经济试验区，到"一带一路"倡议的全新开放体系。

开放格局：形成了由东向西、由南向北、由沿海向内陆、由国内向国外，内外互补的开放路径。形成了多形式、多层次、多渠道、宽领域、全方位的开放格局。在全新开放开发战略的引领下，我国内陆地区正由"开放末端"走向"开放前沿"，由开放的"次区域"变为开放的"核心区域"，正谱写我国与周边国家互联互动、共同发展的新篇章，正在塑造我国开放的新格局、新景象。

开放空间布局原则：形成了内陆开放型经济发展空间布局的多项原则，国家宏观战略原则、平衡协调发展原则、经济收益原则、人文价值原则、生态文明与可持续发展原则。

开放模式：形成了三种代表性的开放模式。一是政府主导、政策驱动模式（简称为政府主导型），指区域内各级政府职能部门运用行政、经济和法律等手段作用于经济、市场的开放和发展过程中，通过直接和间接调控，以及采取各种保障措施，来调节区域经济结构，进而推动区域开放型经济全面协调发展的一种发展模式。二是政策激励、市场驱动模式（简称为市场主导型），指以国内和国际两大市场为中心，通过价格机制、供求机制和竞争机制等三大机制作用于经济、市场的开放和发展过程中，进而推动区域开放型经济全面协调发展的一种发展模式。三是政府协调、区域联动模式（简称为区域联动型），可以分为区域产业联盟模式和区域合作模式。

开放路径：形成了四种常见的开放路径。一是对外贸易主导型的开放型经济发展路径，以大力发展进出口贸易为主，通过进出口贸易的发展来带动外资和国际承包与劳务的发展。二是吸收外资主导型的开放型经济发展路径，通过吸收外商投资，来带动区域内的技术和人才水平，提高海外投资水平，形成吸收外资与海外投资并重的主导型发展路径。三是国际工程承包与劳务合作主导型的开放型经济发展路径，通过对外承揽工程项目和提供劳务合作，或者通过招标形式吸引国外具备雄厚资金、先进设备和技术的承包商承揽工程项目。四是建立海外产业园区，通过在海外建立产业园区，整体抱团出海带动区域对外贸易和外商投资的发展。

重要节点性代表事件有：

1978 年，党的十一届三中全会做出了实行改革开放的重大决策，对外开放第一次写入党的决议，成为新时期的基本国策。

1979 年，党中央、国务院同意广东、福建在对外经济活动中实行"特殊政策、灵活措施"，作为吸收外资、学习国外先进技术和经营管理方法的视窗，这标志着中国开放型经济发展拉开了序幕。

2007 年 10 月，党的十七大报告提出要构建"内外联动、互利共赢、安全高效的开放型经济体系"。同时商务部与重庆市签署《共同建设内陆开放型经济合作备忘录》，开启了重庆内陆开放型经济发展的序幕，这是我国"内陆地区"第一个部市共建的开放型经济"试验基地"。

2012 年 9 月，《国务院关于宁夏内陆开放型经济试验区规划的批复》（国函〔2012〕130 号）标志着宁夏回族自治区成为我国内陆地区第一个对外开放试验区、全国首个以整省域为单位的试验区。

2013 年 11 月，党的十八届三中全会提出"全面提升开放型经济水平，创新开放模式，促进沿海内陆沿边开放优势互补，形成引领国际经济合作和竞争的开放区域，培育带动区域发展的开放高地"，这次会议标志着"内陆开放型经济"被提到了开放高地日程。

2015 年 3 月和 9 月，中国政府特制定并发布《推动共建丝绸之路经济带和 21 世纪海上丝绸之路的愿景与行动》和《关于构建开放型经济新体制的若干意见》。

2016 年 8 月，《国务院关于同意设立贵州内陆开放型经济试验区的批复》（国函〔2016〕142 号）标志着贵州成为西部第二个获批内陆开放型经济试验区的地区。

2020 年 10 月，党的十九届五次全会通过的《中共中央关于制定国民经济和社会发展第十四个五年规划和二〇三五年远景目标的建议》提出，实行高水平对外开放，开拓合作共赢新局面，坚持实施更大范围、更宽领域、更深层次对外开放，建设更高水平开放型经济新体制，构建新发展格局，以国内大循环为主体、国内国际双循环相互促进的新发展格局，坚持扩大内需，使生产、分配、流通、消费更多依托国内市场，形成国民经济良性循环。新发展格局绝不是封闭的国内循环，而是开放的国内国际双循环，是既满足国内需求，又提升我国产业技术发展水平，形成参与国际经济合作和竞争新优势。

三 对西北内陆省区开放型经济发展水平评价

"一带一路"倡议展开了中国改革开放的"新空间"，这"新空间"不仅是内陆开放，也是我国全方位开放与发展的新布局、新引领，内陆地区抓住机遇、迎接挑战，为"拓展支撑国家发展的新空间"做出应有的贡献，可谓责任重大、大有可为。

（一）内陆开放经济成为我国全面融入国际经济体系的主战场

在西北内陆省区开放度高低方面，从对外开放度、对内开放度、开放经济支撑度以及开放基础支撑 4 个维度，包括 27 项评价指标，构建了评价内陆开放型经济发展水平的指标体系。通过运用熵权法确定各指标权重，根据指标权重对西北内陆四省区进行内陆开放型经济评价测度，结果表明：西北内陆开放型经济水平由高到低依次为陕西 > 甘肃 > 宁夏 > 青海，说明陕西省内陆开放型经济水平整体发展水平较高，远远高于其他三省区，依据自身多年积累的经济基础实力、开放平台、开放型产业、贸易通道、技术与品牌等优势、陕西具有建成内陆开放型经济高地的潜力与实力。这也印证了内陆开放型经济发展除了要有较好的经济基础外，还要有政策扶持、贸易通道、开放平台、开放载体和开放型产业体系等多方面的支撑。

同时，近年我国内陆地区经济发展数据显示，随着我国对外开放步伐的加快，我国经济发展已融入经济全球化进程之中，"一带一路"倡议的实施进一步扩大了内陆开放作为我国全面融入国际经济体系的主战场，正如 2017 年 10 月，党的十九大报告所阐述的"开放带来进步，封闭必然落后，中国开放的大门不会关闭，只会越开越大"。《推动共建丝绸之路经济带和 21 世纪海上丝绸之路的愿景与行动》等文件，为我国内陆开放型经济发展提供了支撑，也为内陆开放型经济融入世界经济创造了条件。像"双引擎"发动机一样，东部沿海外向型经济发展与内陆开放型经济发展并驾齐驱，共同"牵引"我国开放型经济在 21 世纪中继续保持平稳快速发展。

（二）内陆开放需要国家推动、市场驱动与东西联动

通过对西北内陆省区开放型经济发展水平评价，从省区内部开放、省际开放和国际开放三个层次对西北内陆省区开放型经济的发展进行了分析，依据计算数据的结果（本书第四章第二节评价结果分析），反映出西北内陆省区在发展开放型经济方面存在共性的"短板"，通道基础、网络建设、平台建设、开放环境等机制建设不够完善。反映出不靠海、不沿边的内陆地区，在发展开放型经济方面都存在三大自身劣势：

一是地理空间上区位上偏远，交通不便，运输距离较长，运输成本高，要素流通不畅，发展观念封闭；① 二是被国际市场分割，较少参与国际分工，开放滞后；三是经济发展基础薄弱，经济发展方式落后，人口密度和经济密度较低。

这充分说明要补齐内陆开放的共性"短板"，首要任务是需要国家的"制度安排"。要缩小我国沿海与内陆、东部与西部之间的差距，就必须加大内陆地区开放的力度，需要"硬件"设施互联互通，也需要"软件"制度安排。单就"硬件"互联互通基础设施建设来讲，靠内陆区域的省区市自身建设无法达到区域统筹、政策协调、互联互通、高标准和一体化建设，这些设施是内陆地区急需完善的基础设施，是补上过去在发展过程中的历史"欠账"，中国现在已经进入了"高铁时代"，若内陆地区在"十三五"发展阶段不能通高铁将可能出现"新的差距"，这些必须由中央政府来统筹推进。

从市场驱动方面看，发展开放型经济必须以市场为导向，但内陆地区的市场发育缓慢，功能不全，市场配置资源力量弱小，单靠市场机制的"自然发育"，必然延长开发的阵痛过程而增大开发成本。② 从另一个角度讲也是被证明了的事实，我国早期的开放始于沿海地区，因灵活的体制机制因素，沿海处于开放的前沿，广东、福建、江苏、浙江、上海等省市就是利用中央的"制度安排"，深度参与了国际国内"两个市场"，有效配置了"两种资源"，成为"领头羊"和最先的受益者。经过 40 余年的改革开放，以出口导向为主的东部地区，取得了巨大的成就，经济发展突飞猛进，在一定程度上出现了"沿海强内陆弱""东强西弱"和区域失衡逐步拉大的局面。因此，要通过"制度安排"突破传统相对封闭的发展路径，但内陆地区要达到与沿海同步、同等开放，

---

① 何洁：《成都市建设内陆开放型经济城市探析》，华东师范大学硕士学位论文，2015。
② 张婷、程健：《内陆开放型经济的困局及其模式创新》，《国际经济合作》2015 年第 1 期。

必须由中央政府启动、推动和实施，加大投入与倾斜力度。我国启动"一带一路"这一开放型、全局性"制度安排"后，我国的内陆地区、边疆地区、西部地区正在发生前所未有的区位大变局。正如习近平总书记所说："一带一路"建设对边疆民族地区不仅是一个大利好，而且是"拓展支撑国家发展的新空间"。机遇就是"大利好"，挑战即"新空间"。这个机遇就是"制度安排"使内陆省区市从始终扮演向东看、向沿海看、向东开放，"追随者"的角色，逐步转变为开放发展的新前沿、内外联通的"新中心"，改变了内陆区位劣势，成为开放型经济的"大通道""大平台"。

同时，各省区要积极参与，抓住战略机遇，通过完善自身内部互联互通开放基础建设，积极加强对接省际互联互通共建共创共享开放建设（包括西北内陆省区之间、与沿边沿海地区间、与中部西部地区间的互通互联对接建设与项目合作）来实现东西联动和推进西北内陆地区开放型经济的可持续发展。随着中央政府在基础设施上不断增加投入，航空港口、高铁铁路、公路、网络互联、油气管道等设施的完善和运输技术的进步，加上势不可挡的"互联网＋"，在制度安排和技术催生下，内陆和中西部地区必将作为我国新的开放"引擎"承担起开发与振兴占国土面积三分之二广大区域的重任，与东部沿海区域形成我国开放的"双引擎""双驱动"，这有利于解放思想、转变思维观念，有利于改善和完善我国东西区域不协调问题，有利于激发内陆地区开放开发活力，促进我国经济向着更高水平发展，有利于缩小东西之间贫富差距，共同现实全面小康社会。

（三）内陆开放要加强自身"硬平台"，构建大通道大平台

"一带一路"建设规划中纳入的 18 个省、自治区、直辖市中，新疆、西藏、广西、内蒙古、宁夏 5 个少数民族自治区，以及陕西、甘肃、青海、云南、黑龙江、吉林、辽宁等内陆省和边疆地区，都有"核心区""内陆开放型经济试验区""国际通道""战略支点""新高

地""辐射中心"等新的定位。这些立意高远的定位，是需要这些省区不断建设才能实现的远大目标，也是西北内陆开放型经济发展的"关键处"和"着力点"。

本书针对内陆地区发展开放型经济存在的不足对其进行了"一带一路"框架下西北内陆基础设施互联互通机制构建，内陆开放型经济"大平台"与"大通关"机制构建，西北内陆开放型产业协同发展与构建。

1. 完善"大通道"功能，建成开放型"经济走廊"

"要想富，先修路"，这是我国民众对发展和开放的形象描述与渴望。设施联通包括国家级高速公路、省区级道路、铁路、机场、无水港口、管道设施以及通信设施等。基础设施的联通不单指本省区市的通畅便捷，也要与周边的省区市高铁、高速公路、宽带互联网、管道设施实现"互联互通"，还要有延伸衔接到国际的高速公路、铁路、宽带等；加强基础设施建设，推进区域空间一体化发展。

第一，要完善和消除各自省区内的"断头路"，加快建设各自省区的城际快铁，也要建成沟通（通过）各省区的高铁，使高铁和快铁成为联通省区内和省区间最便捷的交通运输工具，形成物流、信息流、资金流等通道经济，成为带动本省区发展和辐射周边的中心。

第二，加快形成连接中东部及西南地区的立体综合交通运输体系，加快强化向西开放的综合交通枢纽网络建设。重点发展铁路建设，尤其是高速铁路，陕西省要建设西安至成都等客运线，甘肃省要建设兰州至西安、兰新第二双线、成兰铁路，宁夏要建设银川至包头、银川至太原等高铁，青海要建设格尔木至敦煌等区际干线。将陕西、甘肃、宁夏、青海的主要城市及地区融入全国高速铁路网络中，达到连接华东、华中、西北地区，贯通中原城市群、关中平原城市群、兰西银城市群、天山北坡等城市群，把中国西北内陆与全国各大城市群（地区）链接起来，形成西北地区铁路网主骨架和对外开放通道。

第三，完善铁路港口、铁路集运站、航空港口和枢纽建设。建设西安、兰州、银川、西宁等集装箱中心站，建设西安新丰镇、兰州北、银川南等路网性编组站，推进区域性、地区性铁路集运站和枢纽建设。①加强枢纽机场和干线机场建设，完善支线机场布局，形成内陆银川面向丝路沿线国家、甘肃面向中亚等不同区域开放的门户枢纽。

第四，公路建设方面，建设乌玛高速公路（乌海—玛沁，乌玛高速公路大致呈东北—西南走向，自东北向西南依次经过内蒙古、宁夏、甘肃、青海四省区）等各省区段高速公路；建设连云港至霍尔果斯、上海至西安等国家高速公路网西北地区路段。

第五，现在是"互联网＋"的时代，各个省区市都在积极建设互联网通道，这是内陆地区实现"换道超车"最关键的一步，要通过布局与国际接轨的卫星与互联网，建设高速宽带，降低通信费用，达到网络互联互通。

第六，通过省区内、省际、跨境间互联互通机制构建，"空中丝绸之路"联程航班机制建设，"网络丝绸之路"互联互通机制建设，形成内陆与沿边地区、沿海地区支撑协作的开放机制与"大通关"机制，形成陆路、空中、网上"多式联运"的国际客货运输"大通道"体系，实现支撑协作、互为衔接、横贯东中西、联结南北方的对外"经济走廊"，成为中国未来经济发展重要支撑与更高层次的经济增长极。

2. 优化"大平台"载体，释放内陆开放型经济新空间

对外开放平台不仅是对外交往的"有效载体"，还是产业发展、经济发展的"重要支撑"，更是对外开放的"有力抓手"，对于提升内陆地区国内外影响力和发展水平，吸引资金、技术、项目、人才等起着十分关键的作用，要抓好开放平台建设，使其成为进一步拓展内陆地区对

---

① 王丹宇：《丝绸之路经济带建设中西北五省区区域合作的主要内容及体制机制研究》，载《中国西北发展报告（2015）》，社会科学文献出版社，2014。

外开放新空间、增创产业发展新优势、增添经济发展新动力。

　　加快内陆地区开放平台建设，就是内陆地区的省区市要按照各自的区域优势打造特色鲜明的开放平台，按照"一带一路"重要节点来定位各省区市对外开放平台建设。如宁夏在"中阿博览会"重点打造面向丝路沿线国家开放的战略平台的基础之上，要将银川综合保税区升级为银川自由贸易区，将银川河东国际机场打造成面向丝路沿线国家开放的内陆门户，依托银川大数据中心与中卫市云计算基地将宁夏打造成网上丝绸之路经济合作试验区；陕西依托"丝绸之路博览会"打造面向中亚、欧洲国家开放的开放平台；甘肃依托"兰洽会"、丝绸之路（敦煌）国际文化博览会打造面向亚欧开放的平台；青海依托"青洽会、藏毯展"打造面向中亚开放的开放平台。通过发挥各自开放平台功能的同时，还要将各自已有的自贸区、综合保税区、内陆口岸、内陆无水港、内陆开放型经济试验区、新区建设、物流中心等平台整合，构建起内陆区域相互协作、互为平台、互为衔接、互为补充、共建共享、包容开放、联合协作机制平台，使其成为扩大对外开放和推动丝绸之路经济带建设的重要载体。

　　（四）内陆开放要培育自身"软实力"，构建产业"大集群"

　　在"一带一路"建设中，内陆地区虽然发生了区位的战略性转换，但是与东南沿海地区在经济社会发展方面的差距依然显著。加快发展、扩大开放，在"十三五"规划的推动下实现全面建成小康社会的目标，仍需要付出艰苦的努力。这就需要西北内陆地区加强自身"软实力"的培育，要有开放型产业、产品以及其他方面的支撑，要以此为"抓手"加强创新创优，扩大内陆开放。

　　在西北内陆四省区开放型产业构建方面，依据统计年鉴和其他相关资料，运用区位商法，来研究西北内陆四省区的产业优劣势，通过计算得到西北内陆四省区各个产业的区位商。同时，在对西北内陆开放型优势产业选择与分析的基础上，对西北内陆地区在"一带一路"倡议中内陆开放型优势产业空间布局、协同发展与协同开放进行了构建，并对煤炭能源产业协同发展与转型路径、用大数据产业提速西北内陆开放型经济发展进行了典型产业分析。

从产业大体来看，因采用的是某个年份的统计数据，虽然不能以点概面，却能反映出产业结构发展的形势。在第一产业方面，西北内陆四省区中第一产业比重普遍高于全国平均水平，甘肃省在农业方面表现更出色，区位商超过了1.5，处于相对优势的地位；内陆四省区在第一产业上都有各自的优势。

在第二产业方面，内陆四省区中陕西、宁夏和青海的区位商都大于1，高于全国平均水平，处于相对优势地位，甘肃省在第二产业方面相差0.1就可以达到1。从第二产业内部来看，在建筑业方面区位商都大于1，普遍处于优势地位，在工业制造业方面表现出共性优势产业和个性优势产业，内陆四省区共性优势产业表现在煤炭开采和洗选业，其区位商最低的也超过了1；从区位商看内陆四省区个性优势制造业，陕西有石油和天然气开采业，有色金属采矿业，开采辅助活动，石油加工和炼焦和核燃料加工，有色金属冶炼加工业，铁路、船舶、航空航天和其他运输设备制造业，燃气生产和供应业，酒、饮料、茶制造业等产业。甘肃有石油和天然气开采业，有色金属采矿业，有色金属冶炼加工业，黑色金属冶炼加工业，开采辅助活动，金属制品、机械和设备维修业等产业。宁夏有食品制造业，纺织业，石油加工、炼焦和核燃料加工，化学原料和化学制品制造业，电力、燃气和水的生产和供应业，电力、热力生产和供应业，燃气生产和供应业等产业。青海有石油和天然气开采业、有色金属采矿业、有色金属冶炼加工业等产业。

在第三产业方面，西北内陆四省区第三产业比重均低于全国平均水平，但从细分产业上来考察在子产业上还有相对优势。如宁夏金融业，交通运输、仓储、邮政业等表现为明显的区位优势；陕西和甘肃在农林牧渔业、住宿和餐饮业区位商均超过了1，有相对的区位优势；青海的金融业也有较明显的区位优势。

通过对产业区位商的分析，可以看出西北内陆四省区都有各自的优势产业和产品，也有共性的优势产业，需要加大产业和产品的培育力度，将其打造成为更具活力的开放型产业。要抓住国内外产业结构调整机遇，以承接产业转移为契机，通过引进高技术人才、高技能人才、院士工作室等，实现以"技术升级"带动"产品升级"，以"产品升级"促进"产业升级"，再通过积极承接产业转移来延长产业链、补齐产业链、接上产业链，打破市场与区域分割的现象，营造上下游通畅"互补共享"的产业链条，建立闭合式开放型的产业体系。同时，要建立产品核心料件的集散分拨中心，提升产业集群协作、配套程度，建立多系列整机加零部件生产的全流程产业链，推动加工贸易由水平分工变为垂直整合，使80%的零部件实现本地制造，改变原来内陆"两头在外"的贸易形式，变为"一头在内、一头在外"，① 以降低物流成本，提升内陆自身的制造业和产能发展能力。

在外向型农业产业方面，内陆各省市区重点发展各自优势特色产业如葡萄酒、特色果蔬、枸杞、中药中医等产业，以培育品牌、提升品质、标准制定、技术输出、注重营销、开拓市场、完善质量监督、人才队伍培养等为支撑体系进行建设。

在外向型工业产业方面，重点加强如能源化工、冶金建材、智能仪器仪表、高档数控机床及机器人、机械装备制造、高端铸造与机械基础件等设备生产。以智能化、集成化、网络化为目标，发展应用于军工、航空航天、海工装备、轨道交通等领域的先进智能制造业等。西北内陆地区在煤炭深加工、化学化工、石油化工、冶金、钢铁、轻工纺织以及加工贸易等产业方面已经形成一批块状区域产业，为未来西北内陆地区产业融合发展、区域融合发展、产业结构互补创造了条件，也为开放型

---

① 黄奇帆：《以改革创新为动力推动内陆扩大开放》，《经济日报》2014 年 1 月 5 日。

产业抱团"走出去"创造了空间。同时，西北内陆地区需要进一步延伸产业链、提升产品附加值。如煤炭开发与转化，是西北内陆地区所共有的产业，如何将其打造成开放型产业？煤炭在我国可以称得上优势特色资源与产业，因环境形势要求世界能源向着绿色低碳、高效利用的大趋势行进，我国的煤炭能源行业就要顺势而为，遵循世界能源发展的历史规律，要果断适应新形势与新要求，变被动为主动、变低效为高效、变挑战为机遇。要走信息化、现代化、智能化发展的科技创新之路，实现煤炭能源清洁开发利用和近零排放，实施多联产能源战略，转向资源、材料、环境、高科技技术等相关有潜力、有前景的新兴产业，即由"煤炭燃料"转向清洁油气、化工原料、高新材料产业。需要围绕神东、陕北、黄陇、宁东、陇东、青海等大型煤炭基地建设，要按照"煤、电、化、材"一体化综合开发的思路，以提高煤炭产业的附加值和比较效益，推进煤炭资源综合开发利用，着力延长煤炭产业链，提高资源就地转化率，形成以煤炭、电力、煤化工产业为支撑的产业集群。重点加快与循环经济、可持续发展相关的煤制烯烃、煤制油、煤制气等煤化工项目建设，使其成为开放型产业与开放型技术合作的项目。

在外向型服务业方面，重点发展如大数据分析与挖掘、云计算与应用服务、信息与网络安全、全域旅游与丝绸之路旅游、电子商务、物流配送、保税贸易、服务贸易、金融信贷等产业。通过承接产业转移、提升制造业、培育加工贸易、跨境电商等来促进特殊的产业链体系，形成有利于推动内陆产业大集群发展的体制机制。尤其在区域旅游资源开发与合作方面，西北内陆地区旅游资源丰富多样、形态各异、种类齐全，要通过强化区域间旅游协作，联手打造"丝绸之路"品牌优势，共同开发旅游线路、旅游产品和旅游市场，完善旅游基础设施和多元化服务体系建设，共同深入挖掘历史、民族等文化资源，发展特色文化产业，打造"中国大西北旅游"品牌，实现区域内无障碍旅游，构建区域旅游一体化机制。

四　构建高效运作的多方合作机制

（一）创建境外产业园区，搭建抱团出海平台

开放型经济重视配置国内、国际"两种资源"，参与国内、国际"两个市场"，强调"走出去"与"引进来""两条腿"走路，实现市场对资源的自由支配，推动本国或本地生产发展、贸易扩大、人民生活改善。在"走出去"方面，40多年的中国改革开放，奠定了中国企业"走出去"所必备的雄厚资金和先进技术，使其在投资国取得了良好的收益。其中"产业园区模式"成为中国企业拓展国际市场的重要手段和合作平台之一，成为"一带一路"建设的亮点与对接点，也成为中外共建园区的开发样板。"产业园区模式"也可称为境外园区，呈现抱团出行、集群式发展、产业链接续、聚集效应明显、带动区域发展等特点，受到越来越多共建国家的重视。

内陆企业要共同组建合作集团"抱团出海"，在丝路沿线国家建设投资合作产业园区，如围绕"一带一路"倡议加强与埃及合作，以产业合作园区模式对接"苏伊士运河经济走廊"建设。苏伊士经贸合作区是中国政府批准的第二批国家级境外经贸合作区，是中国企业"走出去"的一个重要渠道，成为中国产业园区"走出去"的成功典型，这种开发区模式也成为中埃落实"一带一路"倡议的有效工具之一，为中国企业提供了国际合作与发展的良好平台。对接埃及"苏伊士运河经济走廊"需要抓住关键节点、重点工程和关键通道，以点（关键节点）、线（关键通道）、面（产业园区）形成"带"，是"一带一路"重要架构，通过参与埃及修建新的行政首都、"苏伊士运河经济走廊"等项目为支撑和抓手，来对接中埃国际经济合作走廊，推动形成区域经济合作共赢发展新格局。

同时，还要加强与"一带一路"沿线国家以及更多国家间的合作，通过"走出去"与"引进来"的形式努力将西北内陆打造成为丝绸之

路经济带国家"战略支点"。

（二）构建高效运作的协商合作机制

加强国家顶层设计。着力协调解决国际合作机制、中长期发展战略等事关丝绸之路经济带发展的重大问题，明晰沿线各省区的功能定位、产业布局、资源整合等重大战略，在跨省区重点生产力布局、关键基础设施建设、重要生态环境治理等方面协调推进，加快形成区域产业协同融合、资源互补共享的良好发展格局。建立并完善省级层次间的协调机制。加强内陆四省区领导的沟通与交流，强化在促进区域合作中的统筹、协调、指导和服务职能，突破区域界限，增进合作共识，建立区域内相互促进、优势互补的联动机制。① 本着友好协商、互通信息、推动融合、合作共赢、共同发展的原则。完善健全民间层次的协调机制。通过民间团体、行业协会、专业组织的定期交流制度，大力推动民间的交流与合作。通过组织区域内的贸易洽谈会、论坛会、技术交流会等，搭建区域合作平台，形成四省区领导层面、部门层面、产业层面、行业层面、企业层面和民间层面的多级次、全方位互动交流的局面。

（三）构建多层面合作机制

丝绸之路经济带建设的关键是建立能够有利于生产要素自由流动与组合的机制。一是要加强政策对接，创新招商引资机制，重视产业链招商，特别要引进对产业链形成有重大带动作用的大项目、大企业，引进产业链中最缺乏的项目，围绕主导产业加快产业配套能力建设。二是要拓宽投融资渠道，创新多元投入机制，吸引民间资本、内外资金和金融资本向"两翼"聚集。建立重大项目建设协调推动机制。建立完善跨区域重大项目协调推进机制与长效管理机制，通过多省区互动、多部门

---

① 王丹宇：《丝绸之路经济带建设中西北五省区区域合作的主要内容及体制机制研究》，载赵宗福、孙发平、苏海红等主编《中国西北发展报告（2015）》社会科学文献出版社，2014。

协作的共建模式，推进跨区域重大项目建设。按照功能互补、整体优化、共建共享原则，发挥各省区及重要节点城市的比较优势，发展特色经济。既要有空间布局上的整体思考，又有产业布局上的合理调配，即从人力互补、技术互补、产业互补和设施互补中降低生产成本与交易成本，形成创新网络，克服行政壁垒，分散创新风险，获取协作效益，实现四省区经济社会发展在结构与功能上的不断升级完善。

第二节　尚需深入研究的问题

限于本人的研究水平以及相关统计资料的可得性，课题的研究仍存在进一步完善之处，后续的研究工作可以从以下几个方面入手。

第一，在理论分析方面，可将研究范围进一步扩大到中国内陆地区，并结合各省区市的特性，分别完善和提出适合内陆地区总体和各地区的内陆开放型经济发展路径和模式，使得其更具针对性和宏观性。

第二，内陆开放要加强自身"软实力"培育，构建开放型产业体系。还可以根据各省区市优势，更精细更精准地分析和挖掘开放型产业，通过技术支撑，延长产业链，培育与构建出开放型大产业集群。

第三，在相关体制机制方面，还需要进一步研究，如如何在环境约束下加强招商引资、招商引智、招商引技，如何建设海外产业园区和吸引国外企业到内陆地区投资等，也是今后需要研究的课题。

参考文献

〔美〕格林沃尔德:《现代经济词典》《现代经济词典》翻译组译,商务印书馆,1983。

〔美〕罗斯托:《经济成长的阶段》,国际关系研究所编译室译,商务印书馆,1962。

〔美〕迈克尔·波特:《国家竞争优势》李明轩、邱如美译,华夏出版社,2002。

〔美〕皮特·纽曼:《新帕尔格雷夫法经济学大辞典》,许明月译,法律出版社,2003。

〔瑞典〕俄林:《地区间贸易和国际贸易》,王继祖译,首都经济贸易大学出版社,2001。

〔英〕大卫·李嘉图:《政治经济学及赋税原理》,周洁译,华夏出版社,2005。

〔英〕戴维·W·皮尔斯:《现代经济学词典》,宋承先、寿进文、章雷等译,上海译文出版社,1988。

〔英〕亚当·斯密:《国民财富的性质和原因的研究》,商务印书馆,1974。

白江超:《内陆开放型经济发展模式研究——以贵州为例》,贵州财经大学硕士学位论文,2016。

白永秀：《论西部特色经济体系的构建》，《西北大学学报》（哲学社会科学版）2007 年第 1 期。

蔡爱军、朱传耿、仇方道：《我国开放型经济研究进展及展望》，《地域研究与开发》2011 年第 2 期。

曹滨：《内陆开放型经济的文献评述》，《技术与市场》2012 年第 4 期。

陈德敏、谭志雄：《区域合作与重庆内陆开放型经济发展的路径选择》，《中国科技论坛》2009 年第 9 期。

陈德铭：《完善互利共赢、多元平衡、安全高效的开放型经济体系》，《人民日报》2012 年 12 月 4 日。

陈飞翔：《创新开放模式，全面提升对外经贸发展水平》，《国际贸易》2013 年第 4 期。

陈飞翔：《对外开放中的经济利益关系变动与协调》，《财贸经济》1999 年第 4 期。

陈静：《2015 年中国大数据市场规模达到 115.9 亿元》，《经济日报》2016 年 1 月 6 日。

陈亚东：《内陆开放高地的经济学分析——以重庆为例》，《经济界》2011 年第 1 期。

陈越：《产学研共绘互联网企业跨境新蓝图》，《浙江经济》2017 年第 18 期。

程健、韦寅蕾、邢珺：《内陆地区扩大开放的问题与对策》，《经济纵横》2014 年第 4 期。

程云川、陈利君：《中国沿边开放的态势与前景》，《云南社会科学》2009 年第 6 期。

崔玉斌：《我国沿边开放的回顾与展望》，《边疆经济与文化》2010 年第 10 期。

邓慧慧、桑百川：《我国开放型经济发展路径选择：包容性增长》，

《国际贸易》2010 年第 12 期。

丁瑶：《内陆地区推进开放型经济面临的问题及其对策建议》，《改革》2008 年第 6 期。

窦玲：《制度供给差异对区域经济差异的影响》，西北大学博士学位论文，2006。

窦雅丽：《甘肃省旅游产业发展政策研究》，西北师范大学硕士学位论文，2014。

杜琦、姚波、解芳：《副省级城市先进制造业发展水平评价研究——以西安为例》，《现代管理科学》2010 年第 11 期。

段庆林：《宁夏内陆开放型经济试验区先行先试机制》，张进海主编《宁夏经济蓝皮书 2013》，宁夏人民出版社，2012。

段小梅、张宗益：《台商投资重庆现状及其投资环境分析》，《西部论坛》2011 年第 4 期。

冯德显、宋金叶：《河南农区工业化途径研究》，《地理科学进展》1997 年第 4 期。

傅京燕、李丽莎：《环境规制、要素禀赋与产业国际竞争力的实证研究——基于中国制造业的面板数据》，《管理世界》2010 年第 10 期。

甘川：《内陆开放型经济发展路径研究——以重庆为例》，重庆工商大学硕士学位论文，2012。

关白、李彤：《适应"入世"的新变化 实施"走出去"的开放战略》，《理论与现代化》2000 年第 9 期。

郭爱君、毛锦凰：《丝绸之路经济带建设中的我国节点城市产业定位与协同发展研究》，《西北大学学报》（哲学社会科学版）2015 年第 4 期。

郭克莎：《工业化新时期新兴主导产业的选择》，《中国工业经济》2003 年第 2 期。

何洁：《成都市建设内陆开放型经济城市探析》，华东师范大学硕士学位论文，2015。

何喜军、魏国丹、张婷婷：《区域要素禀赋与制造业协同发展度评价与实证研究》，《中国软科学》2016 年第 12 期。

胡建绩、张锦：《基于产业发展的主导产业选择研究》，《产业经济研究》2009 年第 4 期。

胡锦涛：《高举中国特色社会主义伟大旗帜　为夺取全面建设小康社会新胜利而奋斗》，《求是》2007 年第 21 期。

胡锦涛：《坚定不移沿着中国特色社会主义道路前进　为全面建成小康社会而奋斗——在中国共产党第十八次全国代表大会上的报告》，《求是》2012 年第 22 期。

胡星宇：《内陆开放型经济发展战略分析》，《经济师》2019 年第 3 期。

黄奇帆：《以改革创新为动力推动内陆扩大开放》，《经济日报》2014 年 1 月 5 日。

黄伟新、龚新蜀：《我国沿边地区开放型经济发展水平评价及影响因素的实证分析》，《经济问题探索》2014 年第 1 期。

姬高生：《内陆开放型经济发展思路及对策探讨——基于贵州铜仁市为研究视角》，《西部学刊》2013 年第 3 期。

江泽民：《高举邓小平理论伟大旗帜，把建设有中国特色社会主义事业全面推向二十一世纪——在中国共产党第十五次全国代表大会上的报告》，《求是》1997 年第 18 期。

姜良强：《贵州省内陆开放型经济发展水平研究》，贵州财经大学硕士学位论文，2015。

解丽娜：《青海解放 70 年经济社会发展取得巨大成就》，《青海日报》2019 年 9 月 18 日。

景朝阳、涂舒：《新兴经济一体化趋势下的中国开放型经济发展路径研究》，《经济体制改革》2015 年第 1 期。

黎峰：《深化开放型经济的体制机制改革》，《党政论坛》2014年第5期。

黎泽雄、王元振：《适应外贸新常态建设大通关机制》，《中国国门时报》2015年1月16日。

李爱国、周召彬：《重庆保税港区开放型经济功能拓展与建设研究》，《探索》2012年第4期。

李宝新、岳亮：《中国三大三角地区产业竞争力对比研究》，《经济问题》2007年第6期。

李春顶：《新—新贸易理论文献综述》，《世界经济文汇》2010年第1期。

李春香：《积极打造"内陆开放合作示范区"》，《政策》2015年第11期。

李东梅、马晓芳：《神华宁煤集团400万吨煤制油项目产出油品》，《宁夏日报》2016年12月29日。

李海龙：《丝绸之路经济带：打造甘肃"黄金段"的战略分析》，《石家庄经济学院学报》2016年第4期。

李恒：《开放型经济发展的动力机制与模式选择——以内陆省份为例》，《华中科技大学学报》（社会科学版）2011年第3期。

李继樊：《对重庆建设内陆开放型经济的理论与实践思考》，《重庆社科文汇》2010年第5期。

李继樊：《我国内陆开放型经济制度创新的探索——来自重庆内陆开放型经济发展的实践》，《探索》2013年第5期。

李金昌、史龙梅、徐蔼婷：《高质量发展评价指标体系探讨》，《统计研究》2019年第1期。

李坤：《中国对"一带一路"国家直接投资的产业选择研究》，湖北大学博士学位论文，2016。

李练军：《中部地区开放型经济发展的实证与对策研究》，华中农业大学博士学位论文，2008。

李明武、袁玉琢：《外向型经济与开放型经济辨析》，《生产力研究》2011年第1期。

李佩珊：《从开放性原则看贵州内陆开放型经济发展》，《中国集体经济》2018年第13期。

李嵩林：《中国能源展望2030发布》，《中国县域经济报》2016年3月2日。

李小建：《经济地理学》，高等教育出版社，1999。

李瑶：《新发展理念视域下西安建设内陆开放型经济对策研究》，西安理工大学硕士学位论文，2019。

梁丹：《内陆地区开放型经济发展新优势的培育与区域经济政策调整》，《区域经济评论》2013年第1期。

廖晓淇：《努力提高开放型经济水平》，《求是》2008年第4期。

刘慧、叶尔肯·吾扎提、王成龙：《"一带一路"战略对中国国土开发空间格局的影响》，《地理科学进展》2015年第5期。

刘佳丽：《自然垄断行业政府监管机制、体制、制度功能耦合研究》，吉林大学博士学位论文，2013。

刘丽丽：《北京山区主导产业选择与布局研究》，《地域研究与开发》2000年第1期。

刘惟蓝：《以高质量发展的指标体系引领开发区建设》，《新华日报》2018年4月25日。

刘新智、刘志彬：《开放型经济的运行机理及其发展路径研究——以吉林省为例》，《西南农业大学学报》（社会科学版）2008年第6期。

刘颖琦、李学伟、李雪梅：《基于钻石理论的主导产业选择模型的研究》，《中国软科学》2006年第1期。

刘志彪：《新形势下全面提升我国开放型经济发展水平的战略及政策》，《审计与经济研究》2012年第4期。

隆国强：《中国对外开放战略回顾与展望》，《中国经济报告》2018年第 12 期。

卢现祥：《西方新制度经济学》，中国发展出版社，2003。

鲁继通：《我国高质量发展指标体系初探》，《中国经贸导刊》（理论版）2018 年第 20 期。

陆家骝：《克鲁格曼与新贸易理论——新国际经济格局下的政策含义》，《中山大学学报》（社会科学版）2008 年第 4 期。

陆岚：《以无水港建设促进内陆开放型经济发展——基于供应链的视角》，《港口经济》2010 年第 3 期。

路林书：《外向型经济与中国经济发展》，机械工业出版社，1988。

马子量：《西北地区产业变迁与城市化发展研究》，兰州大学博士学位论文，2014。

缪东玲：《国际贸易理论与实务》，北京大学出版社，2011。

倪维斗：《实施多联产能源战略刻不容缓》，《科学时报》2010 年 11 月 22 日。

宁宇：《重庆发展内陆开放型经济的路径选择》，《重庆与世界》2008 年第 2 期。

牛克洪：《未来我国煤炭企业转型发展的新方略》，《中国煤炭》2014 年第 10 期。

牛雄、曲冰、牛杰：《总结优化开发区模式 推动落实"一带一路"构想》，《光明日报》2015 年 7 月 29 日。

潘朝辉：《所谓"平台"在行业生态中的重要意义》，《恒生世界》2016 年第 4 期。

潘福达：《2014 互联网经济占 GDP 比重达 7% 为近年来最高》，《北京日报》2015 年 1 月 23 日。

裴长洪：《全面提高开放型经济水平的理论探讨》，《中国工业经济》2013 年第 4 期。

裴长洪、郑文：《中国开放型经济新体制的基本目标和主要特征》，《经济学动态》2014年第4期。

裴长洪：《中国建立和发展开放型经济的演进轨迹及特征评估》，《改革》2008年第9期。

彭建：《浅析区域工业主导产业的选择——以重庆市为例》，《地域研究与开发》1999年第1期。

乔琼：《"两型社会"建设的理论与体制机制创新研究——以武汉城市圈"两型社会"建设的实践为例》，武汉大学博士学位论文，2010。

秦耀辰、张丽君：《区域主导产业选择方法研究进展》，《地理科学进展》2009年第1期。

全伟、李锡智、王方：《内陆开放型经济发展战略路径初探——以重庆市九龙坡区为例》，《特区经济》2009年第3期。

史常凯：《中部地区区域旅游合作战略研究》，《时代经贸》（下旬刊）2007年第1期。

宋洋：《宁夏回族自治区经济开放研究》，中央民族大学硕士学位论文，2013。

宋颖怡、楼琼：《四川内陆开放型经济比较与评价》，《重庆工商大学学报》（社会科学版）2014年第5期。

宋雨辰：《从李嘉图困惑到穆勒相互需求说——从贸易平衡视角看古典贸易理论体系》，天津财经大学硕士学位论文，2015。

苏华、李雅：《向西开放战略下西北区域特色经济的发展思路》，《经济纵横》2016年第3期。

唐海燕：《以自贸区为载体，推进上海开放型经济新高地建设》，《科学发展》2014年第9期。

田娟：《新新贸易理论视角下企业异质性对其出口行为的影响研究——基于中国制造企业数据的实证分析》，重庆大学硕士学位论文，2014。

童江华、徐建刚、曹晓辉等：《基于 SSM 的主导产业选择基准——以南京市为例》，《经济地理》2007 年第 5 期。

汪建敏：《宁夏内陆开放型经济试验区规划研究》，宁夏人民出版社，2012。

汪素芹：《江浙沪开放型经济发展模式比较》，《世界经济研究》2005 年第 12 期。

汪彦：《黄奇帆谈全会〈决定〉设计：可用"大通关"等概括》，《学习时报》2014 年 1 月 27 日。

汪一鸣：《西部大开发宁夏发展评价报告》，载张进海主编《宁夏经济蓝皮书 2011》，宁夏人民出版社，2010。

汪悦：《区域分工背景下的安徽淮北市经济转型初探》，《商场现代化》2013 年第 21 期。

王晨光：《"一带一路"视角下的中国油气安全建设》，《江南社会学院学报》2017 年第 1 期。

王丹宇：《丝绸之路经济带建设中西北五省区区域合作的主要内容及体制机制研究》赵宗福、孙发平、苏海红等主编《中国西北发展报告（2015）》社会科学文献出版社，2014。

王尔德：《我国提出煤炭占能源消费总量比重降至 65% 以下》，《21 世纪经济报道》2013 年 9 月 17 日。

王国中：《对内陆地区经济发展的思考》，《经济问题》2005 年第 11 期。

王海鸿：《基于粮食安全与能源安全的农地利用理论研究》，兰州大学博士学位论文，2009 年。

王林聪：《中阿经贸论坛与宁夏内陆开放型经济区建设——兼论实施"外向型腹地战略"的重要性》，《回族研究》2010 年第 4 期。

王年祥：《管道工程项目钢管采购配送全过程优化研究》，中国石油大学（北京）硕士学位论文，2016。

王爽：《"一带一路"战略视角下山东开放型经济发展路径研究》，《东岳论丛》2015 年第 11 期。

王涛：《产业选择分析方法研究综述》，《经济纵横》2011 年第 9 期。

王新成：《全面提高山东开放型经济发展水平》，《山东经济战略研究》2013 年第 3 期。

王一兵：《融入"一带一路"建设　打造内陆开放型经济新高地》，《海外投资与出口信贷》2015 年第 3 期。

王允贵：《21 世纪初期中国开放型经济发展战略研究》，《改革》2000 年第 2 期。

王祖强：《浙江空间经济新格局：都市圈的形成与发展》，《经济地理》2011 年第 1 期。

吴刚、刘虹：《中国能源革命与煤炭的思考》，《四川大学学报》2016 年第 3 期。

吴晗：《区域主导产业选择的理论模型及其应用》，郑州大学硕士学位论文，2004。

吴言苏、邢慧慧：《建设内陆开放高地的战略思考》，《中国科技论坛》2011 年第 1 期。

习近平：《关于〈中共中央关于全面深化改革若干重大问题的决定〉的说明》，《求是》2013 年第 22 期。

习近平：《关于〈中共中央关于制定国民经济和社会发展第十四个五年规划和二〇三五年远景目标的建议〉的说明》，载《中国共产党第十九届中央委员会第五次全体会议文件汇编》，人民出版社，2020。

习近平：《深化改革开放，共创美好亚太》（2013 年 10 月 7 日），《十八大以来重要文献选编（上）》，中央文献出版社，2014。

相重光：《国际分工》，经济科学出版社，1984。

肖俊夫、林勇：《内陆开放型经济指标评价体系的构建》，《统计与决策》2009 年第 9 期。

肖玮．南淄博：《巴黎气候大会中国承诺二氧化碳排放峰值尽早实现》，《北京商报》2015 年 12 月 1 日。

谢和平、刘虹：《煤炭革命不是"革煤炭的命"》，《中国科学报》2015 年 3 月 2 日。

谢和平、王金华等：《中国煤炭科学产能》，煤炭工业出版社，2014。

徐建中、谢晶：《基于属性视角的我国制造业先进性的判断与测度》，《科学学与科学技术管理》2013 年第 5 期。

徐剑明：《论我国比较优势产业的刚性及其转型》，《国际贸易问题》2004 年第 8 期。

徐小杰：《新世纪的油气地缘政治》，社会科学文献出版社，1998。

薛荣久：《我国开放型经济体系构建的纲领与重大意义》，《国际商务（对外经济贸易大学学报）》2007 年第 6 期。

闫朝阳：《贵州内陆开放型经济发展路径研究》，贵州财经大学硕士学位论文，2018。

闫联飞：《重庆发展内陆开放型经济研究》，中共重庆市委党校硕士学位论文，2014。

严存义、赵芳琳：《甘肃：全力打造对外开放大门户》，《甘肃日报》2016 年 3 月 25 日。

杨凤鸣、薛荣久：《加入 WTO 与中国"开放型经济体系"的确立与完善》，《国际贸易》2013 年第 11 期。

杨顺湘：《欠发达地区发展内陆开放型经济探索——来自全国统筹城乡综合配套改革试验区重庆的报告》，《重庆工商大学学报（西部论坛）》2009 年第 3 期。

杨伟、凌起：《基于 SSM 的泉州市工业结构研究》，《经济地理》2003 年第 4 期。

姚作为、王国庆:《制度供给理论述评——经典理论演变与国内研究进展》,《财经理论与实践》2005 年第 1 期。

叶尔肯·吾扎提、张薇、刘志高:《我国在"一带一路"沿线海外园区建设模式研究》,《中国科学院院刊》2017 年第 4 期。

易小光:《内陆开放型经济的发展及其途径:重庆个案》,《重庆社会科学》2008 年第 11 期。

殷阿娜:《中国开放型经济发展绩效评估及对策研究》,辽宁大学硕士学位论文,2014。

应健:《中国开放型经济及其经济开放度研究》,重庆大学硕士学位论文,2003。

于华钦、邵宇开、肖飞:《区域主导产业选择的人力资本匹配基准研究》,《科学学与科学技术管理》2006 年第 3 期。

于磊杰、徐波:《丝绸之路经济带:西北三省基于资源禀赋优势的产业体系布局研究》,《未来与发展》2014 年第 10 期。

余振贵、张永庆:《中国西北地区开发与向西开放》,宁夏人民出版社,1992。

曾春水、蔺雪芹、王开泳等:《中国八大经济区工业竞争力空间格局及投入产出分析》,《地理科学进展》2012 年第 8 期。

张保国:《走向中东——新疆对西亚诸国开放战略研究》,新疆大学出版社,1990。

张建:《贵州建设内陆开放型经济试验区》,《国际商报》2016 年 2 月 22 日。

张瑾:《中国西部地区内陆开放型经济发展研究》,武汉理工大学硕士学位论文,2013。

张丽君、陶田田、郑颖超:《中国沿边开放政策实施效果评价及思考》,《民族研究》2011 年第 2 期。

张楠、李陈:《中国开放型经济战略理论的演进与发展》,《宁夏社会科学》2016年第2期。

张培刚、刘建洲：《新贸易理论及其与发展中国家的关系》，《经济学家》1995年第2期。

张少明：《宁夏内陆开放型经济试验区建设的借鉴与思考》，袁家军、王和山主编《中国—阿拉伯国家博览会理论研讨会论文集（2013第四辑）》，宁夏人民出版社，2013年。

张婷、程健：《内陆开放型经济的困局及其模式创新》，《国际经济合作》2015年第1期。

张燕生、毕吉耀：《"十一五"时期的国际经济环境和我国开放型经济发展战略》，《宏观经济研究》2005年第11期。

张永庆：《面向中亚——中国西北地区的向西开放》，宁夏人民出版社，1996。

张幼文：《完善开放格局，发展开放型经济》，《社会科学》1998年第6期。

张幼文：《中国开放型经济发展的新阶段》，《毛泽东邓小平理论研究》2007年第2期。

张毓峰、刘芷晗：《后金融危机时代中国内陆区域中心城市经济发展模式研究：成都案例》，《中共四川省委省级机关党校学报》2013年第5期。

张毓峰、张勇、阎星：《区域经济新格局与内陆地区发展战略选择》，《财经科学》2014年第5期。

郑吉昌：《经济全球化背景下中国开放型经济的发展》，《技术经济与管理研究》2003年第5期。

郑江绥：《区域主导产业选择：一个新指标及其实证研究》，《工业技术经济》2007年第11期。

郑林昌：《中国自然地形、交通运输成本与区域经济发展作用机理研究》，北京交通大学博士学位论文，2010。

周民良：《促进宁夏内陆型开放型经济发展的战略思考》，《中国延安干部学院学报》2010 年第 6 期。

周敏：《产业链式发展，区域经济新布局》，《科技智囊》2008 年第 2 期。

周小川：《走向开放型经济》，《经济社会体制比较》1992 年第 5 期。

周滢：《我国出口加工区转型升级与对策研究》，上海交通大学硕士学位论文，2009 年。

周肇光、宗永平：《韩国开放型经济发展模式对中国的启示》，《亚太经济》2006 年第 4 期。

朱启贵：《"绿色 +"：中国可持续发展的全新战略思维》，《人民论坛学术前沿》2016 年第 3 期。

邹璇：《中国西部地区内陆开放型经济发展研究》，中国社会科学出版社，2014。

David Gibbs, Michael Hcalcy. Industrial geography and the environment. Applied Geography, 17, 3 (1997), pp. 193 – 201.

Knudsen D. C. , "Shif-share analysis: further examination of models for the description of economic change," *Social-Economic Planning Sciences*, 3, 3 (2000), pp. 177 – 198.

Stevens B. H. , Moore C. L. , "A critical review of the literature on shift share as a forecasting technique," *Journal of Regional Science*, 20 (1980), pp. 419 – 437.

后　记

　　为完成本课题及本书的写作，我用了四年多的时间，当然我还要做其他方面的工作，我一边调研收集资料，一边写书稿，虽说调查和研究是愉快的思想体操，但写作不一样，看似寻常最奇崛，成如容易却艰辛，千淘万漉虽辛苦，吹尽狂沙始到金，往往是劳作是劳苦，压力与挑战不小，但好在有不少的专家、学者、同事、朋友及家人给予我极大的帮助，才使我完成了这项工作，课题也得以结项。当然，虽说完成了写作，但我深深地知道，由于本人水平有限，本书还有很多不完善的地方，对一些问题的探讨，难免有偏颇，期盼同人和各界朋友批评匡正。

　　借此，谨向参考和引用著作、文章的专家、学者等，为本书审校的陈颖主任，对本书提出修改意见的专家，鼎力支持的宁夏社会科学院，以及我的妻子洁、女儿赞、儿子昇，一并致以最真诚的谢意！

王林伶

二〇二〇年十一月

图书在版编目（CIP）数据

中国西北内陆开放型经济长效机制构建 / 王林伶著
. －－北京：社会科学文献出版社，2020.12
（宁夏社会科学院文库）
ISBN 978 － 7 － 5201 － 7019 － 2

Ⅰ.①中…　Ⅱ.①王…　Ⅲ.①开放经济－区域经济发
展－研究－西北地区　Ⅳ.①F127.4

中国版本图书馆 CIP 数据核字（2020）第 143340 号

· 宁夏社会科学院文库 ·

中国西北内陆开放型经济长效机制构建

著　　者／王林伶

出 版 人／王利民

责任编辑／陈　颖

出　　　版／社会科学文献出版社·皮书出版分社（010）59367127
　　　　　　地址：北京市北三环中路甲 29 号院华龙大厦　邮编：100029
　　　　　　网址：www.ssap.com.cn
发　　　行／市场营销中心（010）59367081　59367083
印　　　装／三河市尚艺印装有限公司

规　　　格／开　本：787mm × 1092mm　1/16
　　　　　　印　张：19.5　字　数：269 千字
版　　　次／2020 年 12 月第 1 版　2020 年 12 月第 1 次印刷
书　　　号／ISBN 978 － 7 － 5201 － 7019 － 2
定　　　价／128.00 元

本书如有印装质量问题，请与读者服务中心（010 － 59367028）联系